Céline Dion

Une femme au destin exceptionnel

JEAN BEAUNOYER

Céline Dion

Une femme
au destin exceptionnel

ÉDITIONS QUÉBEC AMÉRIQUE

Données de catalogage avant publication (Canada)

Beaunoyer, Jean
    Céline Dion : une femme au destin exceptionnel
    ISBN 2-89037-929-9

1. Dion, Céline.   II. Chanteurs – Québec (Province) – Biographies.   I. Titre.

ML420.D592B381   1997   782.42164'092   C97-941393-1

LE CONSEIL DES ARTS | THE CANADA COUNCIL
DU CANADA | FOR THE ARTS
DEPUIS 1957 | SINCE 1957

Les Éditions Québec Amérique bénéficient du programme
de subvention globale du Conseil des Arts du Canada.

Elles reçoivent aussi l'appui financier de la SODEC,
qu'elles remercient.

Dépôt légal : 4ᵉ trimestre 1997
Bibliothèque nationale du Québec
Bibliothèque nationale du Canada

« Parce qu'il est possible d'aimer et
d'apprécier Céline Dion en toute liberté. »

Jean Beaunoyer

Sommaire

Deuxième partie
Le monde à venir

Troisième partie
L'inaccessible étoile

Avant-propos

*E*n 1994, j'ai écrit une biographie de la chanteuse québécoise Alys Robi qui a prétendu à la gloire et à la célébrité internationale lors de la dernière guerre mondiale. J'ai alors raconté un échec qui me paraissait inéluctable dans le contexte de l'époque. Aujourd'hui, j'entreprends la rédaction de l'histoire d'une fillette qui a ramassé les fragments d'un rêve brisé pour se rendre là où Alys Robi n'a jamais pu arriver.

Céline Dion a réussi ce qu'Alys a échoué, en d'autres temps mais presque dans les mêmes lieux. Elle aussi rêvait d'être, un jour, la chanteuse la plus aimée de la planète. Elle aussi croyait en son rêve lorsque les portes des pays étrangers s'ouvraient devant elle et l'invitaient à la consécration.

Alys n'a pas su tenir le coup. Elle ne s'est jamais rendue jusqu'au temple du show-business à Hollywood. Jamais elle n'a été consacrée par les autres et elle a poursuivi son chemin parmi les siens avec une blessure au cœur et à la mémoire.

On a longuement discuté de son cas. On a tenté de découvrir les raisons profondes de la maladie mentale qui l'a tenue à l'écart de la société, pendant cinq ans, dans un institut psychiatrique. J'ai moi-même cherché longtemps mais aujourd'hui il me semble évident comme jamais que, bien au-delà de la maladie, c'est l'impuissance à transiger avec les nouvelles dimensions d'un succès inconnu qui a provoqué l'échec d'une carrière internationale dont madame Robi rêvait.

On ne peut pas dissocier un être humain de son environnement. On peut quitter le pays pendant un certain nombre d'années, mais on ne quitte jamais ses racines et Alys, tout comme Céline Dion, a été porteuse de sa culture.

Au Québec, comme dans toutes les communautés conquises ou largement minoritaires, il est difficile de prétendre à l'épanouissement collectif et par conséquent individuel. L'artiste, toujours en quête d'identité, ne peut affirmer que sa propre réalité. Et pendant longtemps, la réalité des gens du Québec a été difficile à porter.

Comme une grande soif, une grande force qui se mêlent aux traces de la défaite dans l'âme des grands créateurs de ce pays. Bon nombre d'entre eux se sont abîmés jusqu'à la folie ou au suicide. Le poète Nelligan interné de même que le violoniste Arthur Leblanc, le dramaturge Claude Gauvreau qui s'est suicidé, le pianiste André Mathieu qui a sombré dans l'alcool et l'oubli, la chanteuse Albani exilée et bien d'autres encore qui témoignent d'un grave malaise de vivre et... d'exister artistiquement en ce pays.

Tous nos génies, à quelque niveau que ce soit, ont souffert de l'indifférence, du mépris, de l'envie et de la jalousie des leurs. On me dira que le phénomène est universel et que tous les créateurs de l'histoire du monde ont souffert de l'incompréhension de leurs semblables, mais je dirai que la situation est pire dans les cultures dominées.

Elle est pire parce que le dominé a tendance à s'autodétruire, à devenir sa plus grande menace lorsqu'il approche du succès. Inconsciemment, il va tout mettre en œuvre pour provoquer sa défaite. Pourquoi ? Parce que c'est son seul objet de référence.

On ne développe pas l'appétit de la victoire chez les vaincus. Tous les entraîneurs d'équipes sportives en conviennent. Le succès attire le succès et les défaites provoquent les prochaines défaites. Une vérité que l'on peut vérifier chez les peuples blessés.

Dans une province où il était difficile de gagner honorablement sa vie dans sa langue maternelle, dans une province où on envoyait les jeunes gens à la guerre même s'ils avaient refusé la conscription, dans une province où le créateur ne peut être autre que Dieu, dans une province où l'Église incite à la résignation et à la pauvreté, comment pouvait-on parler de conquête et de succès à la tête d'une entreprise ici ou à l'étranger?

Si Alys a été l'échec du Québec des années 40, Céline Dion a été la réussite du Québec des années 80. Elle a été porteuse d'une nouvelle audace, d'un nouveau souffle, d'une dignité retrouvée, d'une nouvelle ferveur des peuples minoritaires.

Elle ressemble au Québec qui s'est ouvert avec confiance sur le monde dans les années 90. Céline Dion est née un an après l'exposition internationale de Montréal qui a attiré plus de cinquante millions de visiteurs sur le site de l'Expo 67. Une exposition qui a transformé la communauté québécoise. Elle est née également quelques mois après le cri du général de Gaulle : « Vive le Québec libre ». Cette idée de liberté a fait son chemin dans la tête et le cœur d'un peuple. Une liberté qui lui permet de s'exprimer dans sa langue et même de l'imposer sur les affiches. Une liberté qui lui permet aussi de s'associer aux autres cultures, de négocier, de transiger et de s'affirmer sur la scène internationale, dans le monde des affaires et des arts.

Céline Dion est partie de loin. D'une toute petite ville qui ressemble à toutes les petites villes du monde. D'une grande famille. Trop grande pour être riche. Plein d'amour dans une trop petite maison.

Et le rêve de quelqu'un d'autre qu'elle a repris sur son chemin et qu'elle a réalisé, dans le cinémascope d'une autre époque.

À qui appartenait ce rêve? Peut-être à son père qui fuyait sa maison familiale trop violente et qui se cherchait une vie bien à lui.

Peut-être à sa grand-mère si douce, trop souvent blessée, trop souvent abandonnée par l'homme de sa vie.

Peut-être à son frère Michel qui se voyait sur toutes les scènes de la musique rock.

Peut-être à toute une famille, à toute une ville et à tout un peuple qui se voyait grand.

Mais sûrement à une femme qui chantait elle aussi Summertime, et qui croyait à son étoile d'Amérique à cinq ans. Elle aussi. Et c'est à cette femme, Alys Robi, brisée dans son rêve, que je dédie cet ouvrage.

PREMIÈRE PARTIE

La voix du bon Dieu

À l'école de Céline

J'ai vécu les jours les plus heureux de ma vie à Charlemagne. C'est dans cette petite ville de la banlieue est de Montréal, à l'école Saint-Jude, que je décrochai mon premier poste d'enseignant. Fraîchement diplômé de l'université, j'entreprenais ma carrière dans une ville de six mille habitants qui me semblait située hors du temps. À la fin des années 70, Charlemagne représentait en quelque sorte le retour à la terre dont je rêvais comme bien d'autres de ma génération après le grand libéralisme de la décennie précédente.

L'école Saint-Jude, qui abritait trois ou quatre cents élèves tout au plus, était dirigée par un principal bon comme du pain de campagne. J'enseignais en première année du secondaire à des élèves dociles, attentifs. J'étais bien loin de la mauvaise expérience que j'avais connue comme stagiaire peu de temps auparavant à Montréal. L'atmosphère détendue et agréable de Saint-Jude me confortait dans mon choix de carrière.

Dans le petit monde paisible de Charlemagne, la vie de famille prenait beaucoup d'importance. Il faut dire que les restaurants et les centres commerciaux étaient fort peu nombreux et cette rareté limitait les occasions de sortir. La plupart des événements, heureux comme malheureux, étaient célébrés en famille.

Une activité toutefois semblait rallier tous les habitants : les abondantes manifestations « country ». À la moindre occasion, on remplaçait la cravate par un « bolo », ce cordon de cuir serré autour du col comme en portent les cow-boys modernes des États-Unis. Puis on envahissait le bar le plus populaire de l'endroit, nommé avec un semblant d'originalité «Le Bar de l'o», qui donnait évidemment sur la rivière L'Assomption, pour entendre de la musique country. Il n'était pas rare non plus de voir des gens fréquenter les centres équestres, à Mascouche ou à Saint-Paul-l'Ermite, des localités qui offraient de grands espaces pour vivre la liberté des cow-boys du dimanche.

À la salle des profs de la petite école toutefois, on trouvait très peu de cow-boys mais des confrères avec lesquels je nouai de solides amitiés. D'abord l'Italien Raphaello, qui enseignait la chimie, et Suzanne, en début de carrière comme moi, qui enseignait le dessin. Et puis Lucille, la doyenne du groupe, qui avait survécu à toutes les nouvelles méthodes pédagogiques et à toutes les directions administratives. Il y avait aussi Diane Senécal qui enseignait au niveau primaire de notre école.

Diane Senécal était l'incarnation même d'une réelle vocation d'enseignante. Rien ne lui échappait. Elle était attentive à chacun. Parmi ses élèves, elle avait remarqué la petite Céline qui se tenait à l'écart et ne partageait pas les jeux de ses camarades. Diane avait déjà enseigné à Ghislaine et à Paul Dion, mais Céline, la cadette de cette famille de quatorze enfants, lui paraissait bien différente de ses frères et sœurs.

À dix ans, Céline chante dans les cabarets durant les fins de semaine et elle y impressionne les habitués. En classe, cette enfant chétive au physique ingrat, à la démarche gauche, qui rêve d'une carrière, est loin d'attirer la sympathie. Jalousie? Indifférence? Envie? Ses camarades s'en moquent avec beaucoup de méchanceté parfois. Céline ne réplique jamais. Elle se contente de rager intérieurement et elle laisse grandir son rêve, insensé pour les autres mais incontournable pour elle : devenir une grande vedette de la chanson comme son idole, Ginette Reno. Cette attitude l'amène à délaisser peu à peu ses amis et à concentrer ses activités à l'intérieur du cercle familial.

Diane Senécal avait confié à la jeune Céline la tâche de laver les tableaux après la classe, un privilège susceptible de les rapprocher. Un jour, elle entendit Céline chanter en essuyant le grand tableau, et l'institutrice comprit qu'elle avait su établir un lien de confiance avec cette enfant mystérieuse.

«Je voudrais te faire entendre le disque de mon frère, Michel. Son nom d'artiste, c'est Saint-Clair. Michel Saint-Clair. Un jour, moi aussi, je ferai un disque», confia Céline à son professeur.

Celle-ci regarda le visage tout illuminé de son élève. Elle lui sourit avec douceur et pensa qu'il valait mieux la laisser à ses illusions. Céline lui paraissait sans défense, rêveuse, inoffensive et beaucoup trop isolée.

Diane Senécal discutait parfois du cas de Céline avec les autres professeurs. Elle voulait aider, non pas la chanteuse mais l'étudiante qui n'avait pas obtenu les notes nécessaires pour s'inscrire à la première année du secondaire. À son grand découragement, elle découvrit que la jeune fille non seulement ne manifestait aucun intérêt pour les études, elle semblait même n'en éprouver aucun regret! Elle était complètement obnubilée par la musique et quand ma consœur voulut l'entretenir de son faible rendement scolaire, Céline, radieuse comme elle ne l'avait jamais été, lui annonça : «Ça y est! J'ai fait mon premier *tape* et je vais devenir une grande chanteuse. Tu verras!»

Diane n'y croyait pas vraiment et, en attendant que la jeune fille devienne une vedette... elle l'inscrivit à l'école secondaire Paul-Arseneau en réclamant qu'elle puisse échelonner son année d'études sur une période de deux ans.

Avant d'entreprendre la rédaction de ce livre, j'ai revu Diane Senécal alors qu'elle achevait sa dernière année d'enseignement, toujours à l'école Saint-Jude :

« Je n'aurais jamais pensé qu'elle allait se rendre si loin, me confia-t-elle. Même des journalistes japonais sont venus nous visiter pour en connaître davantage sur elle. C'est un grand honneur pour la ville. »

Quant à moi, j'ai quitté l'enseignement lorsqu'on m'a muté à la polyvalente Paul-Arseneau, dont les dimensions physiques rappelaient celles d'une usine entourée par une soixantaine d'autobus dans lesquels les élèves s'engouffraient en courant dès la fin des cours. Fini pour moi le péril jaune (les autobus scolaires) et les classes à aires ouvertes !

Pendant ce temps, Céline Dion avait commencé à chanter *Ce n'était qu'un rêve*.

Vingt ans plus tard, j'ai voulu revoir la ville qui a nourri cette illumination, ce rêve d'enfant qui l'a portée jusqu'au sommet de la popularité. Pourquoi et surtout comment Céline Dion savait-elle déjà, à cinq ans, avec une telle certitude ce qu'elle allait devenir ? Il me fallait respirer l'air de la ville, humer toutes ses odeurs, parcourir les rues, grignoter longuement les frites du casse-croûte « Chez La Puce », rue Notre-Dame, observer les gens, essuyer les pleurs et le sang pour comprendre.

Même si elle parcourt le monde, Céline n'a jamais quitté Charlemagne dans l'esprit des habitants de cette petite ville. Céline Dion, c'est leur histoire, leur fierté. Chacun possède son petit morceau de la vie de la grande star. Une précieuse parcelle qu'on ne partage pas facilement avec les inconnus. Il faut se faire accepter, se faire aimer pour pénétrer dans le cercle de la grande famille de Charlemagne.

À la tombée du jour, je prends place dans un casse-croûte et me fais tout petit pour entendre les rumeurs de la ville.

Un ouvrier dans la cinquantaine me raconte celle qu'il appelle «notre Céline» :

«Elle n'a jamais renié Charlemagne et c'est pour ça que tu ne trouveras personne qui parlera contre elle. Partout où elle va, elle parle de nous autres. Tiens ! l'année passée, elle est venue dans le temps des fêtes pour donner 60 000 $ de paniers de Noël. Elle ne nous a pas oubliés. »

Un témoignage qui souligne à quel point Céline est protégée : comme si on avait érigé une clôture autour de sa mémoire, comme si on préparait sa béatification. Il n'y a rien de neuf dans ces propos : nous avons tous lu ou entendu dire que la famille Dion était pauvre, que tous les enfants étaient unis, solidaires et que «tout le monde était heureux du succès de Céline». Mais voilà, on ne fait pas une histoire avec des gens heureux. On les laisse vivre leur bonheur bien tranquillement.

Je ne suis pas convaincu, mais alors là pas du tout, que Céline ait éprouvé, à quelque moment de sa vie, le besoin de vivre tranquillement. Cette femme évoque la passion et c'est ce que je veux raconter. Passion de vivre, passion de la perfection dans l'exercice du métier et peut-être... une passion amoureuse? On verra bien.

Il me fallait simplement gratter la couche de vernis qui recouvre la mémoire et le cœur des Charlemagnais pour en connaître davantage sur mon personnage. J'y suis arrivé en m'entretenant avec des gens cachés derrière l'anonymat, des gens qui se voulaient sans nom, sans visage, sans signe particulier. Aussi flous que les rumeurs de la ville.

L'un d'eux me dit : « Elle était plutôt laide quand elle était toute petite. Les enfants de son âge... se moquaient d'elle. Elle ne parlait à personne et ne partageait jamais ses bonbons. Elle gardait tout pour elle. Heureusement qu'elle a beaucoup changé. Je l'ai vue au restaurant et elle m'a impressionné. Ce n'est plus la même personne : comme si on l'avait refaite de la tête aux pieds. »

Un autre anonyme qui a connu la famille : « Il y avait beaucoup de talent dans cette famille. Je pense que c'est Denise qui avait la plus belle voix. Céline a été la plus chanceuse, elle a eu du *pushing*, elle. Si René n'avait pas été là, elle aurait fini comme ses sœurs ! »

Un autre ajoute : « Elle était naïve et pas très brillante en classe. Sa mère était très *tough* avec elle : une nuit, elle l'a laissée coucher dehors après avoir fermé la porte à clé. »

En apercevant la maison que les Dion habitaient à l'époque, je peux difficilement imaginer un « petit coin pour une pénitence » dans cette maison sûrement trop petite pour quatorze enfants. Et puis... c'est une rumeur comme tant d'autres. Si on ne fait pas de livres avec des gens heureux, on ne fait pas non plus de livres avec des rumeurs. Ce que je cherchais, en réalité, c'était de sentir le parfum de la ville avant d'entreprendre des démarches plus sérieuses.

« Au Bar de l'o », une dame d'un certain âge a bien connu la famille Dion. Elle a entendu Céline chanter à cet endroit. Elle m'apprend que le propriétaire de l'établissement, M. Laurin, souhaite prendre sa retraite et transformer son bar en musée Céline Dion. Même si le projet n'est encore qu'embryonnaire, je me mets à songer à un Graceland à Charlemagne. Imaginez ! les premières pantoufles de Céline, les cahiers d'école, les textes des premières chansons écrits à la main, sans oublier les disques d'or, de platine, sur les murs de ce bar où la musique country ne cesse de jouer à la télé jusqu'à l'heure du spectacle... country évidemment! Curieusement, aucune trace de Céline, aucune photo de la star dans cet établissement.

Une voie ferrée fatale

Une voie ferrée divise Charlemagne en deux parties inégales. D'un côté les riches et de l'autre les pauvres. C'est du côté des pauvres qu'Adhémar Dion, charpentier de son métier, construit la première maison de la famille Dion en 1954. Au moment où j'écris ces lignes, cette maison est à vendre. La jeune femme qui habite le logement du premier étage m'annonce fièrement que «cette maison a été construite par le père de Céline Dion». Nous sommes à quelques mètres de la voie ferrée et je remarque qu'il n'y a pas de clôture pour ceinturer le grand terrain qu'Adhémar avait payé 300 $ à l'époque. Je m'inquiète du danger que cela peut représenter.

«Y est jamais rien arrivé!» fait la jeune dame.

Cette jeune mère de famille est de toute évidence trop jeune pour savoir que c'est justement sur cette voie ferrée, à l'intersection de la rue Saint-Jacques, que le grand-père de Céline Dion a été happé par un train le 27 novembre 1957. Charles Dion, qui avait voulu se rapprocher de sa famille en s'installant à Charlemagne, était ferrailleur. On le voyait souvent sillonner la ville au volant d'un petit camion, à la recherche d'objets métalliques qu'il vendait à des aciéries. Thérèse Tanguay-Dion, la mère de Céline, raconte que l'homme était alcoolique et qu'il avait une fois tenté de pousser son épouse à travers la fenêtre du deuxième étage, geste qui aurait été fatal n'eût été l'intervention de son fils aîné Adhémar.

On prétend que c'est son état d'ébriété avancé qui empêcha Charles de voir venir le train alors qu'il s'était arrêté sur la voie ferrée. Il fut traîné sur une longue distance après l'impact et on retrouva son camion complètement écrasé. Adhémar accourut sur les lieux et tenta de retirer le corps de son père coincé sous ce tas de ferraille. Il cessa aussitôt : le corps était à ce point mutilé que les membres se détachaient du tronc à la moindre tension.

Un an plus tard, l'un de ses frères, Jean-Claude Dion, perdit la vie dans un accident d'automobile à Saint-Paul-l'Ermite. Comme si cela n'était pas suffisant, une autre personne fut frappée mortellement sur la voie ferrée de Charlemagne peu de temps après. Le malheureux souffrait de surdité. Il s'agissait d'un certain... Dion, mais sans aucun lien de parenté direct avec la famille d'Adhémar. Il n'en fallait pas plus pour que celui-ci songeât à déménager loin de cette voie ferrée. D'ailleurs, il avait remarqué une maison fort coquette près de la rivière L'Assomption. Mais Thérèse hésitait.

« Nous avons bâti cette maison ensemble, Adhémar. C'est notre première maison à nous. Tu te rends compte de ce que tu me demandes ? » fit sa femme.

On peut dire que les Dion l'avaient gagnée, cette maison de la rue Saint-Jacques, planche par planche. Arrivant de La Tuque en 1950 avec quatre enfants, Denise, Clément, Claudette et Liette, les parents Dion dénichent un petit logement de trois pièces rue Sacré-Cœur à Charlemagne. Des murs de carton, peu d'armoires, pas de baignoire et plein de misère. On lave les enfants dans une cuvette, on rénove et on espère des jours meilleurs.

Adhémar, qui est alors menuisier, économise comme jamais dans sa vie. Il lui faudra quatre ans avant de pouvoir acheter le grand terrain près de la voie ferrée. Il a dû aussi se procurer les matériaux de construction à crédit, et c'est bien souvent à la tombée du jour, éclairé par une faible ampoule, qu'il a érigé sa première maison. Thérèse brassait le ciment, les enfants portaient les planches et c'est ainsi, petit à petit, que les Dion ont fait leur nid en 1954.

En 1952, Michel vient au monde, Louise arrive en 1953, Jacques en 1955, Daniel en 1956. Ghislaine naît en 1958 et Linda en juin 1959. À l'automne de la même année, les Dion vendent la maison qu'ils avaient bâtie, rue Saint-Jacques, pour la somme de 20 000 $ et s'installent, rue Notre-Dame, près de la rivière L'Assomption. La surface de la maison est plus petite que celle de la rue Saint-Jacques, mais le terrain donne sur la rivière. On ne voit pas le train passer et on ne l'entend plus.

Les Dion ne perdent pas pour autant leurs bonnes habitudes et Thérèse donne naissance à un onzième enfant en octobre 1960, Manon. Pour la première fois, la mère éprouve de sérieuses difficultés à l'accouchement. L'enfant, qui se présente par le siège, est sauvée de justesse par le docteur McDuff qui est devenu, on le comprendra, un habitué de la famille.

La famille s'élargit, mais pas la maison. Les gens qui fréquentent le marché Quintal, situé juste en face de la maison des Dion, remarquent avec un intérêt croissant les nouvelles têtes qui s'ajoutent presque chaque année. Les Dion, pour leur part, n'ont plus le temps de remarquer quoi que ce soit ou qui que ce soit d'autre que ce petit monde bien à eux qui se forme et qui grandit.

L'univers des Dion, c'est la famille. En 1962, Thérèse Dion accouche de ses douzième et treizième enfants. Il s'agit de jumeaux identiques mais, cas extrêmement rare, les deux bébés ne sont pas du même sexe. Une fois Paul et Pauline baptisés, Thérèse estime avoir rempli son devoir de bonne catholique. Elle décide qu'elle a accompli son dernier exploit et annonce à tous ses enfants que sa famille s'arrêtera au chiffre 13.

« Il y a treize marches dans l'escalier du sous-sol, une pour chaque enfant, avait dit Adhémar.

— J'espère que vous ne serez pas obligés de refaire l'escalier », avait répliqué l'un des enfants.

L'histoire ne dit pas si Adhémar dut refaire l'escalier, mais Thérèse Dion fut la femme la plus surprise du monde lorsqu'elle se découvrit enceinte, à quarante ans, d'un quatorzième enfant.

« Je suis enceinte à mon âge et puis ma fille Denise vient de se marier. J'ai l'air fine là ! Et Clément qui parle de se marier, lui aussi, l'année prochaine. Il faut croire que le bon Dieu veut me punir », dit Thérèse en regardant son ventre dur et si lourd à porter. Pendant un certain temps, elle ferma les rideaux de la maison et s'isola, au grand désespoir d'Adhémar.

Ce nouveau bébé qui avait réussi à déjouer la méthode du calendrier lâcha son premier cri le 30 mars 1968 à l'hôpital Le Gardeur. La mère, habituellement si active, si entreprenante, vécut pour la deuxième fois de sa vie une phase dépressive. Elle en voulut même à ce brave Adhémar, qui, pour se faire pardonner, lui acheta un piano.

On comprendra facilement le traumatisme d'une femme qui devait accoucher à un âge relativement avancé – quarante et un ans et quelques jours – et son inquiétude à l'idée des tâches ménagères qui s'en trouveraient encore une fois augmentées. Il fut décidé que tous les membres de la famille allaient... jouer à la mère.

Quant à la nouvelle venue, elle pesait huit livres et demie. Sa mère la prénomma Céline, en hommage à la chanson *Céline* de Hugues Aufray.

———

À la même époque, à quelques kilomètres de Charlemagne, «Les Baronets», le groupe yé-yé de l'heure, composé de Pierre Labelle, Jean Beaulne et René Angélil, est dissous. Ce dernier, à vingt-six ans, s'interroge sur son avenir. Dans un article du journal *Photo-Vedettes*, on voit le chanteur qui présente sa femme Denyse et son nouveau-né Patrick. Il est loin de se douter que la petite fille qui allait changer sa vie venait de naître; elle suivait de trois mois son premier fils.

La véritable école de Céline : la musique

Céline fut une enfant choyée. Tous les membres de sa famille avaient accueilli avec beaucoup plus d'empressement que Thérèse la venue du nouveau bébé Dion. Elle était l'objet de l'attention de ses frères et sœurs et particulièrement des plus vieux, qui la couvraient de cadeaux.

«On avait une grande cour avec des montagnes de sable et on y avait un fun terrible, se souvient Ghislaine, de dix ans l'aînée de Céline. On jouait à la mère avec les derniers-nés qui nous servaient de poupées.»

Un jour, à l'approche de ses trois ans, la petite Céline crut reconnaître sa sœur Denise poussant un carrosse sur le trottoir en face de la maison familiale de la rue

Notre-Dame. Elle courut de toutes ses forces pour aller la rejoindre. À mi-chemin, constatant qu'il ne s'agissait pas de sa sœur, elle fit demi-tour sans se préoccuper des voitures qui circulaient. Un bolide la renversa. Le conducteur n'eut pas le courage de s'arrêter et préféra s'enfuir sans laisser d'adresse. À l'hôpital Sainte-Justine, où l'enfant fut transportée, on diagnostiqua une fracture du crâne. Thérèse Dion veilla sa petite jour et nuit et fut la femme la plus heureuse lorsqu'elle put la ramener à la maison. Elle n'avait pas souhaité cette dernière grossesse, mais elle réalisa alors qu'elle tenait à cette enfant plus qu'à tout.

Thérèse et Adhémar n'exprimaient pas facilement leur amour envers les enfants. La vie n'était pas facile pour ce couple depuis son arrivée à Charlemagne. Au fur et à mesure des naissances, Thérèse et Adhémar avaient multiplié les prodiges afin de nourrir toutes ces bouches affamées. Et dire qu'Adhémar ne voulait pas d'enfants lorsqu'il épousa Thérèse Tanguay à l'église Saint-Zéphirin de La Tuque, le 20 juin 1945! Il faut croire que la jeune Thérèse se montra persuasive puisque, après ces nombreux accouchements, Adhémar confia même qu'il s'agissait «d'un choix de vie personnel et qu'il fallait avoir ressenti un jour ce bonheur viscéral qu'amène la naissance d'un enfant pour vraiment comprendre».

Au marché Quintal, des clients les regardaient en souriant lorsque le couple Dion achetait des quartiers de bœuf et cinquante livres de «patates» par semaine. Dans les années 70, les familles nombreuses se faisaient de plus en plus rares au Québec et les Dion étaient presque devenus un phénomène de société, une attraction.

Je ne sais pas si on les plaignait ou si on les enviait. Nul doute qu'on louait leur courage, leur discipline et leur renoncement, qualités indispensables pour élever une famille de quatorze enfants. L'infatigable Thérèse avait participé à la construction de la maison de la rue Saint-Jacques, près de la fameuse voie ferrée. Une fois installée près de la rivière L'Assomption, elle s'arrachait les yeux, jusque tard le soir, à confectionner les vêtements de ses enfants, en utilisant le linge usagé que lui fournissait la parenté de La Tuque.

Alors qu'on aurait pu l'imaginer ployant sous la tâche d'une si nombreuse famille, Thérèse déniche un emploi au magasin American Salvage à Repentigny. Céline fête ses quatre ans. Thérèse se tire si bien d'affaires qu'elle achète l'édifice qui abrite quatre magasins. Adhémar, qui a été bûcheron pendant sa jeunesse, charpentier, puis boucher pendant quinze ans, travaille pour les jeunes mésadaptés du Centre Berthelet. Pourtant, chose étonnante, la pauvreté des Dion est toujours apparente.

Toutefois, à la maison, l'ordre règne. Chaque membre de la famille Dion exécute les tâches qui lui sont assignées. On n'écoute jamais la radio dans cette maison puisque Thérèse préfère former l'oreille musicale de ses enfants en leur faisant entendre tous les genres de musique grâce à un vieux *pick-up*. À table, le père impose le silence. On ne parle pas non plus devant le téléviseur chez les Dion, mais quand des parents ou des amis arrivent ou quand l'un des enfants célèbre son anniversaire, ça fête en diable dans cette famille !

Toutes les personnes de l'entourage des Dion que j'ai rencontrées m'ont parlé des soirées et des nuits de festivités qui se prolongeaient parfois, et même souvent, jusqu'au petit matin. Il n'y avait pas de famille plus heureuse, plus joyeuse que celle d'Adhémar et de Thérèse quand le temps était venu d'accorder les voix et les instruments.

Adhémar s'emparait de l'accordéon, Thérèse du violon, un des fils, Paul, excellait au piano. Finalement, presque tous les membres de la famille jouaient d'un instrument. C'est dans le sous-sol de la rue Notre-Dame, à Charle-magne, qu'on a formé la plus célèbre chanteuse du monde. Oui, c'est là qu'il faut situer la véritable école de Céline Dion.

Celle-ci dira plus tard : « Si l'algèbre m'avait aidée à faire de la musique, j'aurais étudié l'algèbre jour et nuit. » Mais elle avait mieux à faire : elle constatait la magie des notes qui transformaient son père, sa mère, ses frères et ses sœurs quand tout le monde s'accordait autour d'une mélodie pendant les soirées de fête. Les accords, les rythmes la pénétraient, la berçaient, s'imprimaient dans sa tête et dans son cœur. Céline était rêveuse, tout comme son père. Elle se réfugia dans ce monde enchanté pendant sa première enfance. Le reste lui importait peu. Elle avait bel et bien trouvé sa voie dès l'âge de cinq ans.

—

Au cours des soirées de famille, on avait vite remarqué ce don, qu'Eddy Marnay reconnaîtra comme « la voix du bon Dieu » quelques années plus tard. Céline se souvient très bien de son « premier spectacle », qu'elle a raconté à une journaliste au début de sa carrière :

« La chanson, c'était un rêve. J'avais cinq ans quand j'ai voulu faire ce métier. Mon premier spectacle, c'était au mariage de mon frère : c'était la première fois que je mon-tais sur une scène devant des gens. Je me souviens de la chanson que j'avais chantée, une chanson qu'interprétait France Castel, *Donnez-moi des aiguilles, du fil et du coton.* Quelques années plus tard, mes parents possédaient un petit hôtel et les fins de semaine, j'allais y chanter. C'est vraiment à partir de ce moment-là que j'ai senti le besoin de dire des choses que je ressentais en dedans de moi. »

Les invités avaient subitement fait silence en entendant la voix de cette fillette de cinq ans qui se manifestait pour la première fois lors du mariage de son frère Michel, qui fêtait aussi ce même jour ses vingt et un ans.

Céline avait donc conquis son premier public en faisant cadeau de sa première chanson à son frère. Assis à la table d'honneur, Adhémar et Thérèse étaient songeurs. Les invités réclamaient une autre chanson de la petite Céline qui semblait déjà habiter la scène, comme si elle se retrouvait dans son lieu naturel. Cela sortait de l'ordinaire.

Les parents de la talentueuse fillette furent vivement impressionnés. Suffisamment en tout cas pour intégrer Céline à la formation « A. Dion et son ensemble ». Le groupe présentait des spectacles dans les salles paroissiales des régions avoisinantes, dans des cérémonies de mariage et effectuait même de petites tournées provinciales.

C'est au début des années 70 qu'Adhémar eut l'idée de créer sa propre formation musicale composée des membres de sa famille. Il jouait déjà de l'accordéon dans les fêtes durant les week-ends pour arrondir ses fins de mois et il pensa réunir sa famille autour de lui afin de ne pas être séparé trop longtemps de ses enfants. Il acheta donc les instruments de musique qui firent le bonheur de tous et cette sympathique formation connut beaucoup de succès dès ses débuts. Adhémar à l'accordéon, Thérèse au violon, Clément à la batterie, Jacques à la guitare, Daniel à l'orgue, Denise qui interprétait aussi bien des airs folkloriques que les succès du palmarès... et maintenant Céline qui chantait deux fois trente minutes par soirée, il convient d'insister là-dessus.

C'était le paradis pour la jeune enfant et rien d'autre ne l'intéressait. Surtout pas l'école. Sa mère s'en inquiéta vivement. Après deux ans de spectacles, elle trancha :

« Céline ne se produira plus en spectacle. C'est fini, on arrête tout. Elle va aller à l'école comme toutes les filles de son âge, elle va étudier et faire une bonne secrétaire. »

La mère en avait décidé ainsi et ne capitula qu'à la fin de l'année 1977, quand la jeune fille eut la permission de se produire au Vieux Baril, propriété de Claudette et d'Adhémar Dion.

« Je me souviendrai toujours de la cloche de l'école, racontait Céline Dion à la journaliste Dominique Demers, lors d'une entrevue parue dans le magazine *L'actualité*. J'avais tellement hâte de sortir de ce monde-là. De me débarrasser de mes devoirs pour courir au Vieux Baril en espérant que ma mère me laisserait chanter. Le bar fermait à quatre heures du matin et je finissais toujours par m'endormir sur un bout de comptoir. Mon père venait me réveiller en disant : "C'est le *last call* pis y a quelqu'un qui veut que tu chantes *Je ne suis qu'une chanson*." Le lendemain, j'avais mal au ventre et j'étais trop fatiguée pour aller à l'école. »

Cette anecdote explique en grande partie pourquoi Céline obtenait de si mauvais résultats scolaires. Elle n'était pas aussi dépourvue intellectuellement qu'on voulait bien le laisser croire. Cette enfant repliée sur elle-même, angoissée, très peu adaptée à son milieu social, souffrait d'un manque évident de sommeil. Aujourd'hui encore, on sait qu'elle ne peut donner sa pleine mesure sur scène sans dormir dix heures par jour. Alors, on peut imaginer dans quel état elle se trouvait, à dix ans, après avoir pris seulement deux ou trois heures de sommeil les soirs de spectacle.

À cette époque, Céline chantait comme une adulte et imitait les grandes vedettes de la chanson. Elle connaissait tout le palmarès... beaucoup mieux que ses matières scolaires! De fait, c'était ça, son école. Sur scène, elle était la première.

«Elle nous volait le show, se souvient sa sœur Ghislaine, qui a été souvent choriste dans les spectacles de Céline. Notre mère aurait voulu que nous soyons tous des vedettes dans la famille. Elle savait que nous étions heureux sur scène. Arrivée à Céline, elle avait le temps. Elle a décidé d'en rendre au moins une vraiment heureuse.»

Quatre enfants Dion feront ou amorceront une carrière dans la chanson : Céline bien sûr, Michel, Claudette et Ghislaine, née le 28 juillet 1958, qui raconte ses débuts sur scène, en famille :

«Dans la famille, nous avons à peu près tous chanté. C'est d'ailleurs avec l'orchestre familial que j'ai fait mes débuts. À ce moment-là, c'était ma sœur Denise qui était la chanteuse soliste et qui remportait beaucoup de succès avec son interprétation de la chanson *Me and Bobby McGee* popularisée par Janis Joplin. À quatorze ans, j'ai remplacé mon frère Clément à la batterie, ce qui ne manquait pas d'intriguer les gens dans la salle. Finalement, nous avons tous chanté à tour de rôle. C'est Michel qui, le premier, a entrepris une carrière professionnelle avec le groupe «Le Show», puis Céline a suivi.

«Je la vois encore à l'âge de cinq ou six ans alors qu'elle portait sa petite robe bleue fleurie que maman avait confectionnée pour elle. Elle était *cute* avec ses petits gants blancs, ses cheveux longs et son petit toupet. Elle nous avait volé le show à Saint-Jean-de-Matha, j'étais payée 60 $ pour quatre soirs et elle, les gens venaient lui donner des billets de 10 $ pour une toune», ajoute Ghislaine en riant.

Cette dernière a travaillé avec plusieurs groupes à titre de choriste dans les années 80 et a même enregistré un 45 tours intitulé *Métal et diamant* en 1986 sous le pseudonyme de « Le Kidd ». Elle avait choisi ce nom parce que c'est ainsi que ses oncles et ses frères s'interpellaient dans la famille Dion. C'était le moyen qu'elle avait choisi pour se créer une identité dont elle avait tant besoin.

Faire sa place dans une famille de quatorze enfants n'était sûrement pas chose facile. Dans un minimum d'espace, il fallait tout partager chez les Dion : les peines, les joies, les repas, les tâches domestiques – la vaisselle surtout –, les vêtements, l'argent... et quoi encore! Si deux frères se disputaient un veston de cuir ou que deux sœurs se chamaillaient, le père intervenait : «Embrassez-vous. Dis à ta sœur que tu l'aimes! Vas-y!» On s'exécutait et on oubliait.

Mais au-delà des considérations familiales, chacun cherchait son identité, sa voie, son chemin unique et original. Certains membres de la famille Dion le chercheront longtemps, mais Céline l'a trouvé très tôt. Elle n'a pas eu, comme bien des gens, à gaspiller une partie de sa vie dans un métier ou une orientation qui ne lui convenait pas. Le rêve de ses cinq ans, c'était un choix de vie. C'est ce qui lui permettra de tout canaliser vers un seul et même objectif : une grande carrière dans le domaine de la musique.

Le jeune Adhémar

Têtue, rêveuse, repliée sur elle-même et tout à fait incapable de mentir : cette propension à la franchise qui désarçonnera parfois son entourage a été inspirée à Céline par l'attitude de son père. Adhémar, l'aîné d'une famille de six enfants, a toujours pourfendu le mensonge. Il n'a jamais accepté qu'on le trompe ou qu'on lui mente, surtout ses enfants.

Homme franc, direct, très peu intéressé par le monde des affaires, Adhémar Dion avait été marqué très jeune par la musique. Particulièrement celle de son père, Charles-Édouard Dion, fameux violoniste qui avait animé de nombreuses soirées à Sainte-Anne-des-Monts en Gaspésie.

C'est là qu'est né Adhémar, le 2 mars 1923, premier enfant d'Ernestine Barriault, qui donnera naissance par la suite à Yrène, Roger, Jeannine, Jean-Claude et Jean-Yves. Le père d'Adhémar, Charles-Édouard, dirige des équipes de bûcherons et connaît la forêt comme le fond de sa poche. C'est un véritable personnage de légende. On le dit fort comme un bœuf, bagarreur, provocateur. Il boit autant qu'il se bat. Il déménage souvent, s'établissant tantôt dans la région de Québec, tantôt à Rapide-Blanc, et laisse sa famille sans le sou. On le trouve plus souvent qu'à son tour à la taverne. Finalement, c'est Adhémar, l'aîné, qui devient le véritable soutien de la famille.

L'enfance d'Adhémar baigne dans les eaux troubles. Il abandonne l'école à l'âge de quatorze ans et suit les traces de son père en forêt. Il entretient les camps des bûcherons et gagne enfin un peu d'argent pour subvenir aux besoins de la famille. Adhémar réagit aux frasques de son père, comme c'est souvent le cas dans pareille situation, en faisant preuve d'un sens des responsabilités tout à fait remarquable. En très peu de temps, il gravit les échelons et devient bûcheron et même responsable d'équipe. Il développe également un sens de l'économie qui lui permet d'amasser les 1000 $ nécessaires pour payer les frais d'hospitalisation de sa mère qui doit subir une intervention chirurgicale. Il faut noter qu'Adhémar paye déjà une bonne partie de la nourriture de sa famille ainsi que les frais de scolarité de ses frères et sœurs. Il remet donc la somme à son père, qui ira la dépenser... à la taverne! Adhémar ne se laisse pas abattre et réussit, même si la somme est énorme en ces années 40, à réunir un autre millier de dollars.

Adhémar n'a peut-être pas la carrure d'un bûcheron, mais il ne recule devant rien. S'il n'ose jamais défier son père, il n'hésite pas à fracasser les bouteilles d'alcool dans l'évier lorsqu'il se rend compte que son père est en train de boire ce qui lui reste des 1 000 $ qu'il lui avait remis.

En 1944, Adhémar, qui a maintenant vingt et un ans, se rend à La Tuque où l'attend un travail à la fonderie Aluminium of Canada. C'est là qu'il rencontre Thérèse, fille d'Achille Tanguay, lors d'une réunion de famille. Thérèse, née le 20 mars 1927, est la neuvième d'une famille de douze enfants. Elle travaille comme aide-infirmière et aime lire, écrire et s'amuser avec ses frères et sœurs. Car on s'amuse bien chez les Tanguay, où l'atmosphère semble meilleure que chez les Dion. M. Tanguay, qui a été bedeau et entrepreneur, est reconnu pour sa générosité, sa bonté et son sens de l'hospitalité. Chez les Tanguay, on apprécie beaucoup la musique et Thérèse a rapidement montré des aptitudes particulières pour le violon.

Justement, ce soir-là, Adhémar et Thérèse s'accompagnent pour la première fois, lui à l'accordéon et elle, au violon. Coup de foudre musical et... amoureux! C'est la musique qui a réuni les parents de Céline Dion. Et c'est dans la musique qu'ils formeront leur famille.

Adhémar n'a pas eu une enfance heureuse, mais il n'a jamais oublié non plus la musique qui égayait sa maison familiale. Son père n'était plus le même homme au violon et c'était la fête quand il en jouait. À l'âge de sept ans, Adhémar reçut le plus beau cadeau de sa vie : un accordéon.

En passant près de la pierre tombale de Charles Dion, placée tout près de celle de son fils Jean-Claude, décédé lors d'un accident d'auto, je me suis demandé si on avait rendu justice au grand-père de Céline. Si on n'avait pas quelque peu noirci l'image d'un homme qui jouait si bien du violon.

Jean-Claude Dion n'était âgé que de vingt-deux ans lorsque l'auto dans laquelle il avait pris place glissa le long d'une route de Saint-Paul-l'Ermite et percuta une pompe à essence. On rapporte que le conducteur du véhicule avait les facultés affaiblies par l'alcool. Malheureuse influence du père?

Les opinions de la famille sont partagées quant aux qualités de Charles Dion. Les Tanguay et les Dion s'affrontent sur ce sujet et lorsque Thérèse Dion raconte l'histoire de sa vie amoureuse avec Adhémar, elle témoigne d'un certain ressentiment envers le grand-père paternel de Céline.

Qu'est-ce qui reste finalement de l'enfance d'Adhémar? Des souvenirs de soirs de fête et des airs de violon qui ont développé, chez lui, l'amour de la musique.

Et c'est justement son goût pour la musique et la fête qui a incité Adhémar à se porter acquéreur en 1997 du bar le Vieux Baril situé à Le Gardeur, la municipalité voisine de Charlemagne. Thérèse a vendu son commerce pour se joindre à son époux dans cette entreprise. Leur fils Paul a suggéré de créer une ambiance musicale en accueillant une formation de musiciens et a proposé de toucher lui-même l'orgue. C'est là que Céline chanta pour l'une des premières fois *Viva España*.

Le duo Cloutier-Angélil

En 1977, René Simard ne chante plus *L'Oiseau* depuis qu'il a perdu sa voix de soprano, mais il conduit une mini Rolls-Royce sur la scène d'un hôtel de Las Vegas, en première partie du spectacle de l'excentrique Liberace. De Montréal à Los Angeles en passant par l'Olympia de Paris, Simard avait tracé le chemin qu'empruntera Céline Dion sept ans plus tard.

René Simard n'avait que dix ans lorsque Guy Cloutier en fit l'enfant chéri du public québécois. Il découvrit le jeune soprano lors de son passage à l'émission *Les Découvertes* de Jen Roger et le fit connaître à la population du Québec grâce à l'enregistrement de *L'Oiseau,* dont on vendit plus de cent cinquante mille exemplaires. Particulièrement doué pour la vente et les relations publiques, Cloutier propulsa rapidement son jeune protégé au rang de vedette québécoise. Il songea par la suite à une carrière internationale en s'inspirant du phénomène Josélito, un interprète prépubère espagnol qui vendit des millions de disques en Europe.

L'ascension prodigieuse de celui qu'on surnommait maternellement « le p'tit Simard » permettait à Cloutier de tenter une percée à l'extérieur du Québec. En juin 1974, il remportait le Grand Prix du Festival de musique de Tokyo. C'est le légendaire Frank Sinatra qui lui remit le prix en le serrant dans ses bras et en lui disant : « J'espère que tu ne grandiras jamais. »

En 1975, René Simard se produit sur la scène du prestigieux Olympia de Paris. Un an plus tard, il interprète la chanson des Jeux olympiques présentés à Montréal, *Bienvenue à Montréal.*

Guy Cloutier voyait grand pour son protégé et préparait déjà la route pour le voyage américain. René participait à de nombreuses émissions de télévision américaines, à cette époque. On le voyait en compagnie des plus grandes vedettes : Andy Williams, Liza Minelli, Bing Crosby, Bob Hope, pour ne nommer que ceux-là. De quoi faire rêver l'ambitieux Guy Cloutier qui le voyait déjà dans les cabarets de New York et de Los Angeles, en bonne position au palmarès du fameux « Billboard », la bible du spectacle aux États-Unis.

L'imprésario mettait ainsi tout en œuvre pour conduire son protégé jusqu'au sommet de cette industrie du spectacle autant au Québec qu'aux États-Unis, en prenant grand soin de préserver la santé et l'équilibre psychologique du jeune René Simard. Cloutier veillait sur cet enfant comme s'il s'agissait de son fils. Il ne l'a jamais abandonné et en fit un millionnaire avant qu'il eût atteint l'âge de dix-huit ans.

« Les gens aiment voir des enfants en spectacle. C'est sécurisant, c'est rafraîchissant d'entendre des voix d'enfants, me racontait un jour Cloutier. Tous les dix ans, on remarque la montée d'un enfant prodige. Ce n'est pas nouveau. Il ne faut cependant pas que les parents se mêlent de la carrière de l'enfant. Généralement, c'est très mauvais. »

Cloutier a mis en place tous les éléments en vue d'assurer une longue carrière à René Simard ainsi qu'à sa sœur Nathalie, qui obtiendra presque autant de succès que son frère. Mais la percée américaine de René Simard s'annonçait difficile et Cloutier décida de partager avec un ami de longue date, René Angélil, l'entreprise de séduction des Américains.

Au début des années 70, Angélil avait définitivement renoncé à recoller les morceaux de la formation des

«Baronets». Avec un nouveau partenaire, Jean-Guy Chabados, ou en duo avec Pierre Labelle, les nouveaux «Baronets» n'étaient plus ce qu'ils avaient été à l'origine. René songeait sérieusement à un changement d'orientation.

Né dans le quartier Ahuntsic de Montréal, le 16 janvier 1942, René Angélil est le fils d'un tailleur qui a quitté Damas à l'âge de trente-sept ans pour venir épouser, à Montréal, Alice Sara, alors âgée de vingt et un ans. C'est la famille qui avait décidé de ce mariage et les futurs époux ne se connaissaient absolument pas avant de s'unir pour la vie.

Alice Sara était native de Montréal et habitait cette métropole depuis toujours lorsqu'elle rencontra celui qui devait être son mari. Elle était d'origine syrienne et catholique melkite, tout comme l'époux choisi. Les Angélil élevèrent leurs enfants, René et André, né trois ans plus tard, selon la tradition syrienne. Ce fut un mariage heureux qui dura trente ans, jusqu'à la mort du père. À la maison, on parlait le français, l'anglais et l'arabe. Le père, qui n'était pas riche, avait cependant le sens de l'honneur et de la loyauté.

Les parents de René, comme tous les parents, souhaitaient un meilleur sort pour leurs fils et les poussaient vers les études. Dans un premier temps, René répondit à leurs attentes en s'inscrivant aux Hautes Études Commerciales, mais à vingt ans, c'est le show-business qui le fascinait. Il n'a pas pu résister. D'abord cette folle aventure avec les «Baronets», puis, pour concilier deux mondes qui l'habitaient, les chiffres et le show-business, il sera imprésario pour la vie si Dieu le veut.

Il fit part de sa décision à Guy Cloutier en 1973. Celui-ci, qui avait déjà fait la promotion des disques des «Baronets», l'engagea sans hésiter. Les deux hommes se connaissaient depuis des années. Natif du Lac-Saint-Jean, Cloutier était arrivé sans le sou à Montréal et, après quelques nuits passées à la belle étoile, il avait trouvé refuge chez Alice Angélil, la mère de René.

Dès leur première rencontre en 1962, les deux hommes s'entendirent comme larrons en foire. On eût dit deux frères qui avaient grandi ensemble et qui se complétaient par des tempéraments opposés. Cloutier, complètement extraverti, débridé, théâtral parfois, et René, plus réservé, méthodique et calculateur. Les deux comparses et souvent complices de coups pendables ont toujours eu cependant une prédilection commune pour le rire, le faste et la fête.

Ils ont d'ailleurs vécu pleinement la grande libération des années 60. Des cheveux qui s'allongeaient chaque année pendant la période Beatles et les costumes qui se faisaient de plus en plus voyants. Puis les autos et les appartements dont on changeait aussi souvent qu'on changeait de filles.

En 1964, les deux inséparables habitaient le même appartement et avaient posé une affiche pour identifier les occupants : Jerry Lewis et Dean Martin. J'imagine facilement que René s'identifiait à Martin, car je n'arrive pas à l'imaginer en Jerry Lewis.

Il avait d'ailleurs le charisme et le charme de ce chanteur à la guimauve et plaisait aux groupies des années 60. Et quand on est un Baronet bien coté à la bourse du show-business, les propositions à peine voilées de ces midinettes se font nombreuses après les spectacles. Parfois c'est l'histoire d'un soir, d'une nuit. Parfois c'est une histoire d'amour qui dure et qui transforme une vie.

Au milieu des années 60, René Angélil se met en ménage avec une choriste, Maryse Marshall, de son vrai nom

Laplante. La jeune femme a travaillé avec divers groupes yé-yé de l'époque, dont celui de Tony Roman.

En 1965, alors que les « Baronets » vivent leur heure de gloire, elle travaille avec un nouveau chanteur, Johnny Farago, lequel entreprend une carrière qui durera plus de trente ans. Après avoir chanté *Je t'aime, je te veux*, une version d'un succès d'Elvis Presley, à l'émission préférée des adolescents des années 60, *Jeunesse d'aujourd'hui*, Farago connaît un succès instantané. C'était lui, l'Elvis québécois qu'on attendait depuis des années.

René partageait sa vie avec Maryse mais ne songeait manifestement pas à officialiser leur union. Quant à Maryse, elle s'était éprise de Johnny Farago. Ce n'était peut-être pas le grand amour, mais elle eut une aventure avec lui. De son côté, René était fasciné par une femme qu'il avait rencontrée par hasard. Mieux, ce fut un véritable coup de foudre qu'il ressentit pour cette jolie blonde, Denyse Duquette, qui ne ressemblait pas aux groupies qu'il avait connues jusque-là.

Cette jeune femme lui semblait plus sérieuse, plus maternelle que toutes les autres et il la voyait comme la mère de ses enfants. À vingt-quatre ans, il estimait avoir bien vécu sa jeunesse et pensait que le temps était venu de se « caser ». Très rapidement, le couple se fiança en famille, en prenant soin de ne pas en informer les médias pour ne pas nuire à son image de Baronet. René décida également de ne pas prévenir Maryse, sa première flamme. Les choses se compliquèrent quand celle-ci lui annonça qu'elle était enceinte.

Il était hors de question que Maryse détruise le plus beau projet de René. C'est Denyse qu'il voulait pour femme et rien ne pouvait l'en empêcher. Il refusa donc de reconnaître la paternité de l'enfant à naître et épousa Denyse

Duquette, le 11 décembre 1966, à l'église Saint-Sauveur de Montréal. Guy Cloutier, le complice de toujours, assista au mariage.

Le même jour naissait Maxime, fils de Maryse Laplante et de père... incertain. René savait que Maryse avait connu d'autres hommes. Le couple ne s'était jamais juré fidélité et avait profité de la vie. Cette histoire d'amour aurait vite été oubliée et mise sur le compte des folies de jeunesse si elle n'avait laissé des traces. L'enfant grandira en croyant être le fils de René Angélil. Il en sera d'ailleurs longtemps persuadé, jusqu'à la fin de son adolescence. Sa mère en était certaine également.

« Quand j'étais très jeune, je ne pensais pas à la ressemblance physique avec mon père, mais avec le temps j'ai eu des doutes. »

Ce n'est que beaucoup plus tard que Maxime apprendra l'existence de son véritable père. En 1995, il demanda à Johnny Farago de subir un test d'ADN qui dissipa tous les doutes. Johnny Farago était son père.

Reconnaissance émouvante alors que le père et le fils songent déjà à présenter une série de spectacles ensemble à l'occasion du vingtième anniversaire de la mort d'Elvis. Mais les retrouvailles seront de courte durée puisque Farago est victime d'un infarctus en juillet 1997. En souvenir du passé, dans un beau geste, René Angélil assume le coût des funérailles.

Angélil s'était d'abord investi dans la carrière de Johnny Farago, qui avait connu une certaine célébrité au Québec en interprétant en français les succès d'Elvis Presley. Puis il démontra rapidement de belles qualités d'imprésario et poursuivit son travail avec le jeune René Simard, que Cloutier destinait au marché américain.

Angélil connaissait bien les États-Unis et plus particulièrement la Californie et les casinos de Las Vegas. Il n'a jamais caché qu'il était un joueur aguerri et s'est même enorgueilli d'avoir déjà gagné sa vie dans les salles de jeux.

C'est ainsi qu'il partageait la même passion que le colonel Parker, le fameux imprésario d'Elvis Presley, qu'il a d'ailleurs rencontré à quelques reprises. Homme d'apparence calme, posé, séducteur dans ses négociations, Angélil avait déjà imaginé, dans les années 60, un système qu'il disait infaillible pour tirer profit des différentes tables de jeu. Il avait même songé à écrire un livre sur le sujet. À l'époque où il faisait partie des « Baronets », il avait mis ses compagnons à contribution dans l'une de ses nombreuses tentatives pour « battre le système ». Les pauvres « Baronets » avaient finalement perdu toute leur mise. Mais Angélil ne renonçait pas à la quête du Graal. Il avait l'âme d'un joueur et il allait jouer autant son argent que sa carrière en prenant d'énormes risques dans tout ce qu'il entreprendrait.

Chez CBS, aux États-Unis, on montre de l'intérêt pour le jeune René Simard, qui vend des quantités impressionnantes de disques au Québec. René Angélil et Guy Cloutier se rangent derrière l'ancien avocat des Beatles, Walter Hoffer, rien de moins, qui exige une avance d'un million de dollars américains pour mettre sous contrat la vedette du Québec. Les gens de CBS jugent le montant exorbitant et décident de mettre fin abruptement aux négociations. C'en est fait de la carrière de René Simard aux États-Unis.

Angélil encaisse le coup et continue, sous la gouverne de Cloutier, à maîtriser l'art du management et de la commercialisation des produits artistiques. C'est ainsi qu'il apprend à utiliser les médias afin de mettre son artiste en valeur. Il s'initie également à la magie des chiffres, des formules chocs pour capter l'imagination des lecteurs. Les deux hommes s'étaient d'ailleurs surpassés lorsqu'ils avaient annoncé que le jeune prodige René Simard vendait plus de disques au Québec que les Beatles et Elvis Presley réunis. Les Américains les avaient crus et avaient même annoncé cette nouvelle dans le *Wall Street Journal*. Cloutier avait aussi inventé la formule du matraquage publicitaire à la sortie du nouveau disque d'un de ses protégés. Les ventes augmentaient en conséquence et on faisait étalage de chiffres impressionnants. Angélil observait, se rompait à la méthode de son patron et prenait finalement des initiatives. Je ne sais pas si l'élève a dépassé le maître, mais il faut bien admettre que l'élève était doué.

La rupture professionnelle entre Cloutier et Angélil eut lieu en 1977. Fort de ses succès, Angélil s'était montré particulièrement gourmand en réclamant des parts importantes de la compagnie que détenait Guy Cloutier. Ce dernier avait refusé. Angélil n'aura donc jamais été actionnaire des entreprises Guy Cloutier inc. Il avait tout simplement été embauché par Cloutier et n'avait jamais été que son employé.

Un premier divorce

Lorsqu'il quitte Cloutier, Angélil fonde sa propre maison de production, « Les productions René Angélil ».

C'est une nouvelle vie pour l'ancien Baronet devenu imprésario et c'est une nouvelle épouse qui partage son travail. Angélil est en effet divorcé de sa première femme, Denyse Duquette. Un divorce bien discret obtenu le

12 juin 1973 pour cause d'adultère, motif couramment invoqué à l'époque. N'oublions pas que le divorce n'était permis que depuis 1969 au Québec et qu'on procédait avec discrétion chez les catholiques. Plusieurs le vivaient dans la honte ou du moins avec une certaine gêne. Angélil était tenu de verser une pension alimentaire de 60 $ par semaine à son ex-épouse, qui n'a jamais fait de vagues... du moins publiquement.

Anne Renée

Il épouse civilement la chanteuse Anne Renée le 23 juin 1973 (11 jours après son divorce). C'est avec celle-ci qu'il fondera plus tard la compagnie « T.B.S. ». Anne Renée est un personnage important dans l'évolution de la vie et de la carrière de René Angélil, mais également dans celle de Céline Dion, comme nous le verrons plus tard.

Née le 24 août 1950 à Montréal, Anne-Renée Kirouac avait débuté sur scène à l'âge de quatorze ans. Il n'y avait rien de très sérieux dans son désir de devenir chanteuse. Du moins, elle ne nourrit absolument pas l'ambition de faire une carrière comparable à celle qu'entreprendra plus tard Céline Dion. Mais la jeune interprète qui se fait connaître sous le nom de Manon Kirouac est mignonne et enregistre même quelques succès sur disque dont *Ding dong, Les filles* et *Le Snoopy*.

En 1970, elle fut remarquée par Guy Cloutier et René Angélil qui assistaient à l'un de ses spectacles. Les deux hommes lui proposèrent d'enregistrer un premier 45 tours sur étiquette Nobel. Anne-Renée accepta et se retrouva subitement au palmarès avec la version de *The band of gold,* devenue *Le Jonc d'amitié.* René Angélil tomba rapidement amoureux de cette jeune femme de vingt ans et prit sa carrière en main. Une carrière que la jeune interprète menait sans prétention mais qui a tout de même été marquée par quelques succès, dont *Un amour d'adolescent* (*Puppy Love* de Paul Anka).

À la sortie de son deuxième album, *Quand j'étais un enfant,* Anne-Renée Kirouac, devenue Anne Renée, parle aux journalistes de son enfance à Laval, de ses études à l'école Regina Mundi (qu'elle a abandonnées en dixième année), de ses quatre frères et sœurs et surtout de son mari et de son fils, Jean-Pierre, qui vient de naître en 1974.

« Je demeure dans le milieu artistique par la force des choses, raconte Anne Renée, parce que mon mari s'occupe toujours de la production de disques. Mais je ne veux pas faire de la chanson ma profession parce que je considère que ma profession, c'est celle d'épouse et de mère. C'est pourquoi je n'ai jamais voulu chanter dans les cabarets ou dans les grandes salles de spectacles. Je préfère limiter mes activités artistiques à la radio, la télévison, les disques afin de vivre ma vraie vie en m'occupant de ma famille. »

Anne Renée, que l'on décrit comme une fille simple, aimant vivre près de la nature, enjouée, boute-en-train, sportive jusqu'à pratiquer le base-ball et le football, privilégie avant tout la famille. Pour la naissance de son fils Jean-Pierre, elle a demandé qu'on lui compose une chanson :

> « Il est là mon enfant
> Je le sens vivre au creux de moi, mon enfant
> Je l'imagine dans mes bras, mon enfant
> J'attends ce jour depuis si longtemps
> Et je l'aime... »

À la fin d'une entrevue avec une journaliste, celle-ci lui demande de lui faire part de son plus grand rêve.

« J'aimerais bien faire de la bicyclette avec mon mari », dit Anne Renée. La journaliste conclut que la jeune chanteuse est « une femme déconcertante et merveilleuse ».

L'histoire ne dit pas si René a le temps d'enfourcher sa bicyclette. Les années passent et Anne-Marie vient s'ajouter à la famille Angélil en juin 1977. Quelques années plus tard, Anne Renée oublie la qualité de vie, les petits bonheurs de la vie de famille, et anime une émission de télévision fort populaire au Québec, *Les Tannants*.

Angélil, de son côté, est lié par contrat à la plus populaire chanteuse québécoise de l'époque, Ginette Reno : les affaires vont bien. Le nouveau manager de la chanteuse lui a déniché deux auteurs-compositeurs de premier ordre, Diane Juster et Eddie Marnay. C'est justement une composition de Diane Juster, *Je ne suis qu'une chanson*, qui lui permet de fracasser les records de vente au Québec avec plus de trois cent mille exemplaires.

Un rêve naissant

À Charlemagne, Céline Dion ne cesse de faire tourner les albums de Ginette Reno. Bientôt, elle connaît toutes ses chansons par cœur et les interprète devant son miroir. Ginette Reno est rapidement devenue l'idole de l'enfant de dix ans.

« Je prenais une brosse à cheveux et je m'installais dans la salle de bains à cause de l'écho et je m'imaginais dans une salle de spectacles, grande comme la Place des Arts. Je surveillais mes mouvements dans le miroir et j'étudiais mes gestes comme une comédienne. »

Plus que jamais, elle sait que sa vie, c'est la musique, et rien d'autre. Elle fera comme Michel, le grand frère qu'elle admire plus que tout. Elle ose à peine confier qu'elle sera une star parmi les plus grandes de la chanson, mais elle y croit profondément. Elle ne vit pas son adolescence, elle vit déjà son conte de fées.

Elle rate ses cours et profite des absences de sa mère pour faire l'école buissonnière. Ses amis sont peu nombreux. Il y a bien Nathalie Gauthier ou Isabelle Duclos à qui elle se confie en écoutant de la musique. Il y a aussi Ti-Guy Bernard, un copain plutôt qu'un amoureux. Mais c'est une fille solitaire qu'on retrouve à Charlemagne pendant que tous les membres de la famille s'occupent de leurs entreprises.

On le sait, Céline a très tôt nourri une aversion tenace pour les études :

« L'école m'éloignait de ma famille et de ma carrière, finira-t-elle par admettre, longtemps après avoir abandonné ses études. Aujourd'hui encore, j'éprouve du ressentiment quand je vois une école. »

Et ce n'est pas sans raison. On ne ménage pas l'écolière, qui se défend mal dans la cour de récréation. Ti-Guy la surnomme « morve au nez », d'autres l'appellent « vampire » à cause de ses dents, évidemment. Les enfants de tous les milieux peuvent être aussi bons que méchants entre eux. La petite Céline est une proie facile et on en profite.

À l'école, on remarque sa maigreur et son teint pâle, à tel point qu'une personne alerte les services sociaux alors que Céline termine le niveau primaire. Peu de temps après, une travailleuse sociale se présente à la maison des Dion, persuadée qu'il s'agit d'un cas d'abus d'enfant.

On la reçoit avec la cordialité coutumière chez les Dion et on l'invite à s'installer à la table de la cuisine. La travailleuse sociale remarque les instruments de musique qui jonchent le sol : des amplis, des guitares, l'accordéon, le violon, des feuilles de musique, les affiches des spectacles de la famille. La pauvre dame ne sait où donner de la tête.

Pendant ce temps, Thérèse fait cuire son pain et en offre à la visiteuse.

« La travailleuse sociale a rapidement compris qu'il s'agissait d'une erreur, racontera par la suite Céline. Elle a réalisé qu'il y avait de l'amour dans ma famille. »

On n'a plus jamais revu la dame en question. Le dossier était clos. Et Céline, qui allait sur ses dix ans, en conclut que ce monde peuplé d'inquisiteurs, de faux amis, d'envieux et de jaloux n'était pas pour elle. Elle préférait le rêve, les poupées, les personnages de Disney et ses idoles qui chantaient comme les rois et les reines d'un monde imaginaire.

À l'école secondaire, sa vie d'étudiante ne sera pas plus facile. Un de ses compagnons de classe m'a raconté comment on la percevait à cette époque :

« Elle nous disait qu'elle allait être une grande star. À ce moment-là, moi aussi j'aurais pu dire que j'allais être une star. Mais pour qui se prenait-elle ?

« À l'heure du dîner à la cafétéria, elle signait parfois des autographes. Nous autres, on lui en faisait signer aussi et, après, on les déchirait devant elle.

« Non ! C'était pas vraiment méchant. On ne comprenait pas ce qui se passait. Les Dion étaient tellement pauvres. C'était la famille la plus pauvre de Charlemagne.

De vrais guénilloux qui ne sortaient jamais. Comment voulais-tu qu'on puisse la croire quand elle nous disait qu'elle allait être une grande vedette?»

«À cette époque, elle vivait déjà sur une autre planète», me confiera l'un de ses amis, qui ne croyait sûrement pas si bien dire.

Céline avait perdu le contact avec la réalité des enfants de son âge. Elle n'avait jamais tenté de fumer en cachette, de courir les garçons, de se soûler ou de sniffer de la colle ou quelqu'autre substance. Non! Elle vivait déjà sur la planète du show-business avec un entêtement remarquable.

Sa mère, ses frères, ses sœurs l'avaient deviné. En réalité, il n'y avait que la famille qui la comprenait vraiment. À l'âge de la révolte et des crises d'adolescence, Céline se réfugiait dans le cocon familial. De quoi provoquer et indisposer les camarades de l'école secondaire. Mais qu'importe! Maman était là et veillait sur sa petite dernière.

Une amie de la famille se souvient que Thérèse Dion avait déjà entrepris la tournée des producteurs à la fin des années 70.

«Elle partait souvent au début de l'après-midi en compagnie de Céline, avec une bobine d'enregistrement sous le bras. Beau temps, mauvais temps, elles prenaient l'autobus et revenaient le soir. Elles ont rencontré notamment Gilles Brown, Dennis Des Pentis... ils n'étaient pas intéressés.»

Maman Dion, en plus de manifester un sens des affaires pour le moins étonnant, était également fort ambitieuse, autant pour elle que pour sa progéniture. Alors qu'elle gérait le bar du Vieux Baril, elle incitait ses filles Linda,

Claudette et Louise à participer aux concours de beauté de Miss Charlemagne. Louise a même tenté sa chance de 1972 à 1975, sans succès. Tout comme ses sœurs, elle a dû se contenter du rôle de duchesse à chaque occasion. Céline n'a jamais participé à ces concours.

Pour leur part, Ghislaine et Claudette songeaient à chanter professionnellement alors que c'était Denise, selon des proches, qui possédait la plus belle voix de la famille. Mais Denise s'était mariée et ouvrirait un jour une boutique de fleurs à Laval. Chez les fils Dion, c'était Michel qui laissait présager la plus belle carrière. Le jeune homme avait parfois des allures de Michel Pagliaro. Il a d'abord été associé à une formation rock, « Éclipse », à titre de chanteur, puis au groupe « Le Show », qui oscillait entre le rock et le disco à la fin des années 70. Céline était ravie. Elle voulait faire entendre les disques de son frère à tous ses amis. Le groupe remportait du succès et Céline voyait déjà le chemin qu'elle allait emprunter.

Dès que Michel arrivait à la maison, elle ne le quittait plus et s'informait de tout ce qui concernait les activités de son groupe musical. Elle voulait tout savoir du monde du show-business, qui la fascinait à l'extrême.

Un certain Paul Lévesque

C'est à cette époque qu'elle rencontra l'homme qui allait la découvrir et qui lui ouvrirait les portes du monde du spectacle. Ce n'est pas René Angélil. Il s'agit de Paul Lévesque, l'imprésario du groupe « Éclipse » dont faisait partie son frère Michel. Lévesque est allé entendre Céline à la suite des recommandations répétées du grand frère Michel, au Vieux Baril, et il a aussitôt remarqué le potentiel énorme de la jeune fille alors âgée de onze ans et demi. Paul Lévesque n'était pas le dernier venu dans le monde du spectacle puisqu'il gérait déjà les carrières du groupe « Aut'Chose », de Lucien Francœur, de « Mahaganey Rush », auquel il sera associé pendant treize ans, et de « LUBA ».

Après avoir quitté la gérance du groupe « Éclipse » quand celui-ci est devenu « Le Show », il propose à la famille Dion de s'occuper de la carrière de la jeune Céline à titre d'imprésario. Il demande qu'on forme un conseil de famille afin de signer un contrat en bonne et due forme. Le 2 septembre 1980, il obtient l'accord des représentants de la famille Dion et devient l'imprésario personnel et exclusif de Céline pour une durée de cinq ans. Fait intéressant à noter, la mère de Céline déjoue les intentions de Lévesque et obtient la tutelle de sa fille en vertu d'un jugement de la cour le 3 décembre de la même année. Thérèse obtient donc, par le fait même, la responsabilité légale de sa fille jusqu'à sa majorité.

Lévesque avait insisté au début de l'engagement pour que Céline retourne à l'école. Il comprenait mal l'indifférence de Thérèse, qui ne s'inquiétait absolument pas des absences de sa fille. Sans doute maman Dion avait-elle capitulé, sachant que sa fille n'avait aucun goût ni aucun talent pour les études.

Céline accepte pourtant la recommandation de Paul Lévesque et retourne à la polyvalente Paul-Arseneau. Les engagements sont rares et Thérèse Dion harcèle ce pauvre Paul Lévesque, qui tarde à faire démarrer la carrière de sa fille. Lévesque sait fort bien qu'on ne peut bâtir une carrière sans d'abord enregistrer un disque. Voilà la première tâche du nouvel imprésario de Céline Dion. Il demande donc à maman Dion, à Céline et à son frère Jacques d'écrire des chansons qu'on pourrait graver sur disques. Thérèse Dion est enchantée de l'idée. Sur la table de la cuisine familiale, on s'active pendant quelques jours et finalement Thérèse, avec l'aide de Céline, écrit *Ce n'était qu'un rêve*. Cette chanson demeurera, mais Céline écrit aussi une autre chanson, moins connue celle-là, intitulée *Grand-maman*, et qui raconte mieux que toute autre son rapport à sa grand-mère.

> «Toi que j'aimais tant
> Toi qui aimais m'entendre chanter
> Depuis quelque temps
> Tu n'es plus là pour m'écouter
> Et simplement
> Pour dire ton nom, je te dédie cette chanson
> Je te dédie toutes mes chansons
> Mes chansons
> Je te dédie toutes mes chansons. »

Il s'agissait de la grand-mère paternelle de Céline, Ernestine Barriault, la veuve de Charles-Édouard Dion. Céline était particulièrement attachée à cette dame chez qui elle se réfugiait souvent. Ernestine était sa confidente. Selon un proche de la famille, c'est elle qui aurait encouragé la fillette à réaliser son rêve d'interprète. Ernestine Barriault avait réellement cru en Céline Dion avant tout le monde.

Même si Céline a toujours entretenu une peur maladive des morts, elle a assisté au service funèbre de sa grand-mère décédée le 3 novembre 1980. À cette occasion, elle a chanté dans la petite église Sacré-Cœur de Charlemagne *Mourir auprès de mon amour*. Déjà une voix unique, incomparable, s'élevait dans le temple. Elle aurait juré ce jour-là, dit-on, avec toute la ferveur de l'enfance, que jamais elle n'allait décevoir sa grand-mère, que jamais elle ne renoncerait à son destin. « Ta voix, c'est un don de Dieu ! » lui aurait dit Ernestine.

Plus que jamais, Céline était motivée à entreprendre les démarches pour réaliser ce qu'elle entrevoyait comme son destin. Et c'est Paul Lévesque qui lui ouvrait la première porte de sa carrière. Un disque ! Enfin un vrai disque !

Il fallait d'abord procéder à la production du démo, cet enregistrement que l'on destine aux producteurs. Après une première tentative, qui eut lieu dans la cuisine des Dion, Lévesque loua un studio d'enregistrement à Longueuil et confia la direction musicale à Georges Tremblay.

De nombreux producteurs furent sollicités mais en vain. On estimait que le marché était saturé de voix d'enfants et que, de plus, l'industrie du disque québécois se portait plutôt mal en 1980. Paul Lévesque voulait bien gérer la carrière de cette fillette de onze ans et demie mais préférait laisser à un producteur d'expérience le soin de diriger son premier enregistrement.

Il se rappela finalement les succès obtenus par René Angélil alors que ce dernier travaillait chez Guy Cloutier et lui fit parvenir la cassette enregistrée à Longueuil. Lévesque estimait énormément le travail d'Angélil et multiplia les tentatives pour le rencontrer. Curieusement, René Angélil pensa alors que le moment n'était pas propice pour promouvoir la carrière d'une enfant et se fit tirer l'oreille avant de rencontrer Lévesque et son assistant Cadieux.

Sans le savoir, Lévesque arrivait juste au bon moment pour attirer l'attention d'Angélil. Alors que tout semblait fonctionner à merveille dans la carrière de l'imprésario et producteur de disques, voilà que sa principale vedette, Ginette Reno, avait subitement mis fin à leur entente.

« C'est assez ! J'ai décidé qu'Alain (Charbonneau) sera mon nouveau gérant », avait annoncé la chanteuse à un René pantois.

La décision de la vedette était irrévocable. René argua que cette décision arrivait au pire moment, alors qu'il avait préparé pour la chanteuse un plan de travail qui allait lui permettre de percer en France. René ne comprenait pas la décision de Ginette Reno puisqu'elle lui avait demandé, peu de temps auparavant, de trouver quelque part dans le monde quelqu'un qui l'aiderait à renouveler son répertoire. Après de multiples démarches, Angélil avait pris contact avec Eddy Marnay, un compositeur d'origine algérienne qui avait déjà composé pour la grande Édith Piaf. La relation entre les deux hommes était bonne et Marnay semblait intéressé à écrire de nouvelles chansons pour Ginette afin de lui ouvrir les portes du marché européen.

Mais justement Ginette Reno n'aimait plus la façon de travailler de son imprésario. Elle lui reprochait de ne pas l'informer de toutes ses démarches et ne jurait que par Alain Charbonneau. C'était le nouvel homme de sa vie. Celui qui allait prendre toute la place. Ginette en avait décidé ainsi.

La rencontre décisive

Pendant de longues semaines, René Angélil avait tout remis en question. Le désistement de sa meilleure cliente l'avait laissé sans ressources. Sans elle, il n'y avait plus de défis valables, plus de projets au niveau international, le seul qui l'intéressait vraiment alors que le marché du spectacle stagnait au Québec. Il fallait à René une artiste d'envergure, un talent susceptible de captiver les foules des plus grands pays, et Ginette l'avait abandonné.

On l'avait pourtant prévenu qu'il exerçait le métier le plus difficile du monde. Le métier le plus ingrat. Il suffit d'une nouvelle histoire d'amour, d'un amant ou d'un mari jaloux, pour que du jour au lendemain des années de travail s'effondrent.

« Neuf fois sur dix, estime l'ex-attachée de presse Mia Dumont, qui se confie à Hélène de Billy de *L'actualité*, l'artiste parvenu au sommet de sa gloire va renier son imprésario. Voilà pourquoi personne ne veut de ce job-là. » Mais n'oublions pas qu'Angélil est un homme qui n'a aucune crainte des risques. Il a perdu en misant sur la carrière de Ginette Reno, mais le joueur attend une prochaine occasion. Cette fois, il jure que ce sera la bonne...

Il était pourtant si près du but. Ginette Reno était une vedette établie quand elle lui confia certaines tâches dans son organisation à la fin des années 70. C'était l'artiste la plus populaire du Québec, celle qui réclamait les cachets les plus élevés et se comportait selon son statut de star québécoise. Angélil n'avait rien à lui apprendre et c'est à elle que revenaient les décisions finales dans l'orientation de sa carrière.

Robert « Bob » Watier avait été son mari et son imprésario jusqu'à leur séparation en 1973, puis strictement son imprésario jusqu'en 1976. Elle était entrée en contact avec Angélil dans le but de produire des disques. Elle comptait sur lui pour dénicher un auteur-compositeur de prestige : elle avait besoin de chansons valables, ce qui lui faisait défaut à ce stade de sa carrière. Elle confiait cependant aux journalistes : «Quand on aura trouvé un compositeur, j'irai moi-même négocier avec lui en Europe.»

Lorsqu'on lui parlait de la direction de sa carrière, elle était on ne peut plus explicite : «Les imprésarios exposent trop leurs vedettes et ne songent qu'à multiplier les engagements pour faire le plus d'argent possible, sans penser qu'ils brûlent ainsi les artistes et raccourcissent les carrières. Et puis, je n'ai pas besoin d'imprésario : je sais où mener ma carrière.»

De toute évidence, Ginette Reno visait expressément René Angélil par ces propos. La chanteuse mêlait manifestement carrière et vie affective, et sa qualité de vie... amoureuse prédominait.

Angélil avait déjà confié à des amis : «Parfois, j'avais l'impression qu'elle m'avait engagé pour transporter ses robes.» René en était souvent humilié, frustré, mais il s'entêtait dans sa démarche et rêvait d'une carrière internationale pour Ginette et pour lui. Son séjour à Tokyo et sa rencontre avec Sinatra lui avaient laissé un goût de revenez-y et il avait l'intention d'y revenir. Il voulait se mesurer aux plus grands de sa profession. Il voulait frayer avec ceux qui fabriquent les idoles, retrouver Las Vegas, Paris, mener la grande vie. Pourquoi pas? *Ce n'était qu'un rêve*, comme le chantait la petite fille de Charlemagne. Et voilà que tout son monde s'écroulait. À trente-neuf ans, il appréhendait comme jamais la quarantaine et il songea pendant un certain temps à fermer boutique et à s'inscrire en droit. Reprendre les études à son âge lui semblait un peu ridicule, mais avait-il le choix?

Il était loin le temps où, avec ses compagnons de classe Pierre Labelle et Jean Beaulne, il s'était rendu aux États-Unis pour entreprendre une carrière de chanteur du groupe «Les Baronets». Ils étaient revenus au Québec pour enregistrer un premier disque intitulé *Johanne,* qui avait plus ou moins marché. Puis enfin l'idée ! l'illumination : une version française des succès des Beatles. Mieux encore : les Beatles québécois. René change sa coiffure, s'habille de vêtements serrés et chante avec ses compagnons *C'est fou mais c'est tout,* la version de *Hold me tight* des Beatles. Le succès est instantané lorsqu'on présente les « Baronets » à l'émission *Jeunesse d'aujourd'hui,* dont la formule a été largement inspirée du fameux *American Bandstand* animé par Dick Clark aux États-Unis.

Chacun des « Baronets » empochait jusqu'à 1 000 $ par semaine. Dans les années 60, un tel montant assurait une vie facile, avec tout le succès que l'argent apporte, la renommée, etc. Puis tout avait tourné tellement vite. Fin des « Baronets », début de sa carrière d'imprésario. Spectacles en province, promotion intensive de Johnny Farago, de René Simard et de Ginette Reno. Angélil avait mis les bouchées doubles pour se bâtir une réputation et il se retrouvait devant rien en cette journée d'hiver. L'homme qui affichait habituellement une si belle confiance en ses moyens doutait soudain de tout et surtout de lui-même. Non seulement il perdait sa principale cliente, mais il se retrouvait sans ressources financières.

Heureusement, son épouse Anne-Renée Kirouac gagnait bien sa vie. Elle était une chanteuse de variétés populaire qui animait *Les Tannants* à la télévision et qui partageait avec son mari les tâches administratives de la compagnie Les Disques Super Étoiles. Le couple avait deux enfants, Jean-Pierre et Anne-Marie. Ces deux enfants et Patrick occupaient une grande place dans la vie de René. Il dira un jour : « J'aime mon métier avec passion, mais rien n'est plus important que mes enfants. » Il fallait bien les faire vivre, ces enfants.

C'est à ce moment de sa vie que Cadieux demanda à le rencontrer. Ce jour-là, René n'avait vraisemblablement plus la force de refuser quoi que ce soit à qui que ce soit : « Viens-t'en, pis amène ton stock ! » lança-t-il au bout du fil avant de raccrocher vivement le téléphone. Lévesque et Cadieux se précipitèrent chez lui avec le précieux démo.

La version officielle et autorisée de ce qui va suivre inclut maman Dion, qui aurait fait parvenir par courrier la cassette portant un diachylon rouge. Peut-être a-t-elle effectivement envoyé une cassette à René, mais il est certain que Lévesque et Cadieux ont présenté à Angélil un démo contenant les chansons *Ce n'était qu'un rêve* et *Grand-maman*. Par la suite, plus jamais il ne fut question de Lévesque, comme si Angélil avait voulu effacer toute trace de sa présence dans la vie de Céline racontée aux médias. Pour la postérité, il allait être celui qui avait découvert Céline Dion. L'histoire s'arrêtait là.

René Angélil écouta donc l'enregistrement de *Ce n'était qu'un rêve,* chanson interprétée par Céline Dion. La légende veut que l'émotion l'ait remué jusqu'aux larmes en découvrant la perle rare, celle qu'il voyait déjà sur la scène internationale. Si la vérité est très près de cette légende, l'homme fut tout de même prudent. Il tenait d'abord à rencontrer la jeune chanteuse. Ce qu'il fit dans les jours qui suivirent ; et Céline chanta devant lui, un stylo en guise de micro, comme si elle évoluait à la Place des Arts.

René a été sans l'ombre d'un doute ébloui par la voix *live* de Céline, tout aussi envoûtante que celle qu'il avait entendue sur la cassette. Mais que de travail à accomplir : d'abord la promotion d'une enfant qui avait à peine douze ans et à qui il fallait tout apprendre. De plus, elle était d'une timidité maladive et semblait éprouver toutes les misères du monde à s'exprimer lorsqu'elle cessait de chanter. Peut-être obtiendrait-il l'aide de son épouse. Anne Renée pouvait sans doute solutionner une partie du problème en lui enseignant le maintien, la démarche, les bonnes manières et, pourquoi pas, la féminité. Cela s'apprend, non ?

Après cette première rencontre avec Céline, Angélil voulut faire la connaissance des parents. Il se rendit à Charlemagne afin de discuter avec le père et la mère, mais aussi avec les frères et sœurs de Céline. Comment pouvait-il en être autrement ? Lorsqu'ils reconnurent René, qui avait pris soin de se faire accompagner de sa femme, les Dion furent impressionnés. Ils connaissaient Anne Renée, vedette de la télévision, et ils connaissaient également Angélil, l'ancien membre des « Baronets ».

Ce jour-là fut, de toute évidence, le jour le plus important dans la vie personnelle de Céline Dion. À douze ans, elle avait reconnu l'homme du destin, celui qui allait lui ouvrir les portes du Disneyland qu'elle imaginait depuis son enfance. Des témoins affirment qu'elle manifestait tous les signes de l'éblouissement.

« Je ne sais pas exactement quand je suis tombée amoureuse de René, raconte Céline, mais ce n'est certainement pas quand j'avais douze ans. »

Céline est surtout impressionnée par un producteur de renom qui prend le temps de se rendre à Charlemagne et de rencontrer sa famille. Celui-ci se livre à une entreprise de charme, domaine où il excelle, joue les séducteurs, s'émerveille devant le talent brut de la jeune fille et se remet à rêver gloire et fortune. Déjà, il pense à faire oublier Paul Lévesque en s'imposant comme l'homme de la situation auprès de la famille Dion. Mais que fait Paul Lévesque pendant ce temps ? Il attend et fait confiance à René Angélil.

Celui-ci entreprend des démarches pour enregistrer un premier album et élabore une stratégie détaillée. Avant d'investir dans ce premier album, il veut d'abord s'assurer de sa diffusion. Il entre en communication avec Michel Jasmin qui anime un talk-show fort populaire à l'époque, lui annonce sa découverte et lui fait parvenir la cassette à la demande de l'animateur. Jasmin cherche pendant un bon moment une date libre à laquelle il pourrait recevoir la jeune artiste à son émission. René Angélil le croit peu intéressé et s'impatiente : « Écoute ! Si Céline ne fait pas ton émission, je ne peux pas faire le disque. »

On s'entend finalement pour le 19 juin 1981. Ce jour-là, Céline est présentée pour la première fois à la province par Michel Jasmin, qui le fait avec beaucoup d'émotion. Comme si l'animateur savait qu'il allait poser un geste historique. Chez les Dion, c'est l'euphorie, la veille de l'émission. Chacun y va de ses recommandations. Comme d'habitude, c'est Thérèse qui va prendre les choses en mains. Elle confectionne une robe pour le premier passage de Céline à la télévision, puis, faute de moyens financiers pour acheter de nouvelles chaussures, elle s'acharne à teindre de vieux souliers.

L'émission créait un impact favorable pour la carrière naissante de Céline alors qu'elle interprétait *Ce n'était qu'un rêve*. L'animateur s'est par la suite interrogé sur les véritables intentions d'Angélil. S'il avait réellement vu une artiste de calibre international en écoutant pour la première fois Céline, pourquoi avait-il menacé de ne pas produire ce premier disque ? Jasmin avait tout simplement été victime des techniques de persuasion, pour ne pas dire des ruses de René. L'une d'elles consistait à culpabiliser celui qui aurait pu tuer dans l'œuf une carrière qui s'annonçait prometteuse, par exemple en n'invitant pas l'enfant prodige à son émission.

René aurait tout tenté pour se donner les moyens de produire ce premier disque de Céline Dion. La suite le prouve éloquemment.

Après avoir raconté à Eddy Marnay l'histoire de sa rupture professionnelle avec Ginette Reno, il lui a demandé de venir rencontrer sa découverte. Mieux encore, Angélil a tenu à ce que Marnay rencontre la famille au complet à Charlemagne.

En présentant Marnay à la famille, Angélil fait d'une pierre deux coups. D'abord il permet à l'auteur-compositeur de se familiariser avec l'univers de Céline et il éblouit encore une fois la famille. Thérèse a su reconnaître dès le départ l'envergure d'un homme qui pourrait jouer un plus grand rôle que celui de producteur. Il est évident que maman Dion se range du bord de René Angélil.

D'autre part, Paul Lévesque s'intéresse toujours à la bonne marche des événements, mais il n'a ni le charisme ni les relations de René. Disons qu'il n'impressionne pas autant les membres de la famille. Par la suite, il ne fut plus jamais question de Lévesque.

Eddy Marnay compose avec un bel enthousiasme des chansons pour une enfant de douze ans. Il a entendu le démo de Céline et pense qu'elle ira loin. Il a déjà écrit plusieurs textes pour Céline et le temps est venu de concrétiser le premier album de la toute nouvelle interprète.

—

René affirme depuis toujours avoir hypothéqué sa maison pour absorber les coûts de ce premier enregistrement. C'est émouvant et l'intention était réelle, mais René était dans l'impossibilité de procéder ainsi puisque sa maison avait déjà été hypothéquée pour une somme de

45 450 $ par l'entremise de Kin Ross à la banque CIBC en 1979. De plus, depuis le désistement de Ginette Reno, il n'avait plus de sources de revenus importantes.

Pourtant confiant en sa bonne étoile et fort de l'appui d'Eddy Marnay qui leur ouvrait les portes de l'Europe, René ne voyait aucun problème à obtenir un prêt personnel à la banque. Il défendit sa cause avec ferveur devant le directeur du crédit, en lui faisant miroiter les fabuleuses retombées économiques d'une carrière internationale et la perspective de jours meilleurs pour lui qui n'avait pratiquement plus le sou. Malgré cette prospérité imminente, on lui refusa les 50 000 $ dont il avait besoin pour produire le premier disque de Céline. On l'estima insolvable.

L'homme en fut profondément blessé. Lui qui avait mené au sommet de leur carrière les René Simard, Johnny Farago et Ginette Reno se voyait traiter comme le dernier venu. Lui, personnalité reconnue, frayant déjà avec des gens d'affaires importants, n'avait pas droit à une misérable somme de 50 000 $ pour le placement le plus sûr de sa carrière. Il aurait été possible d'obtenir cette somme de Guy Cloutier, mais il y avait tout de même des limites. Cloutier devenait son compétiteur. Probablement par orgueil, René n'osa pas faire appel à son ami et ancien employeur.

Mais ce qui devait le tenailler et l'angoisser plus que tout, c'était l'implacable verdict de la banque : il était insolvable ! L'événement revêt une importance particulière parce que ce jugement de la banque place l'homme d'affaires dans une situation des plus inconfortables. On ne lui fait donc plus confiance et Angélil se voit menacé par tous ses créanciers. Pour la première fois de sa vie, il songe à une faillite qui pourrait le libérer.

Il tente alors une ultime démarche et fait appel à Denys Bergeron, directeur général de la compagnie de disques

Trans-Canada. René sollicite un soutien financier de 50 000 $. À l'époque, on allouait un maximum de 25 000 $ pour l'enregistrement d'un disque vinyle. Bergeron contourne la difficulté en proposant à Angélil de produire non pas un, mais deux albums. L'un des albums serait constitué de chants de Noël. Il est reconnu que les albums de Noël se vendent généralement bien au Québec.

« René vivait une situation financière difficile et il n'avait aucune entreprise à son nom, racontera par la suite Denys Bergeron, mais c'est un génie du marketing. Il avait un as dans sa manche : le très réputé Eddy Marnay. Les auteurs européens sont beaucoup plus puissants que ceux d'ici, en Amérique. Marnay pouvait se permettre d'écrire seulement pour les gens qu'il aimait bien. Il a même composé une chanson pour ma femme, Christine. C'était donc un allié de taille pour René. À cette époque, il voyait en Céline une future Barbra Streisand, rien de moins. »

René accepte et entreprend des démarches pour réaliser le premier album de Céline. Le rêve devient réalité. Il n'oubliera pas Bergeron, l'homme qui lui a permis d'enclencher la carrière de Céline avec ces deux premiers disques. Au total, il produira cinq albums chez Trans-Canada disques.

On enregistre donc consécutivement les albums *La Voix du bon Dieu* et *Céline Dion chante Noël* au studio Saint-Charles à Longueuil avec l'aide d'Eddie Marnay. Aussitôt, René Angélil établit des contacts à Paris afin de procéder au lancement du disque à l'émission télévisée *Champs Élysées* animée par Michel Drucker, l'animateur le plus populaire de France.

Pendant ce temps, à Charlemagne, l'édifice qui abrite le Vieux Baril est la proie des flammes le 5 mars 1981. Il s'agit du deuxième incendie. Les copropriétaires, le couple

Dion, Claudette et son époux, touchent un remboursement d'assurances. Thérèse Dion se retrouve à la croisée
des chemins : ou elle investit dans un nouveau commerce
ou elle s'occupe de la carrière de sa Céline. Elle choisit la
carrière de Céline, mais ne néglige pas la sienne pour
autant en s'inscrivant à l'École d'hôtellerie.

Les années Marnay

On remarque déjà la stratégie de René, qui s'allie
toujours à une vedette ou à un personnage connu
d'un pays avant de le conquérir. C'est une pratique qu'il
utilisera plus tard en France avec Jean-Jacques Goldman,
aux États-Unis avec David Foster, au Japon avec le violoniste Taro Hakase, et dans bien d'autres pays. Au début de
la carrière de Céline, c'est Eddy Marnay qui lui ouvre les
portes. Marnay a déjà composé *Les Amants de Paris* pour
Piaf mais aussi *Planter café* pour Yves Montand, les premières chansons de Mireille Mathieu, celles de Nana
Mouskouri et de Barbra Streisand. Il pèse lourd dans le
monde du spectacle en Europe. C'est Marnay qui choisit
ses interprètes. C'est Marnay qui œuvre en coulisses.

Il y a une similitude troublante entre son association
avec Mireille Mathieu, qui a débuté en 1965, et celle qu'il
développera avec Céline Dion, une quinzaine d'années
plus tard. Mireille est l'aînée d'une famille de treize enfants
et ne montre aucun intérêt particulier pour les études sauf
pour l'histoire des reines et des rois. Elle se passionne pour
la grande monarchie. Une rêveuse, tout comme Céline.
Elle obtient tant bien que mal son certificat de fin d'études
et entreprend, à quatorze ans, une carrière artistique. Elle

vit modestement dans la petite ville d'Avignon en attendant le coup de pouce du destin. C'est Johnny Stark, alors manager de Johnny Halliday, qui en fait une grande vedette.

À l'époque, on considérait la jeune Mathieu comme celle qui devait prendre la relève d'Édith Piaf. On sait que Mireille Mathieu a obtenu un succès considérable pendant plusieurs décennies dans tous les pays francophones. On se souvient également de l'emprise qu'exerçait sur elle Johnny Stark, qui en avait fait une véritable chanteuse qu'on qualifiait de mécanique. On le lui reprochait à peine parce que la petite vendait des centaines de milliers de disques dans le monde. «Starkey», décédé depuis, imposait sa loi dans le milieu artistique, mais comptait sur Marnay pour lui écrire des chansons à succès. Mireille Mathieu s'est retirée pendant quelques années après la mort de Stark et n'a jamais connu autant de succès par la suite.

Il est donc facile d'imaginer l'influence qu'a pu exercer Marnay sur Céline ainsi que sur René dans l'orientation et dans la gestion de la carrière de la jeune interprète québécoise. Il écrira la plupart des chansons des cinq premiers albums de Céline après avoir connu la famille de la jeune chanteuse, ses habitudes de vie, ses rêves et sa vie sentimentale. Marnay aura bien été l'élément-clé dans la première partie de la carrière de la Québécoise.

⟶

Mais qui est-il exactement cet Eddy Marnay, et pourquoi cet engouement soudain pour une fillette de douze ans tout à fait inconnue, habitant de l'autre côté de l'Atlantique? Il a bien sûr reconnu une voix exceptionnelle, mais il a tout de même déjà composé plus de deux mille cinq cents chansons et fraye avec les plus grands du show-business en 1981. Qu'est-ce qui l'attire donc au Québec? Eh bien, ce qu'il y a de plus important dans la vie d'un homme : l'amour.

Né à Alger en 1920, de son nom véritable Edmond David Bacri, d'origine juive et élevé sur une terre française où les habitants se mêlent aux Arabes et aux Européens, Marnay découvre en 1979 la femme qui bouleversa sa vie. Il s'agit de l'attachée de presse québécoise Suzanne « Mia » Dumont. La rencontre a lieu à Bruxelles au colloque international sur l'avenir de la chanson française. À l'époque, on tente de réagir devant l'irrésistible poussée de la chanson américaine et britannique. Marnay représente alors la France.

Mia Dumont s'amène avec un coffret intitulé *101 chansons québécoises.* On fraternise, on se retrouve et c'est le coup de foudre. Au diable l'océan et les vingt-cinq ans qui les séparent! Ils ne ratent aucune occasion pour se revoir tant à Paris qu'à Montréal. L'un de ces prétextes a été l'invitation de René Angélil.

Tout menait Eddy Marnay vers le Québec. D'abord Mia Dumont, ensuite la nouvelle créativité des Québécois de l'ère post-référendaire. Et puis les origines du compositeur, où se mêlent Arabes, Européens et Juifs, ressemblent à celles d'Angélil, qui parle français, anglais et arabe à la maison. Ces deux hommes sont faits pour s'entendre. Et ils s'entendront fort bien pendant les années qui vont suivre. Suzanne Dumont deviendra même la première attachée de presse de Céline, rôle qu'elle remplira avec autant d'énergie que de délicatesse. Je peux en témoigner pour avoir œuvré à maintes reprises avec cette dame capable d'établir des contacts avec les gens de la presse sans s'imposer indûment. Suzanne Dumont se consacre maintenant à la compilation des œuvres de son compagnon de vie, Eddy Marnay.

En 1981, Marnay prépare soigneusement la première visite de Céline en terre française. René se rend donc à Paris en compagnie de Céline et de Thérèse Dion, qui sera toujours présente à ses côtés, à titre de mère bien entendu mais aussi à titre de tutrice. Céline n'a que douze ans, ne l'oublions pas. Denys Bergeron fait également partie du voyage ainsi que sa femme, Christine Lamer, et Anne Renée.

Paris éblouit tout ce beau monde, mais Paris est également sous le charme de cette quatorzième enfant d'une famille québécoise. Et c'est justement sur cette histoire de famille qu'on bâtit la promotion de Céline en terre française. De grands reportages lui sont consacrés, notamment dans *France-Soir*.

René surveille les moindres gestes de sa protégée et exerce déjà une grande emprise sur elle. Ils ont de longues conversations, pendant le voyage, où il lui raconte comment il voit le métier. René se fait professeur et dicte à la jeune fille tout ce qu'il faut dire ou ne pas dire aux journalistes. Ils discutent de sa tenue vestimentaire sur scène, de sa coiffure, des sourires qu'elle doit éviter sur les photos (elle a deux canines qui sont trop proéminentes), de sa démarche à modifier, mais en gardant toujours ce côté naturel, bon enfant qu'elle doit projeter dans tous les journaux.

Cela ne suffit pas. Il faut rompre la jeune chanteuse à certaines pratiques du show-business, l'extérioriser, lui donner des sentiments et de la grâce. C'est Anne Renée qui va s'y employer pendant plus de trois mois à son retour de Paris. Le travail d'Anne Renée est admirable. Céline s'exprime mieux, bouge moins lourdement et fait montre d'une belle chaleur humaine. Il faudra bien reconnaître un jour que c'est Anne Renée qui a préparé, du moins en bonne partie, l'image de la Céline que l'on connaît aujourd'hui.

Le 30 mars 1982, lors du quatorzième anniversaire de naissance de Céline Dion, Angélil fonde avec Anne Renée la compagnie TBS. Pour le moment, TBS n'a qu'une seule vedette à gérer et à promouvoir : Céline Dion. À ce stade-ci, légalement, la compagnie appartient à Anne Renée, Angélil est employé et empoche 500 $ par semaine. Toujours légalement, c'est Anne Renée qui agit à titre d'imprésario de Céline Dion et de présidente de la compagnie TBS. En réalité pourtant, c'est son époux qui dirige toute l'affaire. Alors pourquoi une telle pratique ? C'est chose courante chez les gens d'affaires qui inscrivent souvent leurs titres de propriété au nom de leur femme afin de se protéger d'éventuels créanciers. On comprendra plus tard la prudence de cette démarche d'Angélil qui a même « remis » à sa femme la propriété de sa maison.

René Angélil vient de gagner son pari. Il a misé sur une enfant de douze ans qui reçoit un accueil chaleureux des Français et des Québécois. Déjà, il fait circuler des chiffres de ventes impressionnants. Pas moins de cent cinquante mille exemplaires vendus en France et presque autant au Québec.

Angélil décide alors de s'occuper exclusivement de la carrière de la jeune Céline. Il mise tout, mais absolument tout, ce qu'il possède sur sa protégée, et il le fera pendant de nombreuses années. Les tournées en Europe coûtent plus cher qu'elles ne rapportent. Il engage les meilleurs musiciens lors de ses premiers spectacles au Québec et cherche les meilleurs couturiers, les meilleures esthéticiennes et les meilleurs conseillers afin de réussir ce qu'il convoite depuis si longtemps : une carrière internationale pour celle qui a remplacé Ginette Reno dans ses rêves de conquête.

Au Québec, il se retrouve en compétition avec son meilleur ami et ancien employeur, Guy Cloutier. Celui-ci obtient un succès considérable en gérant la carrière de Nathalie Simard qui a rejoint le public des enfants. Cloutier s'inspire de la carrière de Chantal Goya en France, qui a continué de chanter pour les enfants même après avoir dépassé la quarantaine. Il entrevoit donc une longue carrière pour Nathalie, qui reprend parfois les chansons de Mme Goya. Pour la première fois depuis leurs jeunes années, les deux imprésarios sont séparés par des intérêts divergents.

René travaille sans relâche, n'a aucun moment libre et prépare déjà le Festival international de Tokyo où Céline est en lice pour la chanson-titre de l'album *Tellement j'ai d'amour pour toi* d'Eddy Marnay, qui a participé à l'enregistrement de ce deuxième microsillon. Les événements se succèdent rapidement dans ce début de carrière et René Angélil se bat contre le temps. Les succès s'accumulent pour la jeune chanteuse, mais l'imprésario investit toujours et ses affaires s'en ressentent...

Céline remporte en 1982 la médaille d'or au treizième *Yamaha World Popular Song Festival* à Tokyo. Pouvait-il en être autrement? On lui décerne même le Prix des musiciens. À son retour, René Lévesque, alors premier ministre du Québec, la félicite personnellement. Le prestigieux concours s'est déroulé devant douze mille spectateurs et cent quinze millions de téléspectateurs japonais. C'est en défendant les couleurs de la France que Céline avait remporté la fameuse médaille d'or pour la meilleure chanson. *Tellement j'ai d'amour pour toi* avait été enregistrée en France et au Québec. En outre, le compositeur, Eddy Marnay, était citoyen français.

Ce fut le triomphe de Céline et également celui de René Angélil, qui connaissait Tokyo pour y avoir séjourné lors d'une visite en compagnie de Guy Cloutier et de René Simard. Angélil avait fait ses classes à l'époque et, en compagnie de Céline, il célébrait son retour sur le grand circuit.

Cet homme d'action profitera continuellement de ses erreurs. Il les assumera, prendra ses distances de fâcheux événements pour en tirer un profit maximum. Il connaissait en effet fort bien Tokyo, il connaissait les habitants de la ville, les organisateurs, le public du Festival et le sens de la famille des Japonais qu'il avait découvert avec René Simard. Il allait exploiter toutes ses connaissances et multiplier les contacts. Pas question cependant de brûler les étapes et de rater la carrière américaine, comme ce fut le cas pour le jeune Simard. Il allait préparer minutieusement l'ascension américaine de Céline mais sans jamais perdre son pouvoir de négociation. Sans jamais laisser à quelqu'un d'autre, fût-il l'avocat des Beatles, le soin de négocier avec une firme de disques de gros calibre.

Dès le début de son association avec Céline, il a exercé une emprise totale sur la jeune chanteuse, hanté qu'il était par le souvenir douloureux de son expérience avec Ginette Reno. Plus question de laisser des amourettes de jeunesse ou des écarts d'adolescence saboter une carrière aussi prometteuse. Pendant les entrevues avec les journalistes, René n'était jamais bien loin de Céline, surveillant ou suggérant une réponse. Il voulait éviter la maladresse qui aurait fait la une des journaux et qui aurait entaché son image.

Il n'était pas question non plus, pour la jeune fille qui vivait son adolescence, de s'accrocher à un ami de passage. Derrière les réponses de Céline, on pouvait facilement sentir la présence d'Angélil. « Il faut que je pense à ma carrière avant tout. Je ne dois pas me laisser piéger par l'amour. » Céline donnait déjà des réponses d'adulte alors qu'elle abordait à peine l'adolescence.

Angélil, qui avait été l'homme à tout faire de Ginette Reno, changea d'attitude. Il imposait maintenant la tenue vestimentaire de Céline et choisissait les gens qui composaient son entourage. Il fallait protéger Cendrillon de tout danger extérieur.

Il avait tout misé sur Céline. Comme il le fera toujours par la suite, il refusait parfois des contrats lucratifs au nom de la jeune chanteuse si ledit contrat menaçait de nuire à son image à long terme. « J'ai toujours aimé le risque, a déjà dit Angélil, et le jeu est un art. Une conférence de presse est un art, un lancement de disque est un art et le choix d'une apparition publique est un art. Il faut mettre en valeur l'artiste, protéger l'image et le lien qu'elle entretient avec le public. »

À Tokyo, Céline a fait la preuve que ses premiers succès n'étaient pas que des feux de paille et que la carrière internationale n'était pas qu'un rêve d'enfant ou d'imprésario en mal de publicité. En 1982, c'est déjà la reconnaissance du Québec à l'égard de son enfant chérie. On sait désormais qu'il faudra compter sur Céline Dion ici ou ailleurs. René Angélil prépare déjà le Midem, le fameux Marché international du disque et de l'édition musicale qui aura lieu en janvier 1983. Tout va bien à ses bureaux et dans sa tête, et les demandes affluent.

En 1982, il règle une affaire qui traîne depuis trop longtemps en signifiant à Paul Lévesque que ses services comme imprésario ne sont plus souhaités. Celui-ci ne l'entend pas ainsi et menace de le poursuivre. Dans un premier temps, Angélil lui consent un pourcentage des revenus de Céline pour la durée du contrat qui lie cette dernière à Lévesque, soit une période de cinq ans. Il décide de lui accorder six et un quart pour cent. Lévesque accepte et encaisse les chèques.

René pense qu'il a suffisamment investi temps et argent dans la carrière de sa protégée pour justifier le fait qu'il devienne officiellement son imprésario. Cela lui semble évident. Mais le succès de l'entreprise s'accroît tout autant que la tension au bureau d'Angélil. Son souci du détail, son omniprésence pour tout ce qui touche de près ou de loin la vie et le métier de Céline, l'ampleur de la carrière de celle-ci nécessitent tous ses moyens. Voilà que le 23 janvier 1983, à bout de ressources financières, après le triomphe de Céline au Midem, il déclare une faillite de 257 510,46 $. René Angélil doit remettre de l'ordre dans sa vie.

Portée par son succès naissant, Céline savoure pleinement la vie dont elle avait toujours rêvé. Michel Drucker l'attend à Paris, et cette fois elle bénéficiera d'un traitement de faveur lors de son passage à l'émission *Les Champs Élysées.*

«Cette jeune fille va devenir une grande vedette en France», prédit Drucker qui n'a jamais hésité à faire connaître les artistes québécois aux téléspectateurs français. Si les Jean Lapointe, Ginette Reno, Diane Tell, Robert Charlebois, Fabienne Thibault, Céline Dion et, plus tard, Roch Voisine ont été vus et entendus à la télévision française, c'est à Michel Drucker qu'ils le doivent, en bonne partie...

La fibrose kystique

À son retour au Québec, Céline entreprend une série de spectacles. Celui qu'elle donnera en mai 1983 à la Place des Arts marquera l'histoire de l'Association québécoise de la fibrose kystique puisqu'il s'agit du premier spectacle produit par cet organisme dans le but de ramasser des fonds. Cette association existe depuis 1960 au Canada, mais c'est en 1981 qu'on a fondé la section québécoise au moment où Céline faisait officiellement ses débuts.

Dès 1981, elle avait d'ailleurs accepté avec empressement de devenir la marraine de l'Association à sa fondation alors que Gilles Vigneault en était le parrain.

Céline a appris très jeune à reconnaître l'évolution et les manifestations de cette maladie. Elle n'était âgée que de neuf ans quand sa sœur Liette arriva à la maison familiale avec dans les bras un bébé de neuf mois, malade. Le poupon souffrait de diarrhée depuis plusieurs jours et affichait une pâleur inquiétante. Grand-maman Dion prit l'enfant dans ses bras et, après l'avoir lavé et changé, dit à sa fille : « Ce bébé goûte salé, ce n'est pas normal. »

La grand-mère avait raison : l'enfant était malade. À l'hôpital Sainte-Justine, on diagnostiqua la fibrose kystique. « Votre fille ne vivra pas plus de deux ans, peut-être trois au maximum », avait dit le médecin à Liette, effondrée. Après un court séjour à l'hôpital, bébé Karine fut retournée aux bons soins de ses parents, Liette et Ronald Ménard. Toute la famille ressentait le poids de cette épreuve. Liette consultait des ouvrages concernant cette maladie pendant que grand-maman Dion s'inquiétait de l'origine de ce mal. Liette lui ayant dit que la maladie était héréditaire, sa mère avait entrepris des recherches. C'est là qu'elle découvrit qu'une de ses cousines qui vivait aux États-Unis avait deux enfants qui étaient atteints de cette maladie.

La famille Dion fit preuve à cette occasion d'une belle solidarité. Les frères, les sœurs ainsi que les beaux-frères et belles-sœurs échangeaient des informations sur l'origine du mal et sur les soins qu'il fallait prodiguer au bébé. On savait que cette maladie s'attaquait particulièrement aux voies respiratoires et au système digestif et que l'enfant allait grandir en avalant quotidiennement une quantité industrielle de comprimés. On devait aussi par moments lui appliquer un masque pour lui permettre de respirer.

Céline a été particulièrement marquée par la maladie de sa nièce et elle s'émerveillait de la voir grandir en beauté malgré tout. Elle puisait chez ce petit être des forces qui la soutiendraient toute sa vie. En 1983, on constate que Karine a tenu le coup pendant six ans. C'est beaucoup plus que les deux ou trois ans que lui donnait le médecin. Il y avait donc de l'espoir. Et Céline regardait cette enfant avec admiration et tendresse. Elle était belle, la petite Karine. Elle était intelligente et elle parlait avec la sagesse des gens qui savent qu'ils vont mourir... plus tôt que les autres.

Céline donnait beaucoup de son temps à Karine pendant que la mère de la jeune malade s'épuisait dans la solitude et l'amertume. Comme si cette épreuve ne suffisait pas, Liette vivait également la déchirure d'un divorce. C'était beaucoup pour une même personne. Peut-être trop. Céline pansa les plaies de sa sœur, combla Karine de cadeaux et d'affection tout en préparant une autre bataille, celle qui devait lui permettre de tracer son chemin dans cette jungle du spectacle.

Après une remarquable performance à la Place des Arts à Montréal, en mai 1983, lors d'un gala organisé au profit de la fibrose kystique, Céline triomphe de nouveau en présentant un spectacle lors de la Traversée du lac Saint-Jean, où elle attire plus de quinze mille personnes, ce qui ne s'était pas vu depuis vingt ans.

En juillet, elle fait encore mieux en donnant un récital au lac des Dauphins, à La Ronde de Montréal. Le spectacle sera enregistré par la télévision de Radio-Canada. Pas moins de quarante-cinq mille personnes assistaient à cet événement qui revêtait un cachet tout à fait particulier aux yeux d'une jeune fille de quinze ans : elle découvrait une nouvelle complicité avec le grand public.

Curieusement, c'est entourée d'eau que Céline a vécu la première magie d'un grand spectacle. Comme si Charlemagne et sa rivière L'Assomption venaient la rejoindre. Comme si l'onde se faisait rassurante. Avec toute la fraîcheur et la naïveté de ses quinze ans, elle raconte le déroulement de cette soirée au journaliste Joseph Lafrenière pour le magazine *Vidéo Presse* :

« Le spectacle au lac des Dauphins a été inoubliable pour moi. C'était une des premières fois que je chantais devant tant de monde et avec tant de musiciens. Je suis entrée sur scène en me disant : là, je suis au salon devant ma famille. Vraiment, je me sentais à l'aise à cent pour cent ! Je me sentais tellement bien ! Avant d'entrer sur scène, j'avais peur un petit peu. C'était une scène flottante sur l'eau. Naturellement, les gens n'étaient pas assis dans l'eau. Ils étaient assis plus loin, sur les estrades... Sur la rive, mettons.

« Je me disais : je suis loin des gens, il n'y aura pas de contact, de chaleur. On prévoyait de la pluie. Il n'y en a pas eu. Il y a eu des étoiles dans le ciel. Il y a eu contact avec les gens, de la chaleur. Il me semble que je touchais quasiment aux gens. Je me sentais bien. J'adore les gens. Ce qui est extraordinaire, c'est de sentir en dedans de soi que les gens apprécient ce qu'on fait... »

Le journaliste nous livre Céline dans le mot à mot de son plus beau naturel. La jeune fille se confie en disant que la gloire, « c'est de se sentir aimée », qu'elle adore signer des autographes, qu'elle écoute Michael Jackson, Stevie Wonder, Barbra Streisand. Elle ajoute que, quand elle était petite, son jeu préféré consistait à chanter : « Je ne connais-sais pas autre chose. » Rien de maladroit, de compromettant, beaucoup de clichés, d'amour du public, et voilà que la machine médiatique se met en marche.

Déjà, c'est l'image de la petite fille qui fait rêver toutes les mères en parlant de ses treize frères et sœurs, pour lesquels elle est toujours le bébé de la famille, de ses amis qu'elle ne voit pas trop souvent et de ses études. Imaginez qu'elle raconte à quinze ans que « Les cours privés, c'est pour composer avec mon métier. Les études, cela importe autant que le métier pour moi. » Voilà exactement ce qu'il fallait dire aux gens des médias. On nuancera plus tard.

Pour l'instant, Pathé-Marconi lui remet un disque d'or pour la vente, à cinq cent mille exemplaires, de sa chanson *D'amour et d'amitié,* après un autre disque d'or pour les cinquante mille albums de *Tellement j'ai d'amour pour toi.* En 1983, Céline touchera donc à l'or pour la première fois et il semble qu'elle y prendra goût. En septembre de la même année, Radio-Canada lui consacre une émission spéciale. L'année s'achève alors que Céline reçoit ses quatre premiers Félix au Gala de l'ADISQ pour le micro-sillon de l'année, l'interprète de l'année, l'artiste s'étant le plus illustrée hors du Québec et comme révélation de l'année.

Pendant ce temps, René Angélil se relève d'une faillite personnelle.

Alors que Céline cumule les succès, les problèmes finan-ciers d'Angélil intriguent ses débiteurs, dont la Banque de commerce canadienne impériale. L'inspecteur adjoint au service des créances spéciales fait parvenir aux syndics

Samson Bélair une lettre qu'il signe G. Daigle et dans laquelle il fait part des observations suivantes :

– Lors de la première assemblée des créanciers, M. Angélil indiquait qu'il n'était pas à l'emploi des Productions TBS inc. (compagnie appartenant à son épouse), mais qu'il rendait des services bénévoles et qu'il n'avait aucune rémunération. [...]

– Entre sa cession et la première assemblée, M. Angélil a effectué un voyage en Europe pour soi-disant accompagner son épouse qui serait la gérante de Céline Dion. Et, comme par surprise, cette jeune fille déclarait à une émission de télévision (Michel Jasmin) que René Angélil était son gérant. De plus, tous les frais du voyage ont été à la charge de Productions TBS inc.

– Actuellement, la contribution de 60 $ par mois de M. Angélil est payée par voie de chèque par son épouse Anne Renée.

À notre avis, M. Angélil utiliserait son épouse pour signer les chèques et autres documents, mais serait en fait le moteur des Productions TBS inc. pour ainsi frustrer ses créanciers de sommes importantes. De plus, lors d'un interrogatoire selon l'article 543 C.P.C. qui eut lieu fin octobre et début novembre 1982, M. Angélil déclarait travailler pour les Productions TBS inc. mais qu'il ne recevait aucun salaire et lorsque Me Pierre Audet, de l'étude Baker, Nudlemasn et Lamontagne tenta de faire évaluer par la cour la rémunération de M. Angélil, celui-ci fit cession de ses biens.

En novembre 1982, un article de journal indiquait que M. Angélil était le gérant de Mlle Dion (copie *incluse) et qu'il l'avait accompagnée à un festival de Tokyo.*

Que faut-il penser de cette faillite? Que René Angélil est un fin renard, rompu aux pratiques commerciales? Qu'il a habilement préparé sa faillite? Il s'est encore une fois comporté comme un joueur, en protégeant sa mise. N'oublions pas qu'au départ Angélil a lancé la carrière de Céline alors qu'il était sans ressources financières. L'opération était particulièrement périlleuse. Il lui fallait investir en payant les voyages, les frais d'enregistrement, la publicité, et René n'avait pas cet argent. On imagine facilement les acrobaties financières qu'il a dû exécuter pour arriver à se tirer d'affaire. Évidemment des dettes, des comptes payables, des promesses de règlement quand la carrière de Céline deviendrait rentable. Mais il faudra attendre et René devient très vulnérable face à ses créanciers. Ce qu'il redoute plus que tout, c'est évidemment une saisie qui pourrait nuire à la carrière de Céline, l'unique carte dans son jeu.

Une faillite lui permettait de repartir à neuf et d'exercer un plein contrôle sur la carrière de sa protégée.

D'amour et d'amitié

On assiste, en 1983, à la première transformation de Céline Dion. Ce n'est déjà plus la fillette timorée, mal fringuée, jamais maquillée, les cheveux en broussaille de ses débuts. On la voit même vêtue d'un maillot de bain moulant, coiffée de longues tresses, inspirée par le style «Bo Derek». Et de plus elle s'exprime, se confie et parle dans les magazines spécialisés du prince charmant dont elle rêve.

Eddy Marnay, qui suit de près son évolution, lui a composé *D'amour et d'amitié*. Une chanson sur mesure pour Céline qui oscille publiquement entre l'amour et l'amitié.

Lors d'un *Portrait show* présenté à la télévision, on nous la présente en compagnie de Gilbert Delorme, tout heureuse et resplendissante. La présence du défenseur du club de hockey Le Canadien devait servir à illustrer la thématique de la chanson *D'amour et d'amitié*.

Dans un Album collection consacré à la jeune interprète, un journaliste commente la rencontre en ces termes :

«[...] la jeune vedette semble s'être laissée prendre au piège de l'amour et durant les deux journées de tournage, ce très beau respect mélangé d'admiration qu'éprouvait Céline pour l'athlète s'est vite transformé en petit coup de foudre, faisant même place à une tendresse un peu trop débordante. Céline Dion l'a elle-même admis au hasard d'une entrevue : elle aurait pu trop facilement tomber amoureuse du défenseur du Tricolore et heureusement que le tournage n'a duré que deux jours sans quoi elle sentait le piège de l'amour se refermer sur elle.

«Céline parle aujourd'hui avec désinvolture de cette "aventure"... mais jure bien ne plus se laisser prendre. Malgré tout, Céline a avoué dans plusieurs reportages qu'elle attendait, comme bon nombre de filles de son âge, la venue d'un prince charmant...»

À quoi peut bien ressembler ce prince charmant dans l'imaginaire de Céline à quinze ans ? Elle parle « d'un beau grand jeune homme aux cheveux blonds, au regard envoûtant, aux manières élégantes et d'une distinction évidente. » Tout le monde reconnaît Peter Pringle, qui enregistrera ses grands succès avec la maison de production TBS que dirigent René Angélil et Anne Renée. Céline affirme plus loin qu'elle ne s'engagera pas avec un homme « avant ma

23ᵉ ou ma 25ᵉ année, mais je pourrais repousser mon mariage jusqu'à trente ans si c'est nécessaire ».

L'auteur termine son article en décrivant le mariage dont rêve Céline à quinze ans : « Elle songe à un mariage d'amour dans la grande église, toute de blanc vêtue en compagnie de ses vrais amis, ses frères et ses sœurs, et celui qui l'aimera pour la vie pourra se vanter de tenir un joyau. La vie de vedettariat n'a pas changé Céline Dion. » Avec le recul, ce témoignage montre bien que Céline savait déjà, en 1983, ce qu'elle attendait de la vie, de l'amour et de son mariage.

Plus loin dans le même album, Anne Renée, l'épouse d'Angélil, échappe un commentaire qui prend aujourd'hui une tout autre signification. Alors qu'on fait mention de l'amitié entre les deux femmes, qui partagent travail, carrière et confidences, Anne Renée parle également du « partage d'une certaine intimité, étant liées par le même homme et le même métier ».

Dix ans plus tard, Céline annoncera des liens beaucoup plus profonds avec un homme qui n'avait pas de boucles blondes, qui n'était plus un beau jeune homme mais qui avait toujours un regard envoûtant, des manières élégantes et une distinction évidente.

Mais Céline a tout son temps pour aimer. À quinze ans, elle ne songe qu'à gravir les échelons. Elle a déjà dit, le plus naturellement du monde à la radio, qu'elle n'envisageait rien de moins qu'une carrière comparable à celle de Michael Jackson, la vedette montante du début des années 80. Une affirmation qui semblait pour le moins prétentieuse en 1983 quand on sait que celui-ci fracassait déjà des records de vente avec des albums de l'envergure de

Thriller et des mégaspectacles avec ses frères qui faisaient courir l'Amérique. Mais Céline n'entretenait aucun doute sur l'ampleur de sa carrière internationale.

En moins de trois ans, elle a déjà enregistré quatre albums, visité la France et le Japon, participé à de nombreuses émissions de télé, gagné plusieurs Félix, et sa popularité ne cesse de croître. On peut parler du départ fulgurant de la carrière de Céline Dion. De fait, elle n'aura rien connu d'autre qu'une carrière internationale. Son premier disque était déjà une coproduction France-Québec en 1981. Par la suite, son cheminement, ses voyages, ses succès ne laissent aucun doute sur les intentions de Céline et de René : la renommée internationale.

Le fameux plan de son imprésario Angélil fonctionne à merveille : d'abord l'Europe et puis l'Amérique. En 1983, on ne peut que constater une ascension sans aucune équivalence parmi les interprètes du Québec. Personne, de Félix à Charlebois, en passant par Jean-Pierre Ferland, n'a connu le même succès auprès du public, des médias et de l'industrie du disque en si peu de temps.

Mais rien n'est encore définitivement acquis à l'heure de ce premier bilan de carrière de Céline. La France ne l'a pas encore consacrée : il faudra y mettre le temps. Un succès ne fait pas une carrière et on peut encore croire à un feu de paille outre-Atlantique. Les ventes ne sont pas faciles, il faut multiplier les promotions dans la mère patrie. Ici, au Québec, Céline ne fait pas encore l'unanimité malgré les trophées et les succès.

Mireille Simard, du journal *Le Devoir*, fait la part des choses dans sa critique du dernier album de Céline.

« Dans *Les Chemins de ma maison*, un disque qui met en valeur sa voix légèrement nasillarde et ses trémolos étudiés, l'adolescente démontre qu'au-delà du battage publicitaire dont elle est victime (mais ô combien consentante), elle possède d'indéniables qualités d'interprète. Son souffle à fleur d'âme et sa façon personnelle de sentir le texte l'entraînent avec un naturel attachant vers des envolées qui jamais ne semblent artificielles. Rien à voir avec ses apparitions publiques où, peut-être mal servie par la sono, elle écorche parfois les tympans. Céline Dion s'adresse à un public bien précis, celui de la chanson populaire et de l'identification populiste.»

D'autres critiques lui feront rapidement une réputation de pleurnicharde et lui reprocheront sa voix par trop nasillarde. Céline fait-elle fi de la critique? Céline ignore-t-elle ce qu'on raconte sur elle? Absolument pas. Elle lit tout et en discute avec son imprésario. Elle en tient compte, mais elle peut déjà jeter un coup d'œil sur le chemin parcouru. Ce retour aux sources a lieu en 1983 alors qu'elle procède au lancement d'une première biographie intitulée *La Naissance d'une étoile*, écrite par Marc Chatel pour les Éditions Quebecor. On jumelle le lancement de ce livre et la parution d'un nouvel album, *Les Chemins de ma maison*.

Mais elle doit sans cesse regarder plus avant, et Céline entretient les journalistes de son projet le plus pressant à la fin de l'année 1983 : «Il faut que j'apprenne l'anglais.»

Curieusement, c'est un cours d'allemand intensif qu'elle suivra chez Berlitz en 1984 afin de pouvoir enregistrer la version allemande de *Mon ami m'a quitté* et *D'amour et d'amitié*. C'est la maison de disques EMI qui en assure la distribution en Allemagne.

Pourquoi l'Allemagne?

«Après le marché anglophone, c'est le marché allemand qui est le plus important actuellement, évalue René Angélil en conférence de presse. Nous pensions au Japon, mais le marché japonais a subi une baisse de 60 % dernièrement, à la suite de la multiplication des magasins de location de disques et de ventes de cassettes vierges. Durant la dernière année, ce type de commerce est passé de 2 points de vente à 2 000 et ce sera sûrement pire dans les prochaines années. »

Il faut se rappeler que, dans les années 80, l'apparition de cassettes vierges d'une qualité nettement améliorée perturbe les producteurs, qui se voient menacés de perdre des ventes importantes. On redoute la copie érigée en système et c'est ce qui se produit chez les Japonais.

La colombe

Le Québec est en fête en 1984. D'abord, pendant l'été, ce seront, au Vieux-Port de Québec, les célébrations du 350e anniversaire de la venue de Jacques Cartier. Puis à l'automne, le Québec recevra la visite du pape Jean-Paul II. Céline fera partie des deux événements, en plus de se produire en France.

Il s'agit d'une année faste pour Céline, certainement la plus spectaculaire de cette période de sa carrière, alors qu'elle touche à toutes les facettes du métier. D'abord un spécial télé d'une heure que lui consacre le réseau TVA, tourné dans plusieurs villes du Québec. Suivront deux séjours à Paris pour l'enregistrement d'un nouvel album, des émissions de télévision et une série de spectacles à l'Olympia de Paris. Céline doit faire la première partie du spectacle de Patrick Sébastien, ainsi qu'une tournée. Il s'agit du premier contact de la chanteuse québécoise avec le grand public de Paris, dans un premier temps, et de toute la France par la suite.

Au Québec, c'est la venue du pape qui fait les manchettes. On apprend que le clergé a choisi Céline Dion pour représenter la jeunesse québécoise lors d'un grand spectacle organisé pour souligner la visite du Saint-Père à Montréal. C'est un grand honneur pour Céline et sa famille qui préparent l'événement avec soin. Paul Baillargeon compose pour l'occasion *Une colombe,* qui fera partie de l'album *Mélanie* qu'elle enregistre alors au studio Saint-Charles à Longueuil et au studio Montmartre à Paris.

En attendant le grand spectacle qui aura lieu au stade olympique et qui permettra au monde entier de voir cette grandiose manifestation de la jeunesse québécoise devant le pape, Céline se produit au Vieux-Port de Québec. On a longuement discuté de cette aventure qu'a été Québec 1534-1984. Une entreprise qui n'a pas connu tout le succès espéré. On avait pourtant investi énormément pour assurer un succès colossal à cette fête de la démesure. Au chapitre des spectacles, on avait même ressuscité le groupe « Beau Dommage » que l'on croyait mort à jamais. La formation musicale la plus populaire de l'histoire du Québec a remporté un beau succès au Vieux-Port et les nostalgiques ont été comblés, mais c'est tout de même Céline Dion qui s'est approprié la plus grande part du gâteau. En effet, une foule record de quarante mille personnes assistent à son spectacle, soit de cinq à dix mille personnes de plus qu'à celui de « Beau Dommage ».

Il faut dire que René Angélil a pris des dispositions pour mettre en valeur sa vedette. Il a retenu pour l'occasion les services de vingt-trois musiciens et de quatre choristes. Quant à Céline, à seize ans, elle maîtrise déjà la scène et les larges auditoires. Les critiques parlent de sa meilleure performance sur scène. Tout lui sourit.

Après la sortie de l'album *Mélanie* en août, elle participe donc à l'événement le plus médiatisé au Québec en chantant, le 11 septembre, devant le pape. Le matin même, pas moins de trois cent mille personnes ont assisté à la messe célébrée par Jean-Paul II au parc Jarry. «C'est une grande fête de foi», déclare monseigneur Paul Grégoire.

Céline n'a jamais été aussi nerveuse avant un spectacle. Devant soixante-cinq mille jeunes réunis au stade olympique, elle interprète *Une colombe*, tandis que Richard Groulx interprète *Croire*. Près de deux mille jeunes évoluent sur le terrain du stade et présentent un spectacle de chorégraphie et de mime. Des centaines de colombes sont lâchées pendant ce show grandiose, mais c'est l'image d'une jeune fille de seize ans dans toute sa pureté, toute de blanc vêtue, empreinte de fraîcheur et d'innocence qui restera longtemps gravée dans l'imaginaire des Québécois. Céline avait gagné.

«J'avais des trémolos dans la voix, mes genoux s'entrechoquaient et je n'ai pas dormi de la nuit tant ça m'a marquée, dira-t-elle à l'issue de cette fête. J'avais rêvé de plein de choses dans ma carrière : je vais peut-être chanter devant la reine, à la Maison-Blanche... Mais chanter devant le pape, je n'y avais jamais rêvé.

«Je n'ai pas réussi à avaler un sandwich, la journée du spectacle. J'ai assisté aux répétitions des jeunes et tous les soirs, on priait pour avoir du beau temps. Les jeunes ont besoin d'amour et en entrant dans le stade, j'ai senti qu'il y avait de l'amour dans l'air.»

À partir de ce moment, Céline Dion sera la colombe porteuse d'espoir, de nobles sentiments, sans reproche et sans tache. L'enfant idéale pour toutes les mères catholiques de ce monde.

En plus du pape, le stade olympique a reçu également Michael Jackson et son spectacle *Victory Tour* qu'il présentait avec ses frères les 16 et 17 septembre. Diane Dufresne avait également présenté sa *Magie Rose* au même endroit. Céline regardait passer les étoiles, bien consciente qu'elle les rejoindrait un jour.

Des années de transition

Le passage de Michael Jackson à Montréal aura laissé des traces beaucoup plus profondes qu'on ne l'imaginait durant les années qui ont suivi. Et Céline fait justement partie du groupe des quinze-seize ans qui sera porté par cette vague Jackson en 1984. C'est sa musique qu'elle écoute, même si elle chante encore des chansons sages et qu'elle propage l'image de la colombe catholique toujours de blanc vêtue.

Il faut comparer les réactions tout à fait opposées provoquées par les spectacles de Diane Dufresne et de Michael Jackson pour comprendre la transition qui s'opère. On a critiqué, très violemment, le spectacle de Diane Dufresne, qui n'en méritait pas tant. On a surtout blâmé l'acoustique du stade olympique pendant cette *Magie Rose* de Diane, en oubliant qu'il s'agissait d'un super show à 10 $ le billet grâce à une subvention spéciale.

À cette époque, les Québécois passaient nettement à l'ère de la musique rock de calibre international. Avec la venue de la musique en « clips », de la fondation de *Much Music* (et autres postes du même genre aux États-Unis...), le rock faisait son entrée dans les foyers. Jackson présentait un spectacle pour toute la famille et les gardes de sécurité ne toléraient aucun écart de conduite pendant le *Victory Tour*. On pouvait maintenant assister à un show rock en toute sécurité, sans risquer d'être mêlé à des scènes disgracieuses, à une émeute ou à un désordre inquiétant pour les plus jeunes enfants.

Je me souviens de l'impressionnante organisation autour de la famille Jackson, toujours préoccupée de l'image de sa vedette. Ce n'était pas une question de morale, c'était une question de marketing : il fallait changer l'image du rocker drogué, alcoolique et délinquant des années 70.

Le Québec avait échappé à ce courant suicidaire même si parfois le stade olympique ou le Forum accueillait les « heavy rockers ». En 1984 ils n'étaient pas disparus complètement, mais un nouveau marché s'ouvrait avec l'émergence du phénomène Jackson qui se répandait dans le monde entier. Du rock plus stylisé, originaire du *Motown Sound* de Detroit, une musique plus commerciale, plus accessible conséquemment, qui touchait un public beaucoup plus large.

Au Québec, la transition s'amorçait et on explorait cette nouvelle façon de vendre du rock plus sain, plus civilisé, avec des groupes qui prêchaient parfois la bonne alimentation en se gavant de vitamines. Des interprètes de la trempe de Fabienne Thibault, Diane Tell, Martine Saint-Clair ont connu un certain succès au début des années 80. Souvent des ballades « inoffensives », un air qui rappelle les chansons d'autrefois avec Fabienne Thibault, *Ma mère chantait toujours*, du mélo avec Martine Saint-Clair qui interprète *Il y a de l'amour dans l'air*. Mais le vent tourne en 1984. Le vidéo-clip se répand partout dans le monde alors que la musique régionale s'estompe. C'est le village global qui impose sa loi et la jeune Céline Dion ressent instinctivement toutes ces vibrations nouvelles.

Le commerce de la chanson devient mondial et une interprète aussi personnelle, créative que Diane Dufresne, qui ne cède à aucune mode, en souffre. Celle qu'on surnommait « La diva » à l'époque n'a jamais aimé ce titre. Diane a plutôt été une artisane de la musique, dans le sens le plus noble du terme. Jamais elle n'a voulu vendre le produit artistique qu'elle représentait aux yeux des producteurs. Jamais elle n'a admis la commercialisation de son image, de son intimité. Jamais elle n'a voulu se confondre aux courants musicaux, aux tendances. Jamais elle n'a voulu obéir aux impératifs des cultures dominantes.

Le contraste Dufresne-Jackson est saisissant en 1984 et c'est le clan Jackson qui établira finalement la norme de ce que devra être le show-business dans les années qui vont suivre. D'abord des moyens financiers énormes pour proposer à une nouvelle génération des mégaspectacles. Il faudra également faire preuve de rigueur, de discipline pour faire fonctionner les énormes machines qui apporteront ce nouveau rock moderne autant visuel qu'acoustique. En 1984, le rock est un feu d'artifice pour les stades et les grands espaces des capitales de la planète. Cela demande une super organisation, un message compris par l'ensemble de la population, et un sens aigu du marketing. Il reste bien peu de place pour les angoisses artistiques, les personnages marginaux sur scène, les créateurs fragiles. Le grand cirque du show-business se met en branle.

Quelles sont les réactions de Céline et de René ? Alors qu'elle n'est âgée que de seize ans, Céline réagit d'abord comme une groupie qui voudrait bien en être. À quarante-deux ans, René Angélil pense, en fin stratège, qu'il ne faut pas trop brusquer la transition. Premier geste annonciateur transitoire : une compilation des plus grands *hits* de Céline. Déjà, après seulement trois ans de carrière.

Radio-Canada lui rend hommage lors d'un premier *Superstar*, à l'automne, et déjà un premier album hors-série, composé de ses plus grands succès, est mis en vente le 17 septembre. Le lancement a lieu à l'hôpital Sainte-Justine et ce disque sera vendu exclusivement dans les super-marchés Steinberg, qui ont accepté de verser à l'Association de la fibrose kystique une contribution pour chacun des disque vendus.

L'entreprise s'avère un succès et Céline poursuit son exploration de la scène. Cette fois-ci, c'est le public français qui l'attend. L'entreprise est de taille. La maison Pathé-Marconi investit son plus gros budget de la saison pour promouvoir le dernier album de Céline, *Mélanie*, et présenter une série de spectacles. Il s'agit du plus long séjour de la jeune Québécoise, qui doit demeurer en France pendant deux mois afin de remplir ses nombreux engagements.

Toujours accompagnée de sa mère, sa tutrice légale, de son imprésario et de ses conseillers, Céline quitte le Québec le 15 octobre pour la plus grande entreprise de séduction de sa jeune carrière. À Paris, elle multiplie les présences à la télévision et les entrevues pendant que René Angélil nourrit ses *contacts*. Le but visé : propulser Céline au rang des grandes vedettes françaises, reprendre là où avait laissé Mireille Mathieu, créer un événement autour de sa personne et surtout conquérir le marché européen, beaucoup plus lucratif que celui du Québec. Réussir à Paris, c'est ouvrir une porte sur tout le marché franco-phone, se dit-on dans l'entourage de Céline, et on ne ménage pas les efforts.

« Mais il ne faut pas brûler les étapes si nous voulons atteindre notre but, affirme le stratège Angélil. Les offres sont nombreuses et on nous offre mer et monde, mais l'aspect financier n'est pas tout ce qui compte.

« Céline fera la première partie du spectacle de Patrick Sébastien et nous l'avons voulu ainsi. On nous a offert de présenter Céline en vedette principale à Paris, mais nous ne voulons pas la brûler en la lançant trop vite devant ce nouveau public pour elle. Il faut faire des choix dans ce métier et nous avons choisi de procéder par étapes. »

Il est bien évident que le compositeur Eddy Marnay a été consulté pour la présentation de ce premier spectacle de Céline en France. Marnay connaît le public, Paris et Patrick Sébastien. Ce dernier n'a rien à voir avec une vedette comme Johnny Halliday. Son charisme est loin d'être le même. Sébastien n'est pas du genre à provoquer une émeute dans la salle. C'est un fantaisiste-imitateur bien connu du public, sympathique, amusant, qui ne portera sûrement pas ombrage à la carrière naissante de Céline en Europe.

Elle se produit donc à l'Olympia, le temple du spectacle en France, en première partie de Patrick Sébastien. Elle foule la scène qui a déjà appartenu à Édith Piaf, à Yves Montand, à Gilbert Bécaud et à tous les grands de la chanson française. On parle des fantômes de l'Olympia. On évoque les fastueuses soirées des plus grandes stars. Ce sera un grand succès. Il faut maintenant conquérir tous les publics de Paris et puis de France. Même ceux qui ne vont pas à l'Olympia.

La saga Lévesque

Alors que Céline s'affirme sur scène à Paris, après des spectacles inoubliables à Québec et au stade olympique, un homme s'inquiète profondément à Montréal. Paul Lévesque apprend que le dernier album de Céline, *Mélanie,* est déjà disque d'or (100 000 exemplaires vendus) de même que le 45 tours *Une colombe,* extrait de cet album.

L'homme de trente-deux ans prend conscience que la carrière de Céline Dion a bel et bien pris son envol sur la scène internationale et qu'elle est là pour y demeurer. Céline a donné, en 1984, les preuves qu'elle est une artiste de grand calibre à tous les niveaux, tant sur disque que sur scène. Lévesque sait maintenant qu'elle doit rapporter gros.

Son contrat de premier imprésario de Céline remonte à décembre 1980. À la fin de l'année 1984, il remet tout en question. Il se demande s'il n'a pas fait l'erreur de sa vie en abandonnant son droit de gérance à René Angélil en 1982.

N'aurait-il pas été en mesure, lui aussi, de conduire la jeune Céline jusqu'au sommet de son art? N'aurait-il pas été en mesure, lui aussi, de lui assurer une carrière internationale? Après tout, il avait fait connaître le groupe « Mahaganey Rush » au monde entier. Il avait également obtenu du succès avec le groupe «LUBA» après avoir lancé la carrière de Lucien Francœur et son groupe «Aut'Chose».

Avait-il eu raison de faire confiance à René Angélil en lui confiant la production du premier disque de Céline, *La Voix du bon Dieu?* Lorsque Lévesque travaillait avec les Américains, dans le cas de la carrière de «Mahaganey Rush», il n'avait pas l'habitude de mêler la gérance et la production de disques. Cette pratique, interdite aux États-Unis, était permise au Québec en raison du petit marché, mais il lui avait semblé naturel de laisser la production du premier disque de Céline entre les mains d'Angélil.

Très rapidement, celui-ci avait outrepassé son rôle de producteur pour prendre en mains la carrière de la jeune interprète. L'ayant compris, Paul Lévesque rencontra Angélil et, après de longues discussions, les deux hommes convinrent d'un accord et signèrent une convention le 16 juin 1982.

Selon ce contrat liant Les productions TBS inc. et Paul Lévesque Management inc., René Angélil est tenu de verser six et un quart pour cent des cachets et royautés de Céline Dion à Lévesque et de lui faire parvenir tous les contrats et documents confirmant les engagements de l'artiste. S'y ajoutèrent aussi d'autres accords verbaux. Le dossier semblait classé quand, sans crier gare, le 9 novembre 1984, Lévesque fait tenir, par l'entremise de son avocat Jean-Jacques Beauchamp, une mise en demeure à la compagnie TBS et à son président René Angélil.

L'avocat exige tous les documents confirmant les engagements de Céline Dion depuis la convention du 16 juin 1982 et met en doute l'authenticité du contrat reliant TBS et les Fêtes 1534-1984. Le cachet de 7 500 $ accordé à Céline ne semble pas satisfaire l'avocat de Lévesque qui ajoute ne pas avoir reçu copie des contrats de nombreux engagements, notamment ceux de la télé et de divers centres commerciaux. L'affaire va plus loin puisqu'on conteste le droit de gérance de René. Une injonction est émise et les parties se retrouvent devant les tribunaux.

Avant de pénétrer dans l'enceinte du palais de justice et d'entendre le témoignage de Paul Lévesque, lors de sa comparution le 4 janvier 1985, relisons la Déclaration sous serment signée et remise par Thérèse Tanguay-Dion, René Angélil et Céline Dion les 28 et 29 décembre 1984.

D'abord celle de Mme Dion :

« 1– Je suis la mère de Céline Dion et sa tutrice légale en vertu d'un jugement de la Cour supérieure du district de Joliette rendu le 3 décembre 1980.

« 2– En août 1980, j'ai été approché par M. Paul Lévesque et celui-ci m'a proposé d'agir comme gérant de ma fille mineure Céline qu'il avait entendue chanter au restaurant que je tenais à Ville Le Gardeur.

« 3– Il m'a présenté qu'il était gérant de grands artistes et qu'il pourrait mousser la carrière de ma fille Céline.

« 4– Suite à cette rencontre et divers pourparlers, j'ai signé le contrat R-1 avec M. Lévesque en décembre 1980.

« 5– Malgré les promesses qu'il m'avait faites, M. Lévesque n'a pratiquement rien fait suite à notre première rencontre et à la signature du contrat pour faire avancer la carrière de ma fille.

« 6– J'avais à l'époque entendu parler de M. René Angélil comme producteur d'artistes connus.

« 7– J'ai alors demandé à M. Gilles Cadieux, employé de M. Lévesque, de communiquer avec M. Angélil pour explorer les possibilités de produire un disque avec ma fille Céline, ce qu'il a fait.

« 8– Peu de temps après, je fus convoquée avec ma fille Céline au bureau de M. Angélil où j'ai appris que M. Angélil acceptait de produire un disque avec ma fille et qu'il avait fait une entente avec M. Lévesque par laquelle M. Angélil deviendrait le gérant de Céline.

« 9– À partir de ce moment-là, c'est M. Angélil qui s'est occupé exclusivement des fonctions de gérance et de production pour ma fille Céline ;

« 10– C'est M. Angélil qui m'a alors élaboré la stratégie devant mener au succès de Céline tant au Québec qu'à l'étranger. »

Plus loin, à l'article 14, Mme Dion ajoute :

«[...] s'il (Paul Lévesque) devait reprendre la responsabilité de gérant de ma fille, j'ai à craindre que la carrière menée de main de maître par M. Angélil ne soit mise en péril, vu le peu de contacts que M. Lévesque avait démontrés à l'époque et le manque de relation de confiance qu'il y aurait eu entre moi-même, ma fille Céline et M. Lévesque. J'ai une totale confiance en M. Angélil qui a magnifiquement réussi là où M. Lévesque avait échoué. »

Au sujet des activités professionnelles de sa fille, Thérèse Dion déclare :

« Je confirme que les Productions TBS inc. me font sur une base régulière rapport de toutes les activités professionnelles de ma fille Céline Dion, que tous ces rapports sont soumis par moi à mon comptable et que ce dernier prépare le rapport requis par la Curatelle publique afin que je les soumette à cet organisme à titre de tutrice de ma fille. »

Céline Dion déclare pour sa part :

« Depuis quatre ans je suis activement impliquée dans le monde artistique comme chanteuse.

« J'ai depuis quatre ans enregistré six microsillons au Québec et deux en France.

« J'ai également donné quelques spectacles au Québec et tout récemment une série de spectacles à l'Olympia de Paris.

« Au tout début de ma carrière, j'ai rencontré avec ma mère M. Paul Lévesque, lequel s'est montré intéressé à devenir mon gérant.

« Pendant le temps où ma mère et moi avons fait affaire avec M. Lévesque ou son assistant Gilles Cadieux, je n'ai enregistré aucun disque, mes seuls engagements ont été limités à enregistrer deux chansons pour maquette pour présentation à un éventuel producteur. »

Céline fait état par la suite de la confiance que manifestent les membres de son équipe à René Angélil et termine en affirmant :

« J'ai toutes les raisons de croire que c'est M. Angélil qui tient cette équipe qu'il a recrutée et, sans sa présence, j'ai la ferme conviction que l'équipe se déferait et par le fait même, ma carrière en souffrirait énormément. »

René Angélil répond dans un déclaration signée le 29 décembre 1984, point par point en 87 articles à toutes les allégations de Paul Lévesque.

À l'article 7, il explique la raison pour laquelle il avait inscrit un montant de 7 500 $ en ce qui concerne le cachet de Céline pour le spectacle qu'elle a présenté au Vieux-Port de Québec :

« Quand, au paragraphe 13 de la requête de M. Lévesque, le demandeur-requérant est en réalité venu à mon bureau, je lui ai remis en mains propres les documents produits sous la cote R-5, en lui expliquant que la somme de 7 500 $ mentionnée au rapport des royautés de juillet 1984 représentait le cachet négocié entre la défenderesse-intimée "Les Productions TBS inc." et l'artiste Céline Dion et que "Les Productions TBS" était responsable de la production des spectacles concernés en vertu d'une entente conclue entre "Les Productions TBS" et "Québec 1534-1984" ».

Précisons que, dans cette entente, on mentionnait initialement un montant de 45 000 $ accordé aux productions T.B.S., qui avait été majoré à 50 000 $ par la suite.

Puis, à l'article 33, René Angélil ajoute :

« Par ailleurs, la production des deux spectacles de Céline Dion dans le cadre de "Québec 1534-1984" a coûté aux "Productions TBS inc." la somme de 46 954,60 $ incluant le cachet de Céline Dion (7 500 $), laissant un solde de 3 045,40 $.

« Après avoir payé les redevances sur 50 000 $ à Paul Lévesque, soit 3 125 $, les "Productions TBS" qui avaient organisé le tout, se retrouvent avec un déficit de 79,60 $ (sic!) »

Somme toute, René Angélil ou sa compagnie TBS n'a tiré aucun revenu financier, selon son affirmation, des deux spectacles de Céline présentés au Vieux-Port devant plus de quarante mille personnes. Ce qui n'est pas un cas isolé dans un monde où les spectacles de grande envergure coûtent très cher... aux producteurs.

Il n'est cependant pas uniquement question d'argent dans ce cas-ci, puisque Angélil doit défendre sa position de gérant de Céline Dion que lui conteste l'avocat de Paul Lévesque.

« Comme tous les contacts ont été établis par mes bons offices et ceux des productions TBS, un changement de gérance serait désastreux pour toutes les personnes intéressées.

« Les "Productions TBS inc." ont l'intention de respecter leurs engagements vis-à-vis de Paul Lévesque jusqu'à l'expiration du contrat, le 5 décembre 1985.

« [...] un changement de gérant aurait pour effet de rendre impossible l'exécution des engagements déjà contractés par la défenderesse pour Céline Dion et rendrait la défenderesse responsable en dommages considérables vis-à-vis ses contractants.

« Si la cour trouvait, à l'inverse, que les défenseurs ont manqué à certaines de leurs obligations sous R-4, le demandeur aurait un recours efficace en dommages-intérêts... »

Angélil mentionne par la suite qu'un changement de gérant serait désastreux pour tous, non seulement en termes financiers, mais aussi en termes « de mauvaise publicité autour de l'affaire ».

Le 4 janvier 1985, Me Louis Crête, procureur des défenseurs-intimés « Les Productions TBS », René Angélil et Dame Thérèse Tanguay-Dion, procède à un interrogatoire sous serment en vertu de l'article 93 C.P.C. L'affaire prend presque l'allure d'une joute oratoire lorsque Me Crête pousse Paul Lévesque dans ses derniers retranchements :

« Q. – Comment pouvez-vous dire par exemple que vous allez assurer le respect intégral de tous les engagements de l'artiste confirmés jusqu'à cette date lorsque les contrats sont intervenus par exemple entre Productions TBS et l'étranger ?

« R. – Si je reprends la gérance, je vais respecter intégrale-ment les contrats qui ont été entrepris. Si elle a des émissions de télévision, elle va les faire, si elle a des contrats de disques, elle va les finir...

« Q. – Le contrat est pas à vous. Il sera pas à vous.

« R. – Ça, c'est de la spéculation.

« Q. – Comment pouvez-vous faire respecter un contrat qui appartient à un autre ?

« R. – Le contrat que j'ai cédé à Angélil était conditionnel à ce qu'il me paie mes redevances. Si le contrat est rétrocédé, je vais être capable de faire tous les contrats signés avec l'artiste, émissions de t.v., radio, disques, elle va les suivre. Je m'engage à ça.

« Q. – Ça, vous vous engagez à essayer de le faire respecter.

« R. – Pas essayer, ça va être respecté et j'ai des précédents qui parlent en ma faveur pour ça.

« Q. – Alors si monsieur... par exemple Drucker ou mon-sieur Eddy Marnay décide de ne pas signer avec vous...

« R. – Ça, c'est gratuit, ça va déjà être signé. »

Intervention de Me Jean-Jacques Beauchamp, avocat de Lévesque :

« Q. – Vous dites que c'est déjà signé. Pourquoi il refuserait de signer avec lui ?

« R. – C'est déjà signé, écoutez, laissez-moi parler, si elle a une émission de télévision à faire le 15 mars en France, ils cancelleront pas parce que c'est moi le gérant, c'est l'artiste qu'ils veulent, pas le gérant.

« Q. – Oui mais est-ce que le contrat est avec le gérant et la production française ou non ?

« R. – Pardon ?

« Q. – Le contrat…

« R. – Le contrat est pour les services de l'artiste.

« Q. – Oui mais c'est avec le gérant.

« R. – Il va falloir qu'il soit transféré, ces personnes-là vont être notifiées que l'artiste appartient maintenant à un nouveau gérant.

« Q. – Si je comprends bien, c'est votre prétention qu'un artiste ça vous appartient.

« R. – Les services de l'artiste appartiennent exclusivement au gérant.

« Q. – Quand vous dites que vous serez en mesure de négocier autant sinon plus d'engagements pour les mois qui restent à courir au contrat et même au-delà, compte tenu des engagements importants que madame Dion a en France, comment pouvez-vous dire que vous serez en mesure de négocier plus d'engagements ?

« R. – Oui.

« Q. – Pourquoi dites-vous ça ?

« R. – Parce que Céline Dion n'a jamais fait de tournée au Québec, puis je sais par mes contacts dans les milieux qu'il y a une grosse demande pour Céline Dion, puis je suis en mesure d'assurer cinquante à soixante concerts pour Céline Dion avant même l'été, avant que l'été soit fini.

« Q .– Et en France ?

« R. – Pardon ?

« Q. – Et en France ?

« R. – En France, j'ai des contacts aussi avec des promoteurs dont Albert Cofsky.

« Q. – Mais aucun de ceux avec qui Dion a fait affaires jusqu'à maintenant. »

Vive discussion par la suite sur les sommes brutes et les royautés et dernières questions de Me Louis Crête sur la liberté de l'artiste :

« Q. – Même s'il y a contrat, est-ce qu'il n'est pas exact de dire qu'un artiste peut refuser de chanter pour vous ?

« R. – Un artiste peut toujours faire la grève.

« Q. – Vous pouvez pas le forcer à chanter.

« R. – On ne peut pas forcer un artiste à chanter.

« Q. – Et si Céline Dion décide de ne pas chanter pour vous, bien, ce sera ça.

« R. – Ça, c'est de la spéculation.

« Q. – Je vous pose la question : est-ce que si elle décide de ne pas chanter pour vous, ça rentre dans le royaume des possibilités ?

« R. – Je vais l'actionner si elle décide de ne pas chanter, si elle est pas malade, à moins qu'elle soit malade.

« Q. – C'est le genre de relation... très bien, je vous remercie. »

Quelques semaines plus tard, désireux de mettre fin à toute cette affaire, René Angélil et Paul Lévesque concluent un arrangement à l'amiable, sans qu'aucun montant ait été divulgué publiquement. René Angélil a été fort bien défendu par son avocat, qui a confondu Lévesque à maintes reprises et lui a fait perdre ses moyens, s'il faut en croire la transcription. Difficile de trancher dans ce débat. On ne saura jamais si Lévesque aurait été un bon gérant pour Céline Dion en 1985. De même qu'il est très difficile de déterminer s'il a bien reçu toutes les redevances auxquelles il avait droit. Les ententes particulières, les engagements promotionnels sans cachet sont courants dans le métier de chanteuse populaire. Enfin, rien ne permet de remettre en question la bonne foi de René Angélil, mais il valait tout de même mieux régler le litige et éviter une mauvaise publicité, préoccupation constante chez Angélil.

Le contrat Angélil-Dion

La poursuite de Paul Lévesque étant retirée, il reste maintenant le contrat liant René Angélil, Céline Dion et sa mère et tutrice Thérèse Tanguay-Dion. Cette convention de gérance a été signée le 17 juin 1982 et prendra fin le 30 mars 1986, lorsque Céline aura atteint sa majorité.

Dans le premier article, on précise que :

« L'Artiste retient les services du Gérant qui accepte à titre de gérant, administrateur, imprésario et de producteur, aux fins de négocier et d'administrer dans le monde entier tous les contrats d'engagement de l'Artiste, et d'en faire la production, le cas échéant, dans le domaine des activités artistiques... »

À l'article 4, il est dit que :

« Le Gérant paiera à l'Artiste les royautés suivantes pour la vente de disques, cartouches et cassettes produits par le Gérant et vendus au Québec :

« a) pour les disques 45 RPM vendus, payés et non retournés, les royautés suivantes :

« – aucune royauté jusqu'à 7 000 disques ;

« – 0,045 $ par disque de 7 001 à 30 000 disques ;

« – 0,06 $ par disque de 30 001 à 75 000 disques ;

« – 0,075 $ par disque excédant 75 000 disques ;

« b) sur les disques 33 1/3 RPM, cartouches et cassettes vendus, payés et non retournés :

« – aucune royauté jusqu'à 4 000 unités ;

« – 0,30 $ par unité de 4 001 à 20 000 unités ;

« – 0,375 $ par unité de 20 001 à 50 000 unités ;

« – 0,45 $ par unité excédant 50 000 unités. »

À l'article 6, on établit la répartition des royautés concernant les ventes à l'étranger :

« Toutes sommes touchées par le Gérant suite à toute entente pour la vente hors Québec de disques, cartouches et cassettes de l'Artiste produits au Québec seront réparties comme suit :

« L'Artiste : 18,755 %

« Le Gérant : 81,25 %.

« À la troisième année, l'artiste touchera 25 % et le Gérant 75 %. »

L'article 11 précise que :

« Le Gérant aura droit à une commission de 25 % sur tous les honoraires ou recettes bruts de l'Artiste résultant de ventes de disques, cartouches et cassettes, non produits par le Gérant ou provenant de royautés d'éditions musicales ou littéraires, télévision, cinéma, etc. »

L'article 16 spécifie également que :

« Le Gérant prélèvera une commission de 12 1/2 % sur tous les cachets, honoraires ou recettes bruts de l'artiste résultant de tous les engagements exécutés par elle pendant la durée prévue de la présente convention et dans les domaines prévus par cette dernière lorsque ces revenus bruts seront inférieurs à 1 000 $ pour une semaine et à une commission de 25 % dans tous les cas où ces cachets, honoraires ou recettes bruts de l'Artiste excéderont 1 000 $ pour une semaine. »

L'article 13 est on ne peut plus clair sur la relation entre le gérant et l'artiste :

« Le Gérant s'engage à conseiller l'Artiste en ce qui concerne la présentation personnelle de l'Artiste en public, son comportement, ses vêtements, son instruction dans le domaine artistique ainsi que ses activités mondaines, et l'Artiste s'engage à donner suite dans les meilleures conditions possibles aux recommandations du Gérant à cet effet. »

Voilà un paragraphe qui laisse songeur. D'aucuns diront qu'il s'agit, ni plus ni moins, d'une clause d'esclavage qui va sûrement à l'encontre de la Charte des droits de la personne que le gouvernement Trudeau est en train de faire adopter en cette année 1982. Lorsqu'un artiste «s'engage à donner suite... aux recommandations du gérant», ne renonce-t-il pas en partie à sa liberté artistique? Céline ne suivait pas les recommandations de René uniquement par estime ou par confiance, elle y était tenue légalement.

Tournée au Québec

Il y a tout de même la confiance d'une adolescente de seize ans qui s'en remet totalement à son gérant.

«Si René Angélil n'existait pas, il faudrait l'inventer», déclare Céline en conférence de presse lorsqu'elle entreprend sa première tournée au Québec. L'événement est de toute première importance pour sa carrière puisqu'elle devient une véritable artiste de la scène en 1985. Elle s'y est préparée longuement, entre autres par des cours de chant et de danse avec Peter George. Rien n'a été laissé au hasard.

Jusque-là, elle avait présenté des spectacles reliés à des événements spéciaux, soit pour la cause des malades atteints de fibrose kystique ou pour de grands événements thématiques, comme au Vieux-Port de Québec ou lors de la visite du pape à Montréal. Elle avait également participé à de nombreuses émissions de télé, toujours dans le but de faire la promotion d'un nouvel album.

Cette fois, c'était Céline Dion, l'artiste de scène, qui entrait en jeu, et le défi était de taille. La tournée débuta le 26 mars 1985 et allait la mener dans vingt-quatre villes du

Québec, pour se terminer à la salle Wilfrid-Pelletier de Montréal.

« Non, je n'ai pas le vertige et je n'éprouve aucune angoisse particulière avant d'entreprendre cette tournée. Quand on se sent bien, quand on est bien entouré, on n'a pas le vertige. René Angélil a été un artiste et il me comprend. Je me sens en sécurité avec lui et il y a ma mère qui m'accompagne toujours. Sa présence est importante.

« J'avoue que j'aurais aimé faire vraiment de la scène pendant les quatre dernières années. Ça été pour moi un sacrifice incroyable de ne pas faire de spectacle, mais je suis consciente aujourd'hui que je n'avais pas tous les atouts nécessaires et je comprends mon gérant qui m'a imposé cette restriction. »

Paul Lévesque avait raison de dire que « la demande est forte pour Céline dans le domaine du spectacle au Québec » et qu'il pouvait lui garantir de nombreux contrats. René Angélil le savait également très bien, mais il voyait les choses autrement :

« Jusqu'à maintenant, tous nos efforts ont été consacrés à la réalisation de ses disques. Nous cherchions une qualité unique et maintenant que nous l'avons, nous passons aux spectacles et là aussi, nous visons la même qualité. Il y a deux ans, un producteur nous avait offert 350 000 $ pour cette tournée et nous avons refusé. Céline n'était pas prête. »

Céline avait vendu un million de disques en France et René Angélil considérait que sa protégée devait franchir une nouvelle étape de sa carrière planifiée à long terme. L'expérience de la scène française, alors qu'elle évoluait en première partie du spectacle de Patrick Sébastien, avait été particulièrement stimulante. Céline se rendait dans sa loge à seize heures trente pour préparer sa prestation qui n'avait lieu qu'à vingt et une heures : «Une piqûre terrible», disait-elle.

Mais René Angélil se montrait encore prudent :

«Il n'est pas question de présenter des spectacles en France pour le moment. Elle n'est pas encore prête pour la France et il faudra attendre un an, un an et demi. Ici, elle a sept microsillons alors que là-bas, elle n'en a que deux. Mais ne vous impatientez pas. D'ici deux ou trois ans, Céline sera l'une des grandes chanteuses du monde.»

Aucune hésitation ne transparaît dans le ton de l'imprésario, comme si la carrière de Céline était écrite dans le ciel. En réalité, ce n'est pas si mystérieux : Céline travaille sans relâche et s'acharne à suivre des cours de chant, de danse et de pose de la voix. Elle prépare ses prochains numéros de scène. Elle se veut une artiste complète qui saura interpréter ses succès et les succès des autres, émouvoir, amuser, danser et se raconter devant le public.

C'est également une Céline Dion plus consciente de son apparence qui se présente au journal *La Presse* dans le cadre d'un véritable blitz médiatique précédant sa tournée. Elle visite les locaux de l'édifice, salue le personnel et réussit fort bien son entreprise de charme. Elle se confie à mon confrère Denis Lavoie et on découvre une adolescente beaucoup plus mûre, plus sûre de ses moyens, qui n'hésite pas à parler de ses vieux complexes :

«Faut qu'une femme soit un peu sexy. C'est bien beau de chanter mais faut être belle et bien se sentir dans sa peau. [...] J'aurais voulu avoir de belles dents mais on ne peut pas tout avoir. Ça me fatiguait. Je mettais toujours ma main devant ma bouche. J'avais un gros complexe», dit-elle.

Des soins d'orthodontie ont corrigé la dentition de Céline, qui sourit franchement pour la première fois devant le photographe de *La Presse*, Bernard Brault. Celui-ci lui remet une photographie de Michael Jackson, qu'elle serre contre son cœur comme le plus beau cadeau. À seize ans, Céline veut bien ressembler à toutes les filles de son âge et donne au journaliste Denis Lavoie l'image d'une fille si naturelle qu'il se demande «ce qu'elle pourrait nous apprendre de plus, après l'avoir rencontrée à cinq ou six reprises».

Il est vrai que la jeune Céline a souvent raconté l'histoire de son enfance, de sa famille à Charlemagne, de son conte de fées, de son bonheur de chanter, mais que pouvait-elle dire d'autre pendant toutes ces années? Elle vivait constamment parmi des adultes et laissait à son entourage le soin de prendre toutes les décisions concernant sa carrière. Sa mère l'accompagnait dans tous ses déplacements, son gérant surveillait toutes ses réponses aux gens des médias, intervenait à la moindre occasion pour protéger l'image de Céline.

Elle raconte encore, par exemple, qu'elle fait ses devoirs comme toutes les jeunes filles de son âge, même si elle ne fréquente plus l'école. Un professeur privé vient à la maison et elle poursuit ses travaux scolaires, parfois entre deux spectacles. Légalement, Céline doit étudier jusqu'à l'âge de seize ans. On sait cependant que ce n'est pas sa préoccupation première et qu'elle accorde la primauté aux cours de danse et de chant qu'elle suit, à Paris, avec une vieille dame qu'elle semble ne pas vouloir identifier.

Au cours de sa tournée des médias, Céline annonce qu'elle prépare un spectacle «sobre, professionnel, soigneusement préparé et poli». Huit musiciens et deux choristes, sous la direction de Paul Baillargeon, feront partie du premier grand show de Céline, qui répète à tous les journalistes : « La scène, c'est la récompense du show-business. Un spectacle, c'est un acte d'amour envers le public et envers moi. »

Au départ, Céline devait donner vingt-quatre représentations dans des villes aussi éloignées les unes des autres qu'Amos, Trois-Rivières, Rimouski, Québec, Sherbrooke, Edmunston et Montréal. Finalement, elle atteindra le total de quarante-deux spectacles à la fin de mai. S'y ajouteront trente-cinq supplémentaires à l'automne.

Le 31 mai 1985, j'assistais à la première des trois spectacles de Céline Dion à la salle Wilfrid-Pelletier de la Place des Arts à Montréal. Je l'avais déjà vue, au Forum de Montréal, en novembre 1982. Elle y avait interprété avec fougue *Mamy blue* lors d'un spectacle organisé pour la survie de Québecair et je peux témoigner qu'elle avait obtenu la plus belle ovation de la soirée. De quoi ébranler mes préjugés sur cette petite fille parfaite qui chantait trop bien.

Mais en 1985, Céline avait fait du chemin et je me demandais si elle pouvait rivaliser sur scène avec l'artiste la plus populaire du Québec à l'époque : Martine Saint-Clair. J'ai rapidement obtenu ma réponse en l'écoutant et en la voyant interpréter un pot-pourri des chansons de Félix Leclerc et un autre en hommage à Michel Legrand.

Le lendemain, dans *La Presse*, je titrais ma critique : «La surprise est de découvrir tout le *chien* de cette interprète». Car c'était justement là que Céline Dion se démarquait nettement de sa rivale Saint-Clair. Alors que celle-ci, en spectacle, enchaînait ses succès au même rythme que celui d'un juke-box, Céline vivait et s'emparait carrément de la scène.

J'ai vu ce soir-là ce qu'allait devenir Céline Dion malgré certains moments de nervosité lors de la présentation de ses premières chansons. Et je poursuivais dans le même article :

« Ce pot-pourri Michel Legrand était troublant. Surtout parce qu'il laissait entrevoir ce que sera cette artiste. Abandonnez-la pendant quelques mesures au rythme de la musique et ce n'est plus la même personne. Elle se détache, bouge d'une façon différente et même la voix transpire.

« Nous sommes bien loin des comportements prudents et empruntés, et c'est encore mieux qu'une voix, c'est un tempérament...

« Évidemment qu'elle a repris ses succès sur disques... mais Céline Dion c'est bien plus que des succès d'or ou de platine sur disques, c'est déjà un personnage de scène. Et dire qu'elle semble encore l'ignorer. Quand elle saura : attention au virage ! »

Céline avait chanté ce soir-là *What a feeling* avec autant de fougue que Irene Cara, *Over the rainbow* avec la sensibilité de Judy Garland et un extrait de *Carmen* qui avait fait lever les spectateurs de leur siège pendant deux minutes.

Céline avait gagné. Elle avait réussi à émouvoir le critique de variétés que j'étais à une époque de grande effervescence sur les scènes québécoises.

Le jeu et l'argent

René Angélil affirma par la suite qu'il n'avait tiré aucun bénéfice financier de cette tournée. Et je n'ai aucune difficulté à le croire, tout simplement parce que cette tournée faisait partie d'une stratégie à long terme dont le but premier n'était pas mercantile.

Angélil, tout comme le colonel Parker, le manager d'Elvis à l'époque, ne dirige pas la carrière de Céline Dion comme le ferait un homme d'affaires, mais plutôt à la manière du joueur invétéré qu'il est.

Lorsque Paul Lévesque avait prétendu que les demandes affluaient pour produire Céline en spectacles et que tout le monde y gagnerait à la voir sur les planches, il pensait en homme d'affaires. Ce n'est absolument pas le cas d'Angélil, qui pense et projette à long terme en misant sur la qualité. Angélil était conscient d'avoir un as dans son jeu, il ne lui restait plus qu'à faire monter les enchères.

Quand il prétend que ce n'est que tout récemment qu'il a commencé à gagner beaucoup d'argent comme imprésario de Céline Dion, il est tout à fait cohérent et honnête avec lui-même. Un homme d'affaires n'aurait jamais pris de risques comme l'a fait Angélil. Il affronte au fur et à mesure chaque étape de la carrière de Céline. Qu'il s'agisse d'un concours à Tokyo, du lancement d'un album ou d'une série de spectacles, il court toujours des risques. L'homme d'affaires diversifie sagement ses placements alors que le vrai joueur consolide, mise tout son avoir sur le même numéro.

C'est exactement ce qu'a fait le colonel Parker dans le temps avec Presley. Mieux encore, le joueur refuse des offres qui semblent alléchantes et on salue sa prudence, son flair, quand ce n'est pas son génie. Parker a tenu son protégé à l'écart pendant de nombreuses années, faisant littéralement de lui une Greta Garbo des temps modernes. Il refusait même des offres faramineuses pour présenter Elvis en spectacle. Ce n'était ni un caprice, ni de la négligence ou de l'ignorance. C'était au contraire de la stratégie.

René, qui connaissait bien le colonel, avait compris sa démarche et s'en est inspiré dans le jeu du show-business.

Il a accompagné chaque tournant de la carrière de Céline Dion et il y a réinvesti tout ce qu'il touchait par la suite. Et le manège s'est répété jusqu'au sommet.

Quand il dit : « Céline fournit des efforts considérables pour être la meilleure sur scène et, de ma part, je lui offre ce qu'il y a de mieux », il s'exprime comme un grand joueur dont le principe est de ne jamais en avoir assez. Il lui faut le gros lot, la cagnotte, quelque chose de « big », comme dit Céline. Le joueur ne cherche pas à dominer tant les personnes que le hasard. Voilà l'ennemi véritable du joueur. Et René a toujours été obsédé par le hasard du jeu, ce démon qui pourrait détruire son univers à tout moment, mais qui le motive et le fascine.

À cette époque, René n'a rien ménagé : voyages, cours, disques. Il a de plus refusé, je le répète, des contrats lucratifs accompagnés de sommes rondelettes dont il avait pourtant bien besoin.

Il paraissait indifférent au fait de toucher peu d'argent. Il augmentait plutôt sans cesse la valeur de l'artiste ou, en termes de joueur, la valeur de sa mise. En réalité, il ne perdait rien : il avait toujours l'as Céline dans son jeu.

Par ailleurs, les risques qu'il courait étaient avant tout de la perdre, ou de subir un échec sur le plan artistique, dans la vente des disques ou la présentation d'un nouveau spectacle. « J'aime prendre des risques, disait-il, et si Céline a réussi, c'est parce que j'ai risqué mais tout risqué sur elle. »

Il est pourtant difficile de croire que le succès d'un artiste n'est pas rentable... On imagine en effet les vedettes menant la vie de château et entretenant leur propre mythe : limousines, vêtements somptueux et dépenses princières.

René, beaucoup plus que Céline, aura voulu projeter cette image. « Il a toujours vécu en millionnaire », dit-on dans son entourage. Il ne s'en est jamais défendu et préférait donner l'image de la prospérité plutôt que celle d'un homme qui relevait d'une faillite personnelle.

Parmi les documents que produisit la compagnie TBS dans la cause qui l'opposa à la compagnie Paul Lévesque, un relevé des cachets payés à Céline Dion, lors de son engagement au théâtre de l'Olympia (Paris) du 6 novembre au 9 décembre 1984, illustre bien la situation financière du clan Dion.

Dans le contrat signé par Jean Michel Boris, qui représente le théâtre de l'Olympia, il a été arrêté et convenu que :

« Les productions TBS toucheront un montant forfaitaire de 3 500 F par représentation, elles régleront les cachets et charges patronales de son chef d'orchestre et pianiste ainsi que de l'artiste.

« Temps de passage : 4 chansons au maximum. Elle sera accompagnée par l'orchestre de Philippe Lavil.

« L'artiste présentera son spectacle :

« – en soirée à 20 heures 30 tous les jours sauf le dimanche ;

« – en matinée à 17 heures 30 tous les dimanches ;

« – relâche les dimanches soirs et les lundis soirs.

« L'organisation Marouani fait parvenir une confirmation de la participation et des cachets de Céline Dion dans les villes suivantes, du 25 au 31 octobre :

« 25. . . . . Moulin, France . . . . 3 500 FF

« 26. . . . . Mâcon, France . . . . 3 500 FF

« 27. . . . . Annecy, France . . . . 3 500 FF

« 28. . . . . Anger, France . . . . 3 500 FF

« 30. . . . . Chartres, France . . . . 3 500 FF

« 31. . . . . Corbeil, France . . . . 3 500 FF

« Total 21 000 FF (7.02) = 2 991 $

« Spectacles à Paris. . . . . 84 000 FF »

Soit un total de 105 000 FF (14 958 $)pour un séjour de près de deux mois en France ! Ce n'est pas tout à fait le pactole...

Les éditions Claude Pascal ont fait parvenir, pour leur part, un décompte des royalties qui couvre le premier semestre de 1984.

« Décompte nº 1 : 95 766,76 FF

« Décompte nº 2 : 12 224,95 FF pour un total de 108 801,41 FF (15 498 $) »

René Angélil mentionne également dans une déclaration sous serment datée du 29 décembre 1984 que bon nombre d'engagements dans les centres commerciaux font suite à une entente avec les distributeurs et que Céline Dion n'a pas été payée pour les spectacles qu'elle a présentés à ces endroits.

De plus, l'artiste n'a reçu aucun cachet pour l'émission spéciale diffusée sur le réseau TVA qui lui était consacrée le 4 mars 1984. Lors de cette émission, *Les Chemins de ma maison,* Céline interprétait les chansons de l'album du même nom.

« Il est de pratique courante dans l'industrie de faire de telles émissions sans cachet et ce, afin de mousser la vente de disques.

« En l'espèce, le disque *Les Chemins de ma maison* a remporté par la suite le prix de l'album le plus vendu de l'année lors du gala de l'Association du disque et du spectacle québécois (ADISQ) et ce, grâce notamment à la promotion plus haut mentionnée. »

Dans le même document, on fait état d'un cachet de 5 000 $ payé par les organisateurs de « La traversée internationale du lac Saint-Jean », un cachet de 80 $ pour l'émission de télé *Bon Dimanche,* un de 60 $ pour une entrevue à l'émission de radio *Primeur* et un autre d'environ 200 $ pour un passage au talk-show fort prestigieux de Michel Jasmin.

Évidemment, il ne s'agit pas de la liste exhaustive de tous les cachets et engagements de Céline Dion durant ses premières années de gloire au Québec et à l'étranger. Ces chiffres sont suffisamment éloquents toutefois pour tracer un profil assez juste de la situation financière du clan Dion au milieu des années 80. Il est bien manifeste qu'on ne fait pas nécessairement fortune dans cette industrie du disque et du spectacle au Québec, surtout lorsqu'on investit à long terme dans une carrière, comme c'est le cas de René Angélil.

Revoir le pape

Au cours de l'automne 1985, pendant que Céline complète sa première tournée de spectacles au Québec, René Angélil reçoit une étrange proposition. Gilles Champagne, un homme d'affaires qui représente le parc commémoratif de Montréal, lui offre rien de moins qu'un voyage à Rome en compagnie de Céline et de sa mère afin de rencontrer le pape :

« Il s'agit de la fameuse rose Jean-Paul II que nous avons créée spécialement pour la venue du pape à Montréal et nous voulons la lui remettre en main propre, à Rome, en compagnie de Céline. Nous amenons avec nous les gens des médias et nous devrions obtenir une grande couverture des journaux et de la télévision. »

René, qui s'y connaît en marketing, est impressionné par ce Gilles Champagne, président d'un parc commémoratif qui est en réalité un cimetière. Dans ce cimetière, on trouve les plus belles fleurs, résultat du travail des botanistes de la maison ou de ceux de la Californie. C'est justement en Californie qu'on a préparé la rose Jean-Paul II.

René accepte l'invitation.

« Je dois être franc avec toi, René : je ne peux pas te garantir qu'on verra le pape ! Mais j'ai de bons contacts, ça devrait marcher », ajoute Champagne.

René, qui n'en est pas à un risque près, accepte de tenter sa chance. Après tout, le pape c'est... le pape et puis il y aura des journalistes, la télévision. Il annule trois spectacles que Céline devait présenter au Québec et monte à bord de l'avion en compagnie de la chanteuse, de maman Dion et de nombreux journalistes qui ont été mis au parfum par l'entreprenant Gilles Champagne. Céline apporte avec elle le chapelet que lui avait remis le Saint-Père lors de sa visite à Montréal.

La délégation québécoise, qui attendait depuis le jeudi, obtient finalement une audience avec le pape le dimanche 13 octobre 1985. Une date que retiendront Céline et sa mère. Des ambassadeurs et des rois espèrent pendant des mois, parfois des années, ces trois précieuses minutes avec le Saint-Père. Il n'aura fallu que quelques jours à un groupe de Québécois pour parvenir à rencontrer le chef suprême de l'Église catholique.

Gilles Champagne et son partenaire, Georges Tarte, ont réussi un exploit remarquable puisqu'une forte délégation de la Pologne, pays d'origine du Saint-Père, a envahi Rome et leur fait concurrence. On a tout de même reçu les Québécois, on va jusqu'à les accueillir dans les jardins de Castel Gandolfo, résidence secondaire du pape. L'endroit est magnifique. Pas moins de cinquante-cinq hectares d'une végétation édénique : serait-ce le paradis terrestre ?

L'équipe de télévision, qui a suivi Céline depuis le début de ce voyage à Rome, ne résiste pas au fruit défendu et capte des images mémorables. Gilles Champagne a pris soin d'amener avec lui deux cents plants de la rose

Jean-Paul II de couleur corail et d'une rare beauté. Il les offre au directeur des jardins du pape, le docteur Ponti, qui pose fièrement avec les fleurs devant les photographes québécois.

Le pape n'avait pas oublié cette fameuse soirée avec les soixante-cinq mille jeunes réunis au stade olympique, le 11 septembre 1984. Il se souvenait de la colombe et de l'organisation de cette fête qui fut pour lui inoubliable. « Je garde dans mes souvenirs une place spéciale pour le Canada, l'une des plus belles étapes de mes voyages. Quel pays merveilleux ! »

En apercevant le Saint-Père, la première réaction de Céline a été de lui remettre son disque d'or de *La Colombe*. Pendant trois ou quatre minutes, il s'est entretenu par la suite avec la chanteuse et il a béni sa famille : « Continuez votre apostolat de la chanson », a dit le Saint-Père, puis il lui a tracé le signe de croix sur le front. Il a également béni la mère de Céline.

« L'an dernier, le 11 septembre, lorsque j'ai chanté pour lui au stade olympique, je l'ai rencontré avec plusieurs personnes. Cette fois, il me regardait tout droit dans les yeux, raconte Céline. Il m'a serré la main très fort. »

Un événement cocasse a suscité bien des commentaires dans l'entourage de Céline. Quand le pape lui tend la main, Céline croit qu'il s'agit d'une poignée de mains alors qu'il fallait plutôt lui baiser la main. C'est la coutume. Mais tant pis pour les manières et le protocole. Céline est naturelle, spontanée, même devant le chef de l'Église. « Quand il a pris mon disque d'or, j'ai cru que mon cœur allait s'arrêter. Il est tellement beau, je suis tellement impressionnée. Je suis très chanceuse. Voir le pape une fois dans sa vie est un énorme privilège mais deux fois... »

René Angélil tient à préciser aux journalistes qui l'interrogent : « Cette démarche à Rome, malgré les apparences, n'a rien de mercantile. D'autant plus que le disque a atteint son plafond de vente sur le marché québécois. Voir le pape, pour moi et Céline, aura été une expérience mystique et humaine extraordinaire. » René n'est pas catholique, il est melchite comme la majorité des Syriens, mais sa communauté religieuse est reliée à l'Église catholique depuis le XIIᵉ siècle.

Après cette mémorable rencontre avec Sa Sainteté le pape Jean-Paul II, tous les membres de la délégation québécoise se réunirent dans un restaurant de Rome. La rencontre fut animée, joyeuse. Alors que l'émotion gagnait tous les convives, Céline se leva. « Je voudrais remercier, à ma façon, tous les organisateurs de ce voyage extraordinaire », dit-elle. Et Céline se mit à chanter *a cappella.* Ce fut le silence le plus complet. Les autres clients semblaient figés et même les cuisiniers déposèrent leurs plats, poussèrent la porte de la cuisine pour mieux entendre un ange… ou peut-être une colombe.

La fin d'une époque

C'est en 1985 que Céline Dion enregistre pour la dernière fois un album de chansons composées principalement par Eddy Marnay. C'est la fin d'une époque, la fin des années Marnay. Les ventes de *C'est pour toi* atteignent à peine cinquante mille exemplaires, un net recul dans l'ascension de Céline. Dans l'esprit du maître d'œuvre de la carrière de la jeune star, René Angélil, ce n'est pas un échec, mais le signe qu'il faut passer à autre chose. Il a évidemment en tête les États-Unis, une nouvelle image de Céline, un nouveau répertoire, mais il faudra attendre, bien jouer ses cartes et surtout... trouver les bons joueurs.

Au même moment, des années difficiles attendent Angélil. Alors que Céline reçoit un disque platine pour *Mélanie* enregistrée en 1984 (100 000 exemplaires vendus qui atteindront finalement 175 000), qu'elle remporte cinq Félix et que tout semble sourire à la jeune fille de dix-sept ans, René Angélil éprouve de sérieuses difficultés dans sa vie de couple.

Son épouse, Anne Renée, inscrit en cour supérieure une demande en divorce, le 10 décembre 1985. Dans sa requête, elle demande la garde légale des deux enfants, Jean-Pierre, né le 23 mars 1974, et Anne-Marie, née le 12 juin 1977. Elle décrit par la suite, dans une déclaration sous serment, une série d'événements qui se sont déroulés entre le 12 mars et le 9 décembre 1985.

« Le 12 mars, après ma journée de travail, je suis revenue à la maison où se trouvaient la gouvernante et mes deux enfants, vers 15 heures 30.

« Ce n'est que vers minuit (24 heures) le jour même, que l'intimé est entré alors que j'étais couchée.

« L'intimé m'a réveillée et a commencé une violente scène de ménage, en refusant totalement de me laisser dormir.

« Devant le harcèlement de plus en plus soutenu de l'intimé, j'ai dû téléphoner aux policiers car je craignais des voies de fait sur ma personne.

« Après une première visite des policiers, qui semblait avoir rétabli la situation, je suis retournée me coucher mais l'intimé a recommencé son harcèlement et sa violence et s'est livré à des voies de fait sur ma personne en me frappant à plusieurs reprises, de telle manière que j'ai dû à nouveau faire appel aux policiers.

« J'ai donc dû quitter le domicile conjugal sous la protection des policiers, vers 2 heures 30 du matin, avec mes enfants, pour aller me réfugier au domicile de ma mère.

« Le 13 mars 1985, l'intimé s'est présenté, sans droit, au domicile de ma mère pour tenter d'y aller rechercher les enfants, et leur grand-mère, inquiète des événements, a fait appel aux policiers, peu de temps avant que je n'arrive moi-même chez ma mère pour y reprendre les enfants.

« J'ai réintégré, avec mes deux enfants, le domicile conjugal où se trouvait également la gouvernante et ce, après que l'intimé m'eut promis de ne plus me harceler ou discuter avec moi.

« Or, malgré ses promesses, l'intimé n'a cessé de m'injurier, de me menacer, de m'intimider et de me faire violence psychologiquement, de telle manière que la vie commune était complètement impossible.

« J'étais imprésario, tout comme mon mari, et j'étais l'unique propriétaire de cent pour cent (100 %) des actions de la compagnie Les Productions TBS inc. et par une résolution du 30 mars 1984, il a été décrété que la compagnie engageait monsieur René Angélil, soit l'intimé, comme gérant à un salaire net de 500 $ par semaine et que moi, présidente de ladite compagnie, je devais également toucher un salaire net de 500 $ par semaine et ce, à compter du 2 avril 1984.

« Par la suite, nous avons, l'intimé et moi-même, touché ledit salaire net de 500 $ par semaine.

« En mai 1984, j'ai transféré, sans compensation monétaire, cinquante et un pour cent (51 %) des actions ordinaires de la compagnie à l'intimé et nous avons, l'intimé et moi-même, été autorisés par une résolution bancaire à la Banque Nationale du Canada, à signer alternativement les chèques de la compagnie.

« Le 14 ou le 15 mars 1985, l'intimé, après m'avoir menacée de me faire perdre mes enfants, ma carrière, de détruire ceux avec lesquels je travaillais, m'a déclaré qu'il me retirait unilatéralement le droit de signer les chèques de la compagnie et qu'il me retirait mon salaire.

« J'avais fait une requête pour ordonnance intérimaire présentable le 19 mars 1985, et j'ai alors demandé à mes procureurs de suspendre les procédures suite aux pressions et au comportement de l'intimé.

« En effet, l'intimé m'a déclaré que si je continuais les procédures de divorce, je me retrouverais, avec les enfants, à la rue, car il était très simple pour lui d'incorporer une nouvelle compagnie, de se faire payer un petit salaire et d'être ainsi incapable de payer une pension alimentaire.

« J'ai donc, après avoir demandé à mon procureur de suspendre les procédures, été m'établir ailleurs, sans mes enfants, qui ont continué à vivre avec une gouvernante et l'intimé dans l'ancien domicile conjugal qui était notre copropriété.

« Par la suite, l'intimé m'a forcée, sans aucune compensation monétaire, à transférer mon nom, par acte notarié, ma moitié indivise dans l'ancien domicile conjugal... alors que ledit immeuble avait été acquis peu de temps après que l'intimé eut fait une faillite personnelle.

« De plus, l'intimé a exigé que je lui transfère toutes les actions de la compagnie Les productions TBS inc. sans aucune compensation monétaire et ce, malgré le fait que ladite compagnie avait un contrat de gérance avec l'artiste québécoise Céline Dion et, en conséquence, produisait des revenus considérables.

« Vers le 21 octobre 1985, je suis revenue vivre avec mes enfants à l'ancien domicile conjugal et j'ai décidé de mettre un terme à ma carrière d'imprésario et plus particulièrement, de ne plus continuer à m'occuper de la carrière de Peter Pringle avec lequel je possédais un contrat et ce, afin de me consacrer entièrement à mes enfants.

« Dès lors, j'ai effectivement cessé de travailler et, vu ma présence régulière et constante auprès des enfants, j'ai remercié la gouvernante dans la dernière semaine de novembre 1985.

«L'intimé de son côté m'a clairement indiqué qu'il était heureux et satisfait que je prenne en charge la garde des enfants qui ne pouvaient avoir meilleure mère.

«Lorsque je suis revenue vivre avec les enfants au domicile conjugal, vers le 21 octobre 1985, nous avons, l'intimé et moi-même, tenté une réconciliation, mais la situation s'est détériorée en quelques jours à cause de l'attitude, du comportement et du harcèlement de l'intimé à mon égard, et la vie commune est devenue intolérable.

«En effet, l'intimé voyage régulièrement et est appelé par ses fonctions à se déplacer à l'extérieur de la ville et du pays d'une façon mensuelle et il est capable de s'installer ailleurs sans aucune difficulté.

«De plus, l'intimé qui est entré d'un voyage d'affaires à Paris le 9 décembre 1985 m'a déjà informée du fait qu'il repartait pour aller jouer au casino à Las Vegas avec des amis le 14 décembre 1985 et il m'avait demandé de l'accompagner, mais j'ai refusé.

«Vendredi le 6 décembre 1985, je me suis rendue avec mes enfants pour passer le week-end chez une tante et j'ai laissé un mot à mon mari à la maison pour l'informer du fait que je serais de retour mardi.

«Pendant le week-end, alors que mon mari ne se trouvait pas à la maison, il y eut du vandalisme et mon frère, Michel Kirouac, a dû se rendre à notre domicile après que notre système d'alarme eut été déclenché et prévenir les policiers et s'occuper de remettre les lieux en état.

«J'ai été informé par mon frère que mon mari ne s'est pas présenté à la maison avant 11 heures du soir, dimanche, le 8 décembre, alors qu'il a communiqué avec mon frère pour lui demander ce qui s'était passé à la vue d'un mot qu'avait laissé ce dernier à la maison.»

Anne Renée demande par la suite de pouvoir réintégrer le domicile conjugal avec ses enfants et que le mari en soit exclu. Elle ajoute également que son mari l'a

« intimidée et menacée d'impliquer les enfants dans notre litige » lors d'une rencontre dans les couloirs du palais de justice le 10 décembre et apporte un éclaircissement important sur la façon de procéder de son mari au 39e article de sa requête.

« De plus, l'intimé n'a cessé de me répéter, en mars 1985 et dans les dernières semaines, que si je réglais à l'amiable, sans me faire représenter par les avocats, je ne manquerais de rien, mais si je retenais les services d'un avocat, il prétendrait qu'il n'a pas d'argent. »

La requérante termine en révélant qu'elle n'a aucune source de revenus et qu'elle a besoin pour elle et ses deux enfants d'une pension alimentaire de 5 000 $ par mois « que l'intimé a largement les moyens de me payer ».

Le divorce a été prononcé le 3 mars 1986. René Angélil n'a aucunement contesté les allégations de son épouse, n'a pas témoigné et ne s'est pas fait représenter dans cette cause. Le jugement a donc été rendu par défaut.

Comme bon nombre de personnes connues, Angélil n'était pas enclin à étaler sa vie privée lors d'affaires débattues devant des juges et des avocats et consignées dans des documents accessibles au public. Il préférait nettement régler ses litiges hors cour et en toute confidentialité. C'est d'ailleurs ce qu'il proposait à Anne-Renée Kirouac, selon le témoignage de celle-ci.

Étant absent aux débats, Angélil ne pouvait pas affirmer qu'il était en réalité l'âme dirigeante de la compagnie TBS. Quant à Anne Renée, elle n'explique pas leurs motifs de querelle. Angélil n'a pas la réputation d'être un homme violent et son comportement lors des événements du 12 et du 13 mars 1984 est difficilement compréhensible. L'homme public si calme, si pondéré cachait-il un comportement agressif ? Difficile à croire. Quelle était la nature de ce conflit ? Probablement une question d'affaires. N'oublions pas qu'Anne-Renée Kirouac était légalement propriétaire à cent pour cent de la maison de productions TBS. Une maison qu'ils avaient fondée ensemble, en 1982. En réalité, Angélil était bien plus qu'un employé à 500 $ par semaine. Il contrôlait la carrière de Céline Dion depuis 1981 et la popularité de celle-ci ne cessait de croître au Québec et en Europe, et le ferait sûrement aux États-Unis, qu'Angélil tenait dans sa mire depuis longtemps.

Enfin, René Angélil n'était toujours pas solvable après sa faillite de 1983. Une faillite qui servait sans doute drôlement bien ses intérêts alors que Paul Lévesque et Anne Renée le poursuivaient devant les tribunaux. On ne pouvait saisir ni la compagnie, ni la maison. René Angélil pouvait bien prétendre qu'il n'avait plus le sou, il disait vrai sur le plan légal.

Un divorce retentissant

C'est en mars 1986 que les journaux spécialisés annoncent la requête en divorce d'Anne Renée. La nouvelle est qualifiée de « bombe dans le milieu artistique » par le journal *Échos-Vedettes* qui en fait sa manchette. On parle de « surprise », de « stupéfaction », tant dans le milieu artistique que dans le grand public.

Il faut se souvenir que le couple René Angélil-Anne Renée obtenait la faveur du public au début des années 80. Tous les deux avaient été des artistes populaires avant de mener ensemble des carrières d'imprésario.

Si Angélil dirigeait la carrière de l'artiste la plus prometteuse du Québec, Anne Renée s'occupait pour sa part de celle de la coqueluche de l'année 1985, Peter Pringle.

Anne Renée avait assurément été l'artisane du succès de Pringle, comparable à celui qu'obtenait Céline Dion à la même époque. Pringle, Canadien d'origine anglophone, se distinguait des vedettes du temps. Pendant ses spectacles, il jouait de la harpe et du luth. Il s'exprimait en sept langues dont le japonais, « sans accent », aimait-il à préciser. Pringle dévorait la cuisine orientale, adorait les discussions, pratiquait la méditation et ne tenait pas particulièrement à une carrière internationale.

Après la demande de divorce d'Anne Renée, les journalistes spécialisés en la matière en déduisent qu'il y a quelqu'un dans sa vie. On pense immédiatement à Peter Pringle, avec qui elle passe le plus clair de son temps. On insinue que le chanteur-vedette et Anne Renée sont amoureux l'un de l'autre. Ce que Peter Pringle niera catégoriquement.

Les mauvaises langues ne se taisent pourtant pas et une autre rumeur émanera des journaux de l'époque : il y a un nouvel homme dans la vie d'Anne Renée. Il s'agit de Michel Fauteux, batteur dans l'équipe de Pringle et dans la formation qui accompagne Céline Dion.

J'ai rencontré Michel Fauteux récemment. Il n'est plus musicien. C'est un homme hanté par des souvenirs douloureux qui m'a raconté son histoire :

« Tout a commencé le 21 février 1985 pendant la tournée de Pringle. Anne Renée m'a fait des confidences puis des avances. Elle se disait négligée par son mari. À vrai dire, elle ne m'intéressait pas à ce moment-là. Je sais que j'aurais pu résister, l'éviter mais... bon ! »

D'ailleurs lors de cette même période, Anne Renée décide de faire face à la musique et confirme à la journaliste Claire Syril qu'il est difficile de travailler avec son mari :

« Je ne pouvais être à la fois la femme et l'associée de mon mari. René ne voyait en moi que sa partenaire professionnelle. Les enfants n'ont jamais été habitués à être avec nous deux en même temps car nous voyagions à tour de rôle pour les affaires. [...] Il me fallait agir ainsi car je ne voulais pas dépendre monétairement de leur père. J'ai même renoncé à ma pension alimentaire. »

Elle précise également, dans l'article, qu'elle a cédé toutes ses parts de leurs affaires à son époux, « voulant par ce geste montrer son total désintéressement ».

La journaliste explique par la suite que « la carrière florissante de Céline Dion a pris de plus en plus de place dans leur vie de couple. Les départs se sont multipliés, suivis de retrouvailles de plus en plus indifférentes. »

Anne Renée précise : « J'avais peur de me retrouver seule avec les enfants et d'avoir des ennuis financiers. Je me sentais oppressée et je cherchais désespérément le courage d'agir. »

Elle ne pensait à l'argent qu'en fonction de la sécurité de ses enfants mais pas pour elle-même. En vivant ce nouvel amour, elle n'a plus aucune envie de courir après la fortune et de surveiller les comptes et les bilans de la maison T.B.S. Pour elle, tout ça est déjà loin.

Elle a finalement trouvé le courage de mettre fin à une situation qui ne lui convenait plus et elle a confirmé par la suite qu'elle vivait une relation amoureuse avec le musicien Michel Fauteux.

Elle avait loué un appartement et savourait sa nouvelle indépendance. Pendant quelques mois, Anne Renée s'est fichée du monde entier. Elle vivait un étrange bonheur avec Michel Fauteux. Un bonheur mêlé de culpabilité, de douleurs et d'anxiété. On ne brise pas sans peine une relation de onze ans. Il faut parfois des années avant d'assumer pleinement une nouvelle vie.

Le musicien Denis Chartrand parle de Michel Fauteux en termes élogieux : « C'était un musicien particulièrement talentueux. Il avait un côté flamboyant, très *jet-set*. Il s'habillait avec une grande élégance et changeait d'auto tous les trois mois. Il vivait une belle relation avec Anne Renée. Je crois qu'ils ne se sont jamais disputés sérieusement. À cette époque-là, Michel me semblait moins intéressé par la musique. On aurait dit qu'il était trop talentueux dans tout. C'était un être spécial. On jouait ensemble pendant les tournées de Pringle. Le soir, après les spectacles, on se retrouvait, on prenait une bière et c'est là que Fauteux et Anne Renée ont commencé leur histoire. Anne Renée vivait dans l'univers de Pringle et Angélil dans celui de Céline Dion. C'était comme deux monde séparés. »

On peut difficilement mieux illustrer la situation qui prévalait entre René Angélil et Anne Renée. Les associés du début de l'entreprise commune avaient pris leurs distances sans même s'en apercevoir.

Ils étaient victimes de leurs ambitions puisqu'ils avaient créé des vedettes. Peter Pringle demandait autant d'attention que Céline Dion. Lui aussi devait multiplier les enregistrements, les apparitions publiques, les voyages. Il fallait soutenir la promotion de sa carrière, l'accompagner au Japon où il avait obtenu des engagements importants.

Les époux vivaient donc dans des mondes différents. Deux mondes qui s'éloignaient l'un de l'autre et qui exigeaient des sommes considérables d'énergie.

À ce moment, Michel Fauteux a tenté de jouer franc-jeu. « Au mois de mars, j'ai voulu informer René de la situation. D'abord il a cru à un mauvais gag. Puis, voyant que c'était sérieux, il m'a dit que c'était fini à jamais, entre lui et moi. Je voulais être franc avec René parce que c'est un homme que j'ai toujours admiré. C'est un homme loyal, d'une grande droiture et il est excessivement fidèle en amour et en amitié. » Lors de cet aveu, Michel Fauteux ne savait pas encore que s'amorcait alors le début de la fin de sa carrière de musicien.

Après la tournée de Pringle au printemps 1985, Anne Renée vécut un été d'amoureuse dans son appartement de l'Île-des-Sœurs. Elle confia publiquement : «Je ne crois pas que René m'aime, je pense que je lui manque beaucoup et qu'il m'apprécie maintenant, mais le temps a fait son travail. Mes rapports avec lui n'ont pas été trop mauvais, mais il y a eu des heures pénibles à vivre.»

Le temps cependant la ramène à la réalité. Après les premiers mois de passion avec Michel Fauteux, la vie familiale lui manque. Elle doute de sa décision. Elle s'imagine que les choses ont changé. René lui dit d'ailleurs que les choses vont changer si elle revient. Anne Renée prend une autre décision importante dans sa vie : elle annonce qu'elle quitte son métier d'imprésario et, dans un deuxième temps, elle décide de retourner vivre sous le toit familial. La réconciliation du couple Angélil-Anne Renée est annoncée au mois de novembre.

En quittant son emploi d'imprésario et en laissant la direction de la compagnie T.B.S. à son mari, elle croyait reprendre une vie normale, saine, à l'abri des potineurs et des indiscrets. C'est plus précisément le 21 octobre 1985 qu'Anne Renée regagne le toit familial. Elle retrouve alors le quotidien, les tâches domestiques, les enfants qui lui ont tellement manqué et l'espoir d'une toute nouvelle relation de couple.

Au début, elle croyait bien avoir atteint son objectif et se sentit heureuse, soulagée et en sécurité. Elle espérait également que son mari lui accorderait plus de temps, plus d'attention, et qu'il placerait, lui aussi, la vie familiale en tête de ses priorités.

N'avait-elle pas elle-même abandonné sa carrière, son indépendance financière, son statut professionnel pour ressouder le couple ? Il était normal qu'elle s'attende à un effort en ce sens de la part de son mari.

C'est d'ailleurs ce qu'il lui avait promis. Et il était d'une sincérité évidente dans ses propos.

Après quelques semaines, il dut pourtant se rendre à l'évidence. Malgré toutes ses bonnes intentions, il ne pouvait tout de même pas négliger la carrière de Céline. Il lui fallait se rendre à Paris pour la promotion du dernier album, *C'est pour toi*. Eddy Marnay, Michel Drucker, maman et Céline Dion n'attendaient que lui. Il se rendit à Paris mais tâcha de revenir dans les plus brefs délais à la maison. Il n'était pas question qu'Anne Renée le rejoigne et abandonne trop longtemps les enfants.

Anne Renée était déçue de la tournure des événements, mais elle le fut encore plus lorsque, le 14 décembre, son époux lui fit part qu'il désirait faire une tournée des casinos de Las Vegas avec des amis.

« Quoi ? fit Anne Renée.

— Mais y a pas de problème, tu peux venir. Ça te changera les idées ! »

Anne Renée refusa la proposition. Et ce fut le début de la fin. Elle avait perdu la partie et se rendait à l'évidence que rien ne serait plus comme avant. La vie de famille tranquille et paisible dont elle avait rêvé n'était plus possible. Le tourbillon du show-business, les amis, les fêtes à l'extérieur de la maison sans les enfants lui répugnaient comme jamais.

Elle quitta définitivement le domicile familial en cette fin d'année 1985 et reprit les procédures de divorce.

« Notre relation s'est poursuivie, explique ajourd'hui Michel Fauteux, et nous avons vécu une passion du genre montagnes russes. Anne venait de laisser son gagne-pain, elle était troublée, instable. J'ai souvent tenté de mettre fin à notre relation mais elle me tenait en otage par... des menaces puis des tentatives de suicide. Au moins à deux reprises : une fois devant l'hôpital de Verdun et l'autre fois dans le Maine, à Ogunquit. Les ambulanciers l'ont trouvée, cachée dans une garde-robe.

« En octobre, j'étais content qu'Anne retourne auprès de son mari et de ses enfants. Elle est revenue par la suite parce que sa tentative de réconciliation n'avait pas marché et elle a décidé peu de temps après de partir en vacances. C'est à ce moment-là que je suis tombé amoureux d'elle. Mais elle a rencontré quelqu'un, au club Med, qui lui a présenté un pilote d'*American Airlines*. C'était fini entre nous et j'ai eu mal. Mais nous sommes restés amis pendant un certain temps. Le couple m'a même invité à passer les vacances sur leur voilier en Californie. J'ai dit à ce moment-là à Mark McClellen : "*She's your problem now.*"

Au moment où je l'ai rejoint, Michel Fauteux s'apprêtait à quitter l'appartement qu'il avait partagé avec Anne Renée à cette époque. Il éprouvait le besoin de revivre ces événements de l'année 1985 avant de mettre de l'ordre dans sa vie.

« J'ai été responsable de bien des choses et, finalement, j'ai facilité l'union de Céline et de René. Si sa femme ne l'avait laissé, jamais, lui, ne l'aurait quittée pour Céline. C'est un homme de principe, de fidélité, et je dis ça en sachant qu'il me hait pour le reste de ses jours. »

Pendant ce temps, Céline Dion ne tenait plus en place à Paris. Toujours accompagnée de sa mère, elle décida subitement de vivre cette période des fêtes à Charlemagne, parmi les siens. Eddy Marnay, Michel Drucker eurent beau l'inviter à célébrer le réveillon avec eux à Paris, rien n'y fit. Céline ne pouvait imaginer les fêtes ailleurs qu'à Charlemagne.

Il faut dire que les Dion n'ont pas perdu le sens de la fête avec le temps. Les nièces, les neveux, les cousins, cousines ont grandi et c'est plus joyeux, plus vivant, plus émouvant que jamais tout ce beau monde autour d'un arbre de Noël. Cette année-là, les Dion ont fêté joyeusement jusqu'à dix heures le lendemain matin.

Dans sa maison de Chomedey, Anne Renée n'a pas le cœur à la fête et elle entreprend la nouvelle année avec un jugement de divorce. Plus précisément, il s'agit en termes légaux d'un «consentement à jugement sur les mesures provisoires et accessoires» alors que les parties conviennent de ce qui suit :

«Les deux parties auront la garde légale conjointe des deux enfants nés du mariage ;

«La requérante aura la garde physique des deux enfants ;

«Les parties conviennent de mettre en vente l'ancien domicile conjugal, dans les plus brefs délais possible et elles conviennent de partager le produit de la vente...

«Les parties conviennent de se partager à l'amiable les meubles meublants et effets immobiliers qui garnissent l'ancien domicile conjugal...

«De plus, l'intimé convient de payer à la requérante, pour elle-même et les enfants, jusqu'à la vente du domicile conjugal et jusqu'au déménagement de la requérante, une pension alimentaire hebdomadaire de $300.00 ;

« À compter du moment où la requérante aura un emploi rémunérateur, la pension alimentaire sera établie pour les deux enfants seulement à $750.00 par mois, l'intimé devant de plus assumer directement les soins médicaux et dentaires;

« En conséquence de la présente convention, les parties se donnent quittance générale et finale de toute réclamation, l'un envers l'autre, de quelque nature que ce soit et pouvant découler de leur mariage;

« Les parties demandent à cette Honorable Cour d'entériner le présent consentement à jugement, de le déclarer exécutoire, et d'ordonner aux parties de s'y conformer;

« Le tout, chaque partie payant ses frais.

« Et les parties ont signé à Montréal ce 30 janvier 1986. »

Ce document témoigne d'une certaine accalmie au sein du couple Angélil-Kirouac (Anne Renée). Il semble évident que l'orage est passé, que les deux parties ont voulu conclure une entente à l'amiable en évitant de léser ou de déposséder l'un des conjoints. La pension alimentaire semble raisonnable, la garde des enfants est partagée et chaque partie doit payer ses frais. Nous sommes loin des demandes d'Anne Renée dans sa requête initiale. Nous sommes loin également du climat de tension des événements de mars 1985. Les deux ex-conjoints semblent avoir fait la paix après ce règlement pacifique.

Anne Renée cherche alors à tirer un trait sur cet épisode de sa vie avant d'entreprendre une nouvelle carrière de productrice à la nouvelle section vidéo de J.P.L. Productions, une filiale de Télé-Métropole. La jeune femme a effectué une étude de marketing avant de proposer ses services à cette maison de production très renommée à l'époque.

Elle a perdu quinze livres, admet avoir vécu une période dépressive, mais c'est une jeune femme rayonnante que l'on retrouve en avril 1986.

«Tout ce que j'ai traversé ces derniers mois m'a permis de me sentir plus forte, presque une autre femme», dira-t-elle.

Anne Renée regarde vers l'avenir, pense au marché des vidéo-clips et tente d'oublier le passé. Pas question pour elle cependant de reprendre le tourbillon de la gérance d'artistes, car elle est trop heureuse du nouveau défi qu'elle s'apprête à relever dans les studios de J.P.L. Productions.

Dix-huit ans
et toutes ses dents

En 1986, Céline Dion se fait subitement plus discrète et laisse beaucoup de place à un autre membre de la famille Dion, Claudette. De nombreux articles lui sont consacrés. On parle de ses derniers enregistrements, de sa vie familiale, de ses enfants et de ses projets de carrière.

Pendant ce temps, Céline séjourne en France et en Allemagne, où elle enregistre une version allemande des chansons de son dernier album, *C'est pour toi*.

Ce sera une année de transition pendant laquelle elle préparera un événement fort important dans sa vie : le 30 mars, elle deviendra légalement majeure. Son premier contrat avec son gérant, René Angélil, prendra fin de même que sa carrière d'enfant prodige de la chanson. Elle est dorénavant une vedette accomplie.

Céline aura en effet remporté pas moins de cinq Félix lors du 7e gala de l'ADISQ, en novembre 1985 :

Le Félix accordé au microsillon le plus vendu, pour *Mélanie*.

Le Félix du «microsillon de l'année», pour *Mélanie*.

Le Félix de l'interprète féminine de l'année.

Le Félix de la chanson populaire de l'année, pour *Une colombe*.

Finalement, le Félix du 45 tours le plus vendu, pour *Une colombe*.

Rarement aura-t-on vu un artiste aussi honoré par les siens.

Céline s'était présentée avec un «look» qui avait provoqué de nombreux commentaires lors de ce gala : une robe signée par le designer Claude Gagnon, qui voulait mettre en relief «la silhouette exceptionnelle d'une sveltesse incomparable» de Céline Dion. Une robe de soirée qui lui allait à ravir, selon certains, ou qui la vieillissait beaucoup trop, selon d'autres témoignages.

«Je ne peux rien contre les gens qui comptent me voir porter des robes papales roses toute ma vie», commentait Céline sur les ondes de CJMS.

Une déclaration qui trahissait un besoin de changement chez Céline alors qu'elle était parvenue à un statut enviable parmi les artistes québécois. Il fallait maintenant repenser sa carrière.

René Angélil, le stratège, préparait déjà une longue opération. Il faudrait y mettre le temps et tous les soins requis.

Pendant ces années difficiles pour René, la chanteuse n'émit aucun commentaire sur la situation matrimoniale de son gérant. Toute l'attention était portée sur le renouveau qui s'annonçait dans sa carrière.

Retour sur 1985

Avant d'entreprendre le prochain segment de la vie de Céline Dion, dans lequel nous l'observerons aussi bien en tant que star internationale qu'en tant que femme nouvelle, revoyons dans une perspective différente les événements de la dernière année.

Une année charnière autant pour Céline que pour celui qui croisera son destin... de femme.

Plusieurs années plus tard (1993), on reviendra sur cette période de la vie d'Angélil pour laisser entendre ou sous-entendre qu'il entretenait des relations intimes avec Céline Dion, alors d'âge mineur.

Je fais évidemment allusion aux propos diffamatoires contenus dans le *Globe* et repris plus tard dans l'hebdo *Photo Police.* On sait qu'Angélil, Céline et Thérèse Dion ont obtenu une rétractation des propriétaires dans un règlement hors cours.

Il est probable cependant que des doutes sont demeurés dans l'esprit des gens. Après la relecture des événements de l'année 1985, ces doutes sont-ils justifiés?

Parlons d'abord de la violence de René Angélil. Celui-ci est un être fondamentalement passionné et qui se livre parfois à des excès de colère, ce qui n'en fait pas nécessairement un être violent. Cet homme est trop manipulateur, trop séducteur, trop habile avec les mots pour se servir de ses mains. On exerce habituellement la violence physique lorsque les mots ne suffisent plus. Ce qui n'est pas le cas d'Angélil, qui pourrait endormir n'importe qui... et j'allais dire le pape.

Le matin du 12 mars 1985, Angélil reçoit des mains du huissier la requête en divorce et il la reçoit comme une magistrale gifle. «Une claque en pleine face», fut son expression. Il savait déjà que sa femme le trompait avec un musicien. Rien n'échappe à René, ni les dates des spectacles de Céline, ni les dates d'événements importants en Amérique, en Europe et partout. Il lit les biographies des artistes et se tient au courant de tout. Il connaissait évidemment l'idylle de sa femme. C'était déjà difficile à supporter. Mais de recevoir en plus une requête en divorce d'un huissier avec réclamation d'une pension alimentaire, la perspective de vendre la maison, la mauvaise publicité : c'était trop. Il faut également se rappeler qu'à ce moment-là Anne Renée détenait la majorité des parts de la compagnie T.B.S.

L'homme se trouvait en état de choc et croyait être sur le point de tout perdre : sa femme, les enfants et même la compagnie.

Par la suite, Anne Renée lui cède rapidement ses parts pour le rassurer, puisqu'il ne s'agit pas d'un problème d'affaires, en ce qui la concerne, mais d'un problème de cœur. Elle aime quelqu'un d'autre. Et bientôt toute cette histoire sera connue du grand public et fera le régal des potineurs.

Nous sommes encore bien loin des amours de René et de Céline. Si René avait vécu une relation coupable avec Céline, aurait-il eu ce comportement d'homme blessé, frustré ? Par la suite, Anne Renée aurait-elle été aussi conciliante dans le règlement du divorce ?

DEUXIÈME PARTIE

Le monde à venir

Céline 1986

On assiste à une première transformation physique chez Céline Dion durant l'été 1986. Pour la première fois de sa vie, elle fait couper ses longs cheveux de... six pouces. C'est assez pour qu'on en fasse de nombreux reportages dans les journaux spécialisés. Céline avait projeté de changer son image et de passer chez le coiffeur à l'occasion de son dix-huitième anniversaire de naissance. Finalement, c'est à la veille du tournage de son premier vidéo-clip qu'elle s'en remet au coiffeur Pampi, qui fait partie de l'équipe de JPL Productions.

Le tournage, qui durera trois jours, a lieu sur le site de la gare Mont-Royal pendant que Céline interprète *Fais ce que tu voudras* d'Eddy Marnay et de René Grignon.

On a investi pas moins de 60 000 $ dans ce vidéo-clip réalisé par un jeune artiste de vingt ans, François Bédard. Beaucoup de mouvements dans ce premier clip de Céline avec de nombreux figurants dont Célène Gilbert, le sosie de Céline.

Fait important à souligner, c'est Anne Renée et les productions JPL qui ont pris l'initiative de produire ce vidéo-clip. On ne peut donc pas parler de rupture entre le clan Dion et Anne Renée, qui a entrepris une nouvelle carrière de productrice et semble s'y épanouir.

Celle-ci avait pressenti, avec raison d'ailleurs, un changement d'ordre majeur dans l'industrie de la musique populaire. En 1986, il ne suffisait plus d'avoir une belle voix pour faire le métier de chanteur ou de chanteuse au Québec. Il fallait dorénavant se faire voir autant que se faire entendre par l'entremise d'un nouveau véhicule publicitaire : le vidéo-clip.

Après New York et Toronto, Montréal passait à l'ère du clip. Et c'est ainsi que Musique Plus entra en ondes, le 2 septembre 1986. Une nouvelle génération allait se « brancher » jour après jour sur une musique qui lui ressemblait. Sonia Benezra, qui deviendra une des meilleures amies de Céline Dion, formait avec Catherine Vachon et Marc Carpentier la première équipe d'animateurs de cette station.

La musique québécoise doit alors s'ajuster à un nouveau mode d'exploitation des courants musicaux de tous les pays libres. Quand des producteurs investissent plusieurs centaines de milliers de dollars dans la production d'un vidéo-clip comme *Thriller* de Michael Jackson, les producteurs québécois sont atterrés. Jamais ils n'auront les ressources financières pour sortir un produit de cette qualité.

Certains s'interrogent d'ailleurs sur la pertinence d'un tel investissement. Il faut bien préciser que ce moyen de production ne fait pas l'unanimité en 1986. On prend pour exemple Van Hallen, qui a refusé de produire le vidéo de son prochain album, et on se demande si ça vaut la peine.

Anne Renée, qui défend son nouvel emploi, se fait plus optimiste :

« Le Québec a toujours été envahi par les États-Unis. Ces dernières années, nous avons produit, au mieux, une trentaine de clips. Actuellement, nous ne sommes même pas dans le portrait : alors voyons ce que nous pouvons faire, profitons de l'expertise qu'ont développée les Américains et occupons une place. »

Céline s'inscrit encore une fois dans cette nouvelle vague. Elle a déjà un vidéo-clip en boîte, avant même l'ouverture des studios de Musique Plus à Montréal.

Elle prépare aussi, à la fin d'août, une émission spéciale à la télévision pour la clôture du Festival des films du monde. Non seulement Céline interprétera des chansons rendues célèbres par le cinéma, mais elle imitera tous les personnages qui ont popularisé ces chansons. On la verra en Judy Garland, en Liza Minelli et même en *chorus girl* d'une autre époque.

On est déjà au début d'une transformation radicale sur scène quand Céline aborde la fantaisie. Elle travaille d'ailleurs avec le professeur de danse Ceil Greussing qui a déjà monté plusieurs chorégraphies pour le cinéma.

En cet été 1986, elle confie aux médias que son but lointain est « de jouer, un jour, sur Broadway ».

—

Pendant l'automne, René Angélil s'accorde un peu de répit après une année éprouvante. Le temps est bon, les Laurentides l'attirent et il s'offre une journée de golf à Sainte-Adèle, en compagnie de ses amis Guy Cloutier et Marc Verrault. Les trois hommes sont de fiers compétiteurs et n'aiment pas perdre... surtout au golf. Alors on joue sérieusement en mettant quelques dollars en jeu.

« Sinon, ça serait pas sérieux », dit Cloutier qui gagne le plus souvent.

Le golf, c'est le sport préféré d'Angélil. Dès qu'il en a l'occasion, il se retrouve sur un terrain de golf, et c'est peut-être le seul endroit où il oublie ses soucis de manager. Ce jour-là, il rate quelques coups, marche plus lentement et il a du mal à respirer dans le terrain de stationnement. Son ami Cloutier s'inquiète, l'amène rapidement à l'hôpital Hôtel-Dieu de Saint-Jérôme, où on le garde pendant deux jours. C'est assez sérieux pour qu'on le conduise à l'Institut de cardiologie de Montréal. Le test du thallium indique qu'Angélil n'a pas les artères bouchées et que son cœur tient le coup. Mais il lui faudra du repos et des vacances. Il s'agit d'une première alarme dans le cas de René. Il prend un tas de bonnes résolutions :

« Je me considère comme chanceux de m'en être tiré ainsi. Il faut maintenant que je prenne soin de ma santé et surtout de mon alimentation. De nature, je suis gourmand et je mange à des heures irrégulières. Dernièrement j'ai engraissé de vingt-cinq livres et je sais qu'il faut que je perde du poids. Je ne fume pas et je ne bois pas mais ma faiblesse, c'est la nourriture », confie Angélil aux médias.

Il était en compagnie de ses amis et également de ses enfants, Jean-Pierre et Anne-Marie, lorsqu'il a éprouvé un malaise cardiaque à Sainte-Adèle. Ceux-ci ont prévenu leur mère, Anne Renée, qui est venue s'occuper d'eux.

« J'ai eu très peur, disait-elle. René est un gars que j'aime beaucoup et je suis très contente que tout soit finalement rentré dans l'ordre. J'ai passé deux jours à ses côtés et j'ai tenté de faire de mon mieux pour l'aider. »

René quittera finalement le Québec pour Las Vegas qui semble être son lieu de prédilection. Il tiendra promesse, surveillera son alimentation, sans pour autant oublier son travail :

« N'oubliez pas d'écrire dans vos journaux que Céline prépare un nouvel album qui sortira en novembre et qu'on la verra à *Showbiz* avec Nicole Martin. On se rendra également en France à la fin du mois pour lancer un nouveau 45 tours, *Billy*.

En tout temps et en tout lieu, Angélil, malade ou en santé, ne cesse de vendre son produit et de rappeler à la population l'existence et les activités de la jeune star.

———

Tout au cours de 1986, Angélil doit fournir de remarquables efforts pour attirer l'attention sur sa protégée alors que la chanteuse se fait de plus en plus rare. Céline a été incognito bien avant de le chanter sur disque.

Elle n'est pas inactive, loin de là, mais s'efface tranquillement des manchettes, ralentit son tempo et se concentre sur la promotion d'une compilation de ses succès passés. D'abord *Céline en concert* en 1985 et *Les Chansons d'or* en 1986, puis elle nous ramène jusqu'à *Ce n'était qu'un rêve*, son tout premier enregistrement.

Il s'agit de compilations qu'on propose habituellement en fin de carrière avant de s'éclipser complètement, mais Céline ne s'éclipse pas, elle traverse une période de mutation. Elle regarde derrière elle et fait peau neuve. On peut parler de la fin d'une première carrière.

Ou tout simplement la fin de tout, comme le redoute René Angélil. Parce qu'il y a un risque à changer l'image d'un artiste, et seul un producteur aguerri peut en évaluer les dangers. Un changement d'image a été fatal à de nombreux artistes. Je pense aux groupes qui se séparent (les Beatles, par exemple), aux enfants prodiges qui grandissent trop vite…

Céline a su plaire à des millions de gens avec sa petite « robe papale », ses élans de colombe et sa fraîcheur enfantine. Les intellectuels se sont gaussés devant ses larmes et ses propos naïfs, mais le bon peuple se retrouvait dans cette authenticité, dans cette sincérité d'une enfant de bonne et grande famille.

Faire *tabula rasa* de tout ce qu'avait été Céline Dion et repartir à zéro représentait un défi de taille pour l'imprésario Angélil. Et c'est là que ses talents de joueur lui seraient d'un grand secours.

Et puis, il faut bien dire qu'il n'a plus le choix. Céline ne peut plus et ne veut plus projeter une image qui ressemble à celle du passé. Non seulement l'industrie a évolué, mais la jeune fille également. Celle qui vient de jouer dans son premier clip est résolument tournée vers la musique rock actuelle. Elle ne pourra plus se contenter de la ballade et du rêve. Il lui faut maintenant véhiculer sur scène et sur disque de l'énergie, de l'audace et quelque chose de plus sexy.

Le joueur trouve ici un défi à sa taille. La jeune chanteuse qui ne savait pas baiser la main du pape deux ans plus tôt devra désormais évoluer avec sensualité sur scène et afficher une nouvelle maturité.

Angélil avait dit à Thérèse Dion, la mère de Céline : «Donnez-moi cinq ans et je ferai une star de votre fille.» Cette promesse avait été formulée en 1981, quand le producteur avait décidé de prendre la carrière de Céline en mains.

Sa fameuse fête

Céline fête ses dix-huit ans, le 30 mars 1986 lors d'une réception «intime», en famille chez ses parents, avec une quarantaine de personnes autour d'elle. Le seul invité de la soirée, le compositeur Eddy Marnay, lui fait cadeau d'un scénario de film (qui n'a finalement jamais été tourné).

Lorsqu'on demande à René si la nouvelle majorité de Céline changera leur entente contractuelle, il semble absolument rassuré, comme s'il s'agissait d'une formalité :

« Non, rien ne sera changé. Céline a pris beaucoup d'autonomie ces dernières années. On ne lui dit plus, comme à treize ans, quoi chanter, comment se comporter. Elle choisit elle-même et participe à la production de ses disques. C'est normal et ça devrait continuer. »

Céline pour sa part raconte ses projets personnels :

« D'abord, je n'ai pas l'intention de quitter la maison familiale (qu'elle a offerte à ses parents, deux ans plus tôt) et je veux m'acheter une auto, rouge ou noire. Mes dix-huit ans, ça veut dire pour moi que je pourrai chanter l'amour sans être gênée. De toute façon, ça ne change pas grand-chose à ma vie parce que j'ai toujours vécu avec des gens plus vieux que moi et j'ai toujours été plus mature que mon âge. »

Aucun problème, elle signera un nouveau contrat avec René Angélil et ne pense à personne d'autre pour gérer sa carrière : « J'ai commencé avec René qui me connaît si bien et qui m'a permis de réaliser plusieurs de mes rêves. Je ne vois pas pourquoi je ne poursuivrais pas cette association. »

René se préparait à réaliser un tournant majeur dans la carrière de Céline en 1986. De la même façon, il voulait aussi procéder à de grands changements dans son propre univers, puisqu'il s'agit bien d'un univers. D'abord, un nouveau statut de célibataire après onze ans de mariage avec Anne Renée (et quatre ans de cohabitation) et puis, la fondation d'une nouvelle compagnie : Feeling.

Angélil avait réglé à l'amiable ses problèmes avec Paul Lévesque. Il avait également acquis, aussi à l'amiable, les parts d'Anne Renée dans les productions TBS. Il ne lui restait plus qu'à repartir à zéro et à se lancer à corps perdu dans une toute nouvelle entreprise. À ses risques et périls.

En bon joueur, Angélil n'agit jamais à l'aveuglette. Il sait par exemple qu'il ne pourra supporter les coûts de production qu'exigeront les prochains enregistrements de Céline. Il lui faut une maison réputée qui regroupe plusieurs artistes de renom. Il lui faut la meilleure. C'est d'ailleurs une constante chez lui : toujours la meilleure. Céline dira plus tard « big ».

« Je n'avais plus les moyens de produire les disques de Céline. Elle était parvenue à un niveau qui exigeait la meilleure maison de production. J'ai pensé à Michael Jackson et à CBS », confiait-il alors.

L'idée était exaltante, mais encore fallait-il la concrétiser. Et Angélil avait bien l'intention de passer aux actes.

Sans se précipiter cependant : il fallait préparer soigneusement la prochaine offensive. En 1986, c'est l'Amérique qu'Angélil « voyait dans sa soupe », sans toutefois négliger l'Europe. En octobre de cette année, Céline séjourne pendant plusieurs semaines à Paris afin d'assurer la promotion de son nouveau 45 tours, *Billy*. Elle enregistre aussi trois chansons d'un album qui contiendra de nombreuses surprises. René pique la curiosité des journalistes en les informant que Daniel Lavoie a écrit une chanson pour Céline. Plus tard, il mentionnera le nom de Luc Plamondon.

Daniel Lavoie est bien connu du public français depuis la sortie du « single » intitulé *Ils s'aiment*, qui lui a valu un disque d'or pour le million de disques vendus. Céline avait également obtenu un disque d'or un an avant Lavoie pour la chanson *D'amour et d'amitié*. Plamondon, c'est évidemment l'auteur du livret de la comédie musicale *Starmania* et le parolier de Diane Dufresne, qui a déjà fait sa niche en France.

Lors d'une conférence de presse à l'aéroport de Dorval, on remarque d'abord la présence de la mère de Céline qui accompagne sa fille devenue majeure. Maman Dion n'est plus la tutrice de sa fille mais sa meilleure compagne de voyage, selon Céline qui confiera qu'elle n'adore pas particulièrement voyager. Sa mère représente à ses yeux une certaine sécurité, le lien avec la maison familliale.

On remarque également la transformation physique de René Angélil : il fond à vue d'œil. Durant les mois qui suivront, René perdra pas moins de trente-sept livres. L'heure est au renouveau dans le clan Dion, autant sur le plan physique que sur les plans professionnel ou financier.

L'événement qui, avec le recul, prendra une importance singulière pendant cette année tirant à sa fin, c'est la participation de Céline Dion à l'émisson de télévision humoristique animée par Yvon Deschamps, *Samedi de rire*.

On découvre alors une nouvelle facette de la personnalité de Céline qui se livre à des imitations d'interprètes québécoises.

Céline imite Ginette Reno en reprenant *Je ne suis qu'une chanson*, Nicole Martin avec son tube *Laisse-moi partir*, Édith Butler dans *Paquetteville* et finalement Mireille Mathieu dans *Santa Maria de la mer*.

Une performance qui en étonnera plusieurs mais qui annonce les prochaines couleurs de Céline. C'est à partir de ce numéro qu'elle a présenté à la télé qu'elle élaborera son spectacle de 1987.

❦

Dans les années 80, l'humour avait pris une place prépondérante dans l'industrie du spectacle au Québec. On peut affirmer aujourd'hui que «Le Club Soda», cabaret d'un nouveau genre qui accueillait les nouvelles vedettes de la chanson et de l'humour, a été le berceau d'une nouvelle génération d'humoristes. C'est dans cet endroit qu'on présentait «Les lundi des Ha! ha!» devant des salles combles. Animé par Claude Meunier et Serge Thériault, alias Ding et Dong, «Les lundi des ha! ha!» recevait André-Philippe Gagnon, Daniel Lemire, Michel Barrette, Pierre Verville et de nombreux autres humoristes qui y présentaient leurs premiers numéros. Ces jeunes humoristes ont par la suite donné des spectacles en solo qui ont pris d'assaut les grandes salles du Québec. On peut même affirmer qu'à la fin des années 80 les humoristes du Québec ont supplanté les interprètes de la chanson québécoise aux guichets. Cet engouement pour le rire ne cesse de croître au Québec et Céline ne sera pas indifférente à cette nouvelle vague. Elle intègre l'humour à ses spectacles. Elle a donc mis les rieurs de son côté sans pour autant cesser de chanter.

On peut dire qu'elle constitue une exception à une époque où la chanson bat de l'aile, en cette province qui ne s'est toujours pas donné un pays. Le référendum de 1980 en a décidé ainsi et d'aucuns prétendent qu'il vaut mieux en rire qu'en pleurer. Alors on se bidonne dans les salles de spectacles et on donne carrément dans un humour absurde qui s'approche de celui de Ionesco.

Incognito, 1987

Pour sa part, René est complètement absorbé par ses négociations avec la compagnie CBS, qui deviendra plus tard Sony Music. Il rencontre Vito Luprano, directeur artistique chez Sony, lui fait part de ses projets et les deux hommes se mettent d'accord sur la nouvelle orientation de la carrière de Céline Dion.

« À l'époque, CBS, c'était ce qu'il y avait de plus *hot* depuis le fameux *Thriller* de Michael Jackson, raconte René Angélil... Avant, elle faisait ses disques avec ma compagnie à moi. Mais je savais que mes moyens à moi étaient limités. Alors je suis allé chez Sony et je leur ai dit : "Si je vous donne Céline, qu'est-ce que vous me donnez pour elle ?" »

On lui donnera beaucoup. On lui donnera tout finalement, mais René ne l'obtiendra pas facilement. Il devra procéder par étapes et conclure plusieurs ententes avec cette multinationale. La première entente avec Sony-Québec visait d'abord le marché francophone du Québec avec une ouverture sur le marché français. En réalité, c'était la première étape et René n'entendait pas s'arrêter là.

C'était le début d'une longue, belle, dit-on, mais surtout lucrative, aventure.

Nous n'en sommes toutefois pas encore là, au début de 1987, alors qu'on procède aux derniers enregistrements d'un album qui aura pour titre *Incognito*.

Trois producteurs-arrangeurs différents mettront de longs mois de travail, dans trois studios différents, pour donner naissance à une Céline Dion complètement transformée. Jean-Alain Roussele, qui travaille dans son studio de Saint-Charles-sur-Richelieu, a dirigé les enregistrements de la chanson-titre *Incognito* ainsi que de *Lolita*. Aldo Nova, lié au producteur David Foster, a imaginé un filtrage électronique unique pour la pièce *On traverse un miroir* alors que Pierre Bazinet a procédé aux arrangements de la pièce la plus rock, *Délivre-moi*.

Luc Plamondon a écrit avec Daniel Lavoie la chanson-titre ainsi que *Lolita (trop jeune pour aimer)*. Isa Minoke, Robert Lafond, Harold Faltermeyer, Steven Tracey et

Eddy Marnay ont également participé à l'écriture des huit pièces de cet album. On retrouve toujours l'écriture de Marnay dans ce nouveau produit Sony, mais on ne peut plus parler d'un disque inspiré par Marnay. Sony a choisi les meilleurs arrangeurs du Québec à cette époque, des auteurs et des compositeurs qui racontent une nouvelle Céline, sensuelle, rock et explosive.

Si on a remarqué ses cheveux plus courts, ses photos qu'on a voulues plus sexy, c'est surtout sa voix plus « musclée » qu'on découvre à la sortie du disque, au printemps de 1987.

Rien n'a été négligé dans la préparation de ce disque qui est accueilli de façon dithyrambique par la presse. Louis Tanguay, du journal *Le Soleil*, parle d'un « changement radical par rapport aux disques précédents… De la voix qui a changé… De cordes vocales plus musclées grâce à des cours de chant qu'elle suit à Paris ».

Mario Roy conclut sa critique de l'album dans *La Presse* en affirmant qu'il s'agit d'une réussite : « Il y a quelque chose de rassurant à constater que Céline Dion s'est arrachée à la facilité et à la mièvrerie. Elle a toujours eu un talent fou ; tout le reste, on vient de le lui donner. »

La réaction du public est spontanée : vingt mille exemplaires de l'album vendus en vingt jours. Qui aurait pensé à ce moment-là qu'on allait vendre plus de cinq cent mille albums d'*Incognito* ?

Céline et René étaient soulagés. On acceptait cette nouvelle image de Céline.

« J'ai eu très peur de faire ce changement, disait-elle par la suite. Le temps était venu de laisser la petite fille derrière moi et de devenir une femme. Si je me suis retirée pendant tout ce temps, c'est que je ne voulais pas que les gens se tannent de m'entendre, de me voir partout. Et je ne veux pas être associée à un style. Je veux toucher à tout, faire du country, du jazz, du rock, tout! Je pense sincèrement qu'une chanteuse de talent peut se permettre de chanter n'importe quoi. »

Une façon bien typique à Céline Dion de s'exprimer parce qu'en réalité elle ne chantera pas n'importe quoi n'importe où. René prépare déjà la percée américaine et on le retrouve en août 1987 en companie du légendaire colonel Parker, à Las Vegas évidemment.

Le colonel Parker

Plus jeune, René Angélil était un grand admirateur d'Elvis Prelsey. En 1988, c'est le manager d'Elvis qu'il admire. Parker est alors âgé de soixante-dix-huit ans et ne veut plus s'impliquer dans la gérance d'artistes. La chaîne d'hôtels Hilton le consulte pour ses opérations artistiques, des chanteurs vedettes de Las Vegas réclament sporadiquement son aide mais, dans l'ensemble, le colonel vit une paisible retraite.

Tom Parker a été pendant toute sa vie un imprésario controversé. On pouvait admirer son flair, sa fidélité à son (très) protégé Elvis, son autorité, sa ténacité dans les négociations, mais on s'inquiétait de son mercantilisme. Les grands admirateurs d'Elvis lui ont toujours reproché d'avoir gaspillé une bonne partie de la carrière de celui-ci en le livrant au cinéma archicommercial. On lui a reproché bien d'autres choses aussi. D'avoir trop longtemps caché sa vedette, de ne jamais l'avoir présentée à l'extérieur des États-Unis (sauf pour une courte tournée au Canada en 1956), de l'avoir exploitée.

Il n'en demeure pas moins que le colonel a su créer un mythe autour d'Elvis. Il a également réussi l'exploit d'étirer la carrière du King sur plus de vingt ans.

René Angélil était venu le rencontrer à Las Vegas dans le but de profiter de ses contacts. Parker a écouté Céline et s'est dit impressionné.

« Elle chante comme Barbra Streisand, lui lança Angélil.

— Si vous voulez lui faire réussir une carrière, ne dites jamais qu'elle ressemble à Barbra Streisand », lui répondit le colonel.

René n'oubliera pas.

Les deux hommes ont plusieurs points en commun et la conversation ne manque pas d'intérêt. D'abord Elvis a fait de Parker le gérant le plus connu de la planète et puis Parker a toujours été un joueur acharné.

Ce n'est pas sans raison qu'Elvis avait fait un retour à la scène en 1973, précisément à l'hôtel International de Las Vegas. Ce n'est pas sans raison non plus que Parker avait été particulièrement raisonnable en ce qui concernait les cachets d'Elvis. Il avait obtenu de la part de la direction de l'hôtel certains privilèges aux salons de jeux. Évidemment, l'entente était secrète, mais le colonel avait droit à une suite permanente et à de nombreux services.

De quoi éblouir le joueur Angélil qui fréquentait les maisons de jeu de Las Vegas depuis longtemps. Les deux hommes parlaient le même langage et partageaient le même métier.

Angélil a sûrement appris bien des choses ce jour-là, mais je doute qu'il ait endossé certaines pratiques de Parker à l'époque de la gloire d'Elvis.

Un des plus sérieux biographes d'Elvis, Bill Burke, que j'ai rencontré à Memphis, me racontait une anecdote qui illustre bien les méthodes de Parker.

« Le colonel avait conclu une entente pour présenter une série de spectales mettant en vedette Elvis, à Memphis. La demande était si forte qu'on supplia le colonel d'ajouter un spectacle en matinée. Celui-ci accepta sans hésiter. Informé de cette initiative du colonel, Elvis prétendit qu'il était trop fatigué pour présenter deux spectacles dans la même journée.

« Très bien, répliqua Parker. Tu fais ce que tu veux. Maintenant, va annoncer ça à tes fans ! »

Elvis a offert à ses admiratrices deux spectacles ce jour-là.

Burke me racontait également que le colonel avait trouvé le truc pour remplir un aréna de forme circulaire. On sait que le promoteur perd toujours la section située derrière le chanteur dans un tel cas. Parker avait résolu le problème : il avait vendu tous les billets à une association... d'aveugles.

Les anecdotes qu'on rapporte à propos du colonel Parker sont nombreuses, énormes, extravagantes, comme tout ce qui se fait dans le show-business américain.

René a beau être un fin stratège, rusé, calculateur et utiliser tous les subterfuges qu'on pourra lui prêter, je ne crois pourtant pas qu'il a tout « acheté », ce jour-là, du colonel. Ces deux hommes avaient bien des passions en commun, mais une génération les séparait et une femme qui n'était pas Elvis. Cette femme avait cessé d'être une petite fille et s'affirmait alors qu'elle venait d'atteindre ses dix-neuf ans. De la même manière qu'on s'affirmait chez les Dion.

Chez les Dion

Claudette faisait l'objet de nombreux reportages dans les journaux artistiques. En compagnie de son gérant, l'ex-chanteur Michel Pascal, elle négociait un intéressant contrat de disques avec la maison Trans-Canada. Elle avait déjà enregistré un album-hommage à Édith Piaf qui avait obtenu beaucoup de succès. On la voyait maintenant en compagnie de l'animateur Jacques Boulanger avec qui elle devait enregistrer un duo. À trente-sept ans, Claudette semblait prendre son envol et se tailler une place parmi les artistes populaires.

Sa sœur Ghislaine donnait pour sa part dans le rock avec *Métal et diamant* et voilà que sa belle-sœur Geneviève (épouse de Jacques) était découverte à l'émission *Star d'un soir*.

Il n'en fallait pas plus pour qu'on songe à réunir les trois chanteuses avec Michel Saint-Clair, le chanteur de la famille Dion. Ce qui fut fait. Ainsi les interprètes qu'on nommait tout simplement « Les Dion » enregistrèrent *Aime*, sur un rythme gospel. Il s'agit d'amour mais de l'amour de l'humanité entière, l'humanité souffrante, à une époque où on réunit souvent les artistes pour de bonnes causes.

Michel Jasmin présente les quatre interprètes à son émission ainsi que leurs jeunes enfants. La famille Dion attire vraiment l'attention en 1988 et on publie même un reportage sur la construction de la maison de Claudette à Repentigny. Cette dernière dirige les travaux comme le fera plus tard sa sœur Céline, sur l'île de Jupiter, et comme le faisait son père à Charlemagne en 1954. Décidément, on bâtit des maisons quand on ne bâtit pas des carrières dans la famille Dion.

Un vrai show

Céline occupe tout son temps à consolider sa carrière au début de l'année 1988 au moment où elle se rend à Rouyn-Noranda pour entreprendre une deuxième tournée de spectales au Québec, intitulée *Irrésistible*. Après un disque qui proposait une nouvelle Céline Dion, plus femme, plus sensuelle, plus mûre dans son interprétation, il fallait montrer ce qu'elle savait faire en spectacle.

«C'est son premier vrai show, affirme René Angélil devant les journalistes. Maintenant il n'y a plus d'excuse, c'est sa deuxième tournée. Céline a près de vingt ans et elle peut donner le maximum.»

René donne aussi le maximum pour cette nouvelle série de spectacles qui s'avère d'une importance capitale dans la carrière de Céline. Il investit d'abord 150 000 $ dans l'élaboration des numéros et il retient les services de Jean-Claude Lespérance, le meilleur directeur de tournées au Québec. De plus, le gérant de Céline, qui se souvient de n'avoir retiré aucun profit de la première tournée en 1985, fait appel à un commanditaire pour amortir les coûts de l'entreprise. C'est le poulet frit Kentucky du colonel (ne pas confondre avec celui de Presley) qui est choisi.

Pour cette tournée couvrant toutes les régions du Québec, Céline est entourée de six musiciens dont Breen Lebœuf, anciennement du groupe «Offenbach», Martin Daviault au saxophone, Marc Allie à la batterie, Pierre Dumont-Gauthier à la guitare et sa sœur Ghislaine, comme choriste. On a confié à Claude «Mégot» Lemay la direction musicale. Dans son cas, c'est le début d'une longue association avec Céline.

Ce deuxième spectacle a été préparé avec encore plus de soins que le premier : Jean Bissonnette en a signé la mise en scène et les costumes ont été conçus par le réputé couturier Michel Robidas.

Dès le départ, le spectacle est fort bien accueilli par la critique et on fait salle comble partout en province. À Montréal, il faudra donner jusqu'à quarante représentations à la Place des Arts. La popularité de Céline Dion est phénoménale, il faut bien l'admettre, et les journaux en font grandement état.

J'avais assisté à un spectacle de Céline Dion lors de sa toute première tournée au Québec en 1985. En 1988, j'étais devenu chroniqueur et critique de théâtre. J'étais bien loin du show-business à cette époque et très heureux de découvrir le monde fascinant habité par les talentueux comédiens du Québec.

Je n'avais pas remarqué que Céline était en vedette au grand Palais Montcalm de Québec. Je séjournais pourtant depuis quelques jours dans la vieille capitale car je couvrais les activités de la Quinzaine internationale de théâtre dans cette ville.

Un soir de grande affluence à la place d'Youville, je me dirigeais vers le Théâtre de la Bordée lorsque quelqu'un me retient par le bras. Je sursaute et je reconnais René Angélil, toujours tiré à quatre épingles, avec complet et cravate même par cette chaleur...

« Il faut que tu viennes voir Céline, me dit René. Il faut absolument que tu voies son nouveau spectacle, j'ai une bonne place pour toi. »

Et pourquoi pas ? J'avais bien aimé Céline sur scène et puis je pouvais toujours assister à une autre représentation de la pièce que je devais voir.

« Nous autres, on s'en va ce soir et tu ne pourras peut-être plus la revoir », argua Angélil.

Je me suis installé à la très bonne place qu'il m'avait réservée, à six ou sept rangées de la scène, mais je n'avais pas prévu qu'il allait, lui, s'installer à mes côtés. Ce qui m'ennuyait royalement parce que je redoutais de subir ses commentaires tout au long du spectacle. Les imprésarios ont la fâcheuse habitude de vendre à tout prix et par tous les moyens les mérites de leurs artistes, surtout aux journalistes, et ce, dans toutes les circonstances.

À ma grande surprise, René ne m'a pas dit un seul mot du début à la fin du spectacle. J'en étais tellement étonné que je l'ai observé à plusieurs reprises.

Il devait avoir vu ce spectacle une bonne centaine de fois puisqu'il s'agissait d'une représentation supplémentaire.

Et, pourtant, on eût dit qu'il découvrait Céline Dion. Mieux encore, il la regardait avec admiration. Parfois il souriait après une blague de Céline, parfois il se crispait légèrement après une chanson. Je pouvais presque voir le spectacle en le regardant. On aurait pu croire qu'il voulait épater le journaliste mais ç'aurait été trop. C'était beaucoup trop intense, beaucoup trop d'émotions passaient dans son visage pour que je puisse conclure à de la frime.

« Qu'est-ce que t'en penses ? » me demanda-t-il après la représentation.

Je n'étais pas tout à fait d'accord avec tous les critiques de variétés qui avaient encensé ce spectacle, le premier gros show de Céline Dion.

« Je pense qu'elle a beaucoup trop de talent pour imiter les autres », dis-je à René, qui ne bronchait pas.

À vrai dire, j'étais déçu du spectacle. J'avais voulu voir et entendre la nouvelle Céline Dion. J'avais voulu vivre une émotion, la rejoindre dans un chant d'amour, dans la déchirure, dans l'extase, tandis qu'elle avait choisi la fantaisie.

Ses imitations étaient réussies et le spectacle admirablement bien rodé, mais je n'allais sûrement pas voir Céline pour me bidonner.

Pourtant c'était drôle, cette imitation de Michael Jackson. Peut-être sa meilleure performance de la soirée. L'énorme costume qu'elle soutenait, plus qu'elle ne le portait, pour imiter Ginette Reno a provoqué de bons rires, de même que l'imitation particulièrement subtile de Fabienne Thibault. Mais la chanteuse avait laissé beaucoup de place à la comédienne dans ce spectacle. Je ne connaissais pas la stratégie de René Angélil mais je pensais qu'à cette époque Céline vivait un sérieux problème de répertoire. Et ça se défend.

Elle présentait un pot-pourri de ses grands succès en deuxième partie, après un numéro d'imitations d'une durée de vingt-cinq minutes suivant le lever de rideau. Elle dansait, chantait des airs de Broadway et puis des extraits de son dernier album, *Incognito*. Huit nouvelles chansons de ce disque, c'est bien peu pour meubler un spectacle et projeter une nouvelle image.

Mais tous ne l'entendaient pas ainsi, les plus grands de ce monde à tout le moins, ceux du show-business.

CBS et Eurovision

René avait réussi à attirer l'attention du président de CBS à New York, Bob Summers. Il lui avait fait parvenir l'enregistrement sur cassette d'une chanson interprétée par Céline et attendait les résultats. C'est le producteur Bob Foster qui, le premier, est séduit par la voix de la jeune Québécoise. Il en fait part à Summers qui vient voir de près l'étrange phénomène. Ce dernier est emballé et ouvre grandes les portes du marché américain. On prépare déjà le premier album anglais de Céline Dion.

On parle d'un budget de un million de dollars pour les deux premiers enregistrements en langue anglaise. Jamais CBS n'avait offert un tel montant pour un artiste provenant de l'extérieur des États-Unis.

En mai 1988, un événement vient renforcer la décision des grands patrons de CBS. Céline remporte à Dublin le grand prix d'Eurovision. Première page dans tous les journaux, conférence de presse à Dublin et rayonnement international inespéré.

Pas moins de six cents millions de téléspectateurs ont vu le triomphe de Céline dans le plus prestigieux concours de musique en Europe. C'est en interprétant *Ne partez pas sans moi* de Nella Martinetti que la chanteuse québécoise parvient à la victoire.

Si elle avait remporté le premier prix au Festival de Tokyo en représentant la France en 1982, Céline gagnait le concours Eurovision en représentant la Suisse en 1988. Techniquement, en effet, c'est la chanson qui remporte le concours et l'auteure étant d'origine suisse, c'est la Suisse qui gagnait. En réalité, Céline Dion en retirait tous les honneurs et, évidemment, René, qui avait eu la bonne idée de négocier depuis longtemps avec des agents et producteurs allemands.

En tentant de percer le marché allemand, il avait établi des contacts fort précieux dans les circonstances. L'agent de Nella Martinetti connaissait très bien les producteurs allemands qui s'intéressaient à la carrière de Céline Dion.

Ceux-ci avaient remis une cassette de Céline au gérant de l'auteure Nella Martinetti qui avait été complètement séduite par la voix de Céline. Elle voulait gagner ce concours après plusieurs tentatives malheureuses : elle avait peut-être de meilleures chances avec cette interprète québécoise qu'elle n'avait jamais rencontrée.

Ce fut la fête à Dublin après que Céline l'eut emporté par un point seulement sur un représentant du Royaume-Uni.

Un triomphe qui a particulièrement réjoui René : il avait parié quelques centaines de dollars américains sur les chances de sa protégée. Et Céline, qui s'était juré de ne plus jamais pleurer, éclata en sanglots.

« Ça fait un an et demi que ça ne lui était pas arrivé », de commenter Angélil, avec le sourire évidemment. Il faut dire qu'une telle récompense ne pouvait tomber à un meilleur moment. Les portes étaient maintenant ouvertes pour le marché américain.

Au Québec, Jean Bissonnette, un réalisateur de Radio-Canada ayant côtoyé et conseillé les plus grands artistes, a été fortement impressionné par la performance de Céline à Dublin :

« C'est notre plus grande chanteuse, dit-il. Elle a une voix exceptionnelle, puissante, contrôlée, pleine d'émotions. Je l'ai vraiment compris lors de l'Eurovision. Elle n'avait pas la meilleure chanson mais elle avait la voix. C'était flagrant même parmi tous ces artistes de calibre international. »

Jean Bissonnette qui a travaillé avec Céline poursuit :

« Elle apprend vite ses chansons, elle écoute ce qu'on lui dit, pose des questions : travailler avec elle, c'est le bonheur total », ajoute Bissonnette.

C'est effectivement le bonheur autour de Céline en mai 1988 lorsqu'elle obtient cette première consécration internationale.

Il est amusant de constater comment une partie de la presse européenne, en voulant donner des détails sur la vie de Céline, en arrivait à cette occasion à inventer des légendes biographiques qui frisaient le mythe. On a souvent évoqué la «bonne» couverture de presse qu'elle avait obtenue, alors qu'on aurait mieux fait de dire la «belle» couverture de presse, beaucoup plus belle que la réalité en tout cas. Les extraits d'un article de Dominique Brébu, paru dans l'hebdomadaire *France Dimanche*, en mai 1988, en disent long à ce sujet.

«Céline avait alors 14 ans et elle suivait des cours au lycée de Montréal, comme toutes les adolescentes de son âge. Comme toutes les autres? Pas vraiment!

«Un jour, les parents de la jeune fille ont été appelés chez le directeur de l'établissement pour "une raison grave"... Les parents de Céline avaient donc les nerfs tendus en s'asseyant en face du directeur qui prit des airs de circonstances pour leur déclarer :

«Je ne peux plus garder Céline. Elle perturbe toute la classe et ne pense qu'à chanter et à danser. L'autre jour, elle a même récité ses leçons au professeur d'anglais sur un air de rock! Et toute la classe frappait dans les mains. Vous comprendrez, monsieur Dion, mon établissement n'est pas un music-hall.»

Plus loin, le journaliste raconte que le père de Céline a réuni tous ses enfants lors d'un conseil de famille pour leur demander s'ils étaient prêts à se serrer la ceinture pour payer des cours de chant à Céline. «Ils ont voté oui avec un ensemble touchant.»

Je ne peux résister à un tout dernier extrait dans lequel Céline rencontre pour la première fois René Angélil, qui a reçu la fameuse cassette :

« Céline était bien là mais il y avait aussi maman Dion, papa Dion et les treize frères et sœurs de la chanteuse.

« Bon, mademoiselle, allez-y, chantez.

« C'est alors que le producteur eut le choc de sa carrière. Céline s'est mise à chanter, accompagnée par un orchestre un peu spécial : tous les siens l'ont aidée, qui de la voix, qui de son instrument. Le bureau du producteur était devenu la scène d'un music-hall. Une heure plus tard, Céline signait son premier contrat de vedette. Et aujourd'hui, depuis l'Eurovision, elle n'est plus vedette, mais star. Grâce à une famille hors du commun. »

Et c'est ainsi que les lecteurs de *France Dimanche* voyaient Céline Dion au lendemain de sa victoire au concours de l'Eurovision de 1988.

Un pilier s'écroule

Céline avait repris un mode de vie particulièrement trépidant depuis le début de l'année 1986 car elle avait entrepris une tournée dans tout le Québec.

« Je suis heureuse de revenir à la scène après un an et demi d'absence. Je m'ennuyais comme une fille qui s'ennuie de son chum », disait-elle avant de remonter sur les planches. Mais les événements se succédaient à un rythme qu'elle n'avait pas prévu. Des voyages, des spectacles qui s'ajoutaient, le Grand Prix d'Eurovision suivi de quelques galas à Dublin et les négociations avec les

Américains la projetèrent dans un tourbillon sans fin. Sa vie personnelle en était perturbée.

On n'a pas fêté son vingtième anniversaire, le 30 mars 1988, parce que le pilier de la famille Dion venait de s'écrouler. Thérèse Dion, la mère de Céline, dut en effet être hospitalisée à l'Institut de cardiologie de Montréal, souffrant de graves malaises cardiaques. On procéda rapidement à une intervention chirurgicale, après avoir constaté que les artères de cette femme âgée de soixante et un ans étaient obstruées. Mme Dion dut alors subir quatre pontages. Il s'agissait d'une intervention particulièrement délicate, nécessitant en pareil cas l'ouverture de la cage thoracique. On estimait son état critique et l'inquiétude rongeait son entourage et particulièrement son époux, Adhémar. Celui-ci vivait dans un état de panique total. Avec le temps, Thérèse avait cumulé de multiples tâches. Elle avait accompagné Céline dans tous ses déplacements à l'étranger en plus de négocier ses contrats à titre de tutrice jusqu'à la majorité de celle-ci. Elle avait également soutenu la carrière de Claudette et de ses autres enfants sans délaisser les tâches ménagères. Thérèse ne voulait pas d'une bonne, qu'elle aurait considérée comme une étrangère dans sa cuisine. On la voyait également assister à tous les lancements de disque, à toutes les premières des spectacles de ses enfants, rencontrer les journalistes et les gens du métier. Thérèse aimait bien vivre près des feux de la rampe, contrairement à son mari qui préférait se faire discret, mais ses forces l'abandonnaient en 1988. Elle ne pouvait plus soutenir le rythme infernal qu'elle s'était imposé depuis longtemps. Depuis le temps où elle brassait du ciment quand Adhémar construisait leur maison, le temps où elle s'arrachait les yeux, pendant la nuit, à confectionner des robes pour ses filles avec le linge usagé des autres.

Les médecins prétendirent que Mme Dion s'était rendue à l'hôpital juste à temps pour ne pas subir un infarctus qui aurait pu lui être fatal. Céline elle-même avait exigé que sa mère se rende à l'hôpital.

Thérèse souffre, depuis plusieurs années déjà, de tachycardie et consulte régulièrement le docteur Choquette, cardiologue de grande réputation. C'est à lui que Céline fait appel pour procéder rapidement à une intervention. C'est elle qui prend les dispositions pour qu'on accorde les meilleurs soins à sa mère.

Elle annule des spectacles pour se rendre au chevet de celle-ci en compagnie de sa sœur Ghislaine, qui occupe toujours la scène avec elle à titre de choriste. Les enfants se succèdent à tour de rôle en formant une chaîne d'amour, comme ils disent si bien, dans la chambre de Thérèse qui est finalement hors de danger.

Céline respire enfin.

« Ma mère, c'est mon idole, dit-elle. C'est la plus grande artiste que je connaisse. Elle sait tout faire : écrire, peindre, coudre, composer, imaginer, organiser. Elle sait faire à manger, travailler le bois, rénover une maison et elle sait aussi s'amuser. C'est ma confidente, ma conseillère parce qu'elle sait écouter. Mes sœurs aussi se confient à ma mère. On s'appelle tout le temps. »

Les médécins ont prescrit trois mois de repos à cette mère de famille qui n'a jamais connu la signification de ce mot. Elle refuse la compagnie d'une bonne dans sa maison mais accepte l'aide de sa fille Claudette.

Céline aura pris ici le contrôle de la situation. Instinctivement elle a pris la place de sa mère qu'elle savait défaillante.

Une maturité nouvelle

En 1988, on a beaucoup commenté le virage d'une Céline Dion tantôt «transformée», tantôt «mature» ou encore «fille devenue femme». Mais il s'agit là d'une image qui a changé, d'un «look» qui n'est plus le même et d'un style qui a évolué de façon spectaculaire.

Il y a aussi une personnalité derrière cette image. En s'exprimant davantage sur scène, Céline a rompu avec une vieille timidité qu'elle traînait depuis son enfance. Malgré ses succès, l'adolescente se confiait rarement aux journalistes ou, si elle le faisait, c'était toujours en se retranchant derrière d'énormes clichés, des phrases qu'on eût dites apprises et répétées comme ses chansons.

En 1988, on pouvait relever dans ses propos un besoin pressant de s'exprimer, de se libérer d'une gêne qui la desservait.

«Depuis le début de ma carrière, je me suis toujours beaucoup amusée à faire ce que je fais, sauf que j'étais un peu timide lorsque venait le temps d'émettre mon opinion personnelle. J'ai moins peur. Je m'exprime davantage. J'ai vingt ans et j'ai le goût de vivre comme les gens de mon âge et de m'approcher d'eux.

«Je sais maintenant ce que je veux. Avant, je le savais mais je n'osais pas le dire, car on devient plus sûr de soi avec l'âge. Je ne pense pas comme à quinze ans et mon expérience m'a servi à prendre de l'assurance face aux gens du métier. Je ne m'en laisse plus imposer. Aujourd'hui, je participe activement aux décisions qui concernent les choses qui me regardent.

«Dans le spectacle que je présente actuellement, je me suis impliquée dans le contenu, j'ai apporté mes idées et je participe à la discussion lors des meetings. Mon engagement est beaucoup plus important que par le passé. La seule chose dont je ne veux pas entendre parler, c'est la planification de mon horaire. Je laisse ça à René. Il voit à tout, s'occupe de tout et décide de mes rendez-vous. Il me communique mon agenda du jour au fil des semaines et j'aime bien que ça se passe de cette façon. »

Céline a décidément bien changé. Il y a en elle une rage de vivre, de s'exprimer et... d'aimer dont elle ne parle pas. L'amour, c'est sa maison secrète, son univers inaccessible. Depuis des années, elle évacue les questions des journalistes en prétendant qu'elle «ne sait pas ce que c'est l'amour» ou qu'elle «n'a pas le temps d'aimer» mais qu'on ne s'y trompe pas. Céline est une femme de passion et de détermination farouche. Elle ne commente pas le récent divorce de son manager, mais elle ne s'intéresse pas moins à ce qu'il vit et elle lit les journaux comme tout le monde.

On annonce justement en mai 1988 le mariage d'Anne Renée avec «son bel Américain», Mark McClellen. C'est à l'église Marie-Immaculée-Conception que le mariage a été célébré par le père Marcel de la Sablonnière. Anne Renée a tenu à se marier à l'église catholique en raison de ses croyances religieuses.

«Ma fille est très heureuse d'avoir pu se marier à l'église catholique car elle a la foi et c'était particulièrement important à ses yeux», confie Mme Pauline Kirouac, aussi rayonnante que sa fille en ce jour de mai. La cérémonie est intime, avec une trentaine d'invités.

Pour la circonstance, Anne Renée a réuni sa famille immédiate autour d'elle, dont ses deux enfants, Jean-Pierre et Anne-Marie. On a par la suite célébré l'événement au restaurant Hélène de Champlain, propriété de Pierre Marcotte, un ami du couple.

L'événement ne laisse pas Céline indifférente. Elle aussi rêve d'un beau et grand mariage à l'église, un jour. Elle doit pourtant faire face à sa propre solitude alors que tous les rêves de gloire et de fortune lui sont permis. Mais il y a ce fameux prix à payer.

La défaillance cardiaque de sa mère l'avait terriblement secouée. Elle prenait subitement conscience que cette dernière ne lui était pas acquise pour toujours. Qu'elle ne serait pas éternellement à ses côtés, à la protéger, à la stimuler, à ouvrir toutes les portes devant elle.

« J'aime les enfants parce que je n'ai pas eu d'enfance », avait-elle raconté à un ami journaliste.

Elle n'avait pas eu d'enfance, pas d'amis de son âge ou si peu.

« Plus j'obtenais du succès et plus je sentais mes amis s'éloigner », disait-elle.

Comment pouvait-il en être autrement ? Céline avait passé son enfance dans un monde d'adultes. Et, en outre, il s'agissait d'un monde qui roulait carrosse ou qui flottait à trente mille pieds d'altitude entre Montréal, Paris, Dublin, Bruxelles, Las Vegas, elle ne savait plus exactement. Comment partager tout ce qu'elle vivait avec le commun des mortels ?

Elle avait vécu bien souvent sous tension dans un monde de compétition féroce. On parlait de son ambition, de sa rigueur, de sa discipline et déjà de son perfectionnisme, mais elle cachait bien le principal. Trop bien.

L'amour secret

Un jour, elle lèvera le voile sur son grand secret : « J'avais dix-neuf ans. Je ne sais pas comment cela s'est produit exactement mais je ne regardais plus René de la même manière. Nos regards se croisaient plus souvent et je ne réagissais plus de la même façon en sa compagnie. »

René, tout comme la mère de Céline, a éprouvé des problèmes de santé après son divorce d'avec Anne Renée. On a diagnostiqué un léger malaise cardiaque dans son cas mais Céline a eu très peur, elle aussi, sans l'annoncer dans les journaux. C'est peut-être elle qui souffrait le plus cruellement de l'état de santé précaire de son imprésario. Pas pour des raisons égoïstes, pas parce qu'elle craignait pour l'avenir de sa carrière. Pour lui, tout simplement pour lui.

René avait repris ses activités avec une belle énergie. Céline s'inquiétait pourtant. Elle s'inquiétera d'ailleurs toujours de sa santé. Elle remarquait également le désarroi d'un homme qui avait vécu une séparation difficile dans un premier temps. René était à ses yeux, lui aussi, un homme seul.

Et progressivement une immense tendresse se développe dans le cœur de Céline à l'endroit de son manager.

Le magazine français *Psychologies* va plus loin :

« Dans sa relation avec René Angélil, Céline a, au départ, succombé au complexe de l'infirmière qui touche plusieurs femmes. Angélil venait de divorcer, il était malheureux : elle a eu pitié de lui avant d'en tomber follement amoureuse. »

Le magazine ne manque pas de souligner qu'il y a vingt-cinq ans de différence entre Angélil et Céline, qui n'a du reste « jamais été attirée par les garçons de son âge ».

Alors aurait-elle, par hasard, été attirée par son papa? Le fait d'aimer ou éventuellement d'épouser celui qui vous a « créée » symboliquement n'est généralement pas sans rapport avec des fantasmes œdipiens bien ancrés.

« C'est aussi, parfois, une façon de devenir la femme-fille d'un homme qu'on veut hisser au rang de Dieu », poursuit l'auteure de l'article.

On pourrait discuter longuement du contenu de cet article qui tente de retracer le cheminement amoureux de Céline. Il ne faut surtout pas anticiper, parce qu'il s'agit d'une très longue quête d'amour. Nous en sommes encore à des sentiments troubles, non avoués et non assumés, tandis que l'année 1988 s'achève avec une tournée couronnée d'un succès inespéré. René compte en effet cent soixante spectacles, dont pas moins de quarante au Théâtre Saint-Denis, alors qu'on avait prévu en présenter seulement six à cet endroit.

Mais quand les feux de la rampe s'éteignent, quand les gens ont quitté la salle après l'avoir comblée d'ovations, Céline ressent un vertige de plus en plus douloureux. Elle oublie le succès, les promesses de gloire américaine en entrant chez elle, quand la nuit de l'automne se fait trop grise.

« Quand mon gérant vient me reconduire à la maison après un spectacle, que j'arrive chez moi et que tout le monde est couché, j'ai le vertige. Dans ma chambre, j'éprouve un fulgurant sentiment de solitude. J'ai mal, je pleure. C'est une douleur inexplicable qui dure une dizaine de minutes. »

Pendant cette période de sa vie, elle pense souvent à la mort, ce gouffre qui lui fait tellement peur et qui l'attire à la fois. Elle ne sait comment expliquer.

L'image même de la mort des autres, de ceux qu'elle aime lui est insupportable. La sienne, c'est autre chose.

Elle voudrait la tenir à bout de bras pour ne jamais la perdre dans le gouffre.

« Quand je vais mourir, je veux que ce soit glamour. Je planifie mon mariage, mes funérailles. Je ne sais pas ce qui va m'arriver. Je veux être belle. Ça fait peut-être un peu snob mais j'aimerais ça avoir l'air d'une princesse, tout en blanc avec une couronne. Je veux sourire, je veux être bien. Ça fait longtemps que j'y pense. Je veux organiser mes affaires. Je veux avoir le contrôle de mon corps jusqu'à la dernière minute. C'est là que je veux être la plus belle... C'est drôle, je n'arrive pas à m'imaginer très vieille. »

La mort se mêle étrangement à l'amour dans l'imaginaire de cette jeune femme passionnée qui ne veut plus supporter les limites de l'existence. Céline s'affirme et se dévoile tellement plus facilement autour de sa vingtième année : elle se montre un être épris d'absolu. Comme les grands artistes, les grands créateurs.

Son désir semble parfois la dépasser. Son besoin d'absolu en tout ne peut être contenu dans une vie trop petite :

« Dans le fond, j'ai des rêves qui ne vont pas avec moi. Je viens d'une famille toute simple et j'ai des désirs extravagants. Je veux être riche et célèbre, posséder un tas de maisons, mais je rêve aussi de repasser les chemises de mon mari... »

Encore une fois, on revient dans le monde des rêves où habite Céline depuis son enfance. Elle a déjà partagé de nombreux rêves avec une bonne partie de la planète, mais il en est un qu'elle garde secret.

Son entourage a cependant remarqué une complicité nouvelle avec René. Ils donnent l'image d'un couple.

Je me souviens d'une entrevue que j'eus avec eux à cette époque dans un restaurant de l'ouest de la ville. J'avais ressenti dès le début de la conversation la complémentarité que l'on retrouve habituellement chez les amoureux.

Ils n'en étaient peut-être pas conscients, mais il semblait évident qu'ils allaient le devenir. Les journalistes abordaient d'ailleurs souvent la question avec Céline.

« Est-il exact que tu es amoureuse depuis toujours de ton imprésario ?

— C'est faux. Les gens ne comprennent pas. J'ai connu René à douze ans. Imagine un enfant qui rêve d'aller à Disneyland. Quelqu'un arrive, lui tend la main et lui dit : Ça te ferait plaisir, ma petite ? Viens, je vais t'emmener... »

À quelqu'un d'autre elle dira :

« C'est sûr que j'aime beaucoup René et qu'il m'aime beaucoup aussi. J'ai tellement donné à ce métier que, par la force des choses, j'ai presque tout donné à cet homme. Il est dans ma vie depuis que j'ai douze ans. Il m'a permis de vivre tout ce dont j'avais envie. »

Ou encore : « Je ne peux pas imaginer de le perdre..., »

Mais ses véritables sentiments, Céline les dissimulait. À dix-neuf ans, elle savait que l'amour était incontournable entre elle et lui malgré les vingt-cinq ans d'existence qui les séparaient. Jamais elle n'a redouté cette différence d'âge entre eux. Elle savait si bien l'aimer qu'elle allait attendre son heure.

Et sur scène, elle chantait :

« La vie vient du palier
Le vent vient de la cour
Ma chambre est habitée
Par des secrets d'amour
À la tête du lit

Deux tables de chevet
Une avec un cahier
L'autre avec un carnet
D'amour...

...

« Ma chambre est habitée
Par des secrets d'amour
Qui commencent à l'école
Et se rendent le soir
Coucher dans les gondoles
Et des boîtes à mouchoirs
d'amour
D'amour. »

Jean-Pierre Ferland ne pouvait mieux écrire l'amour caché, l'amour secret.

Le clan Dion

L'année 1988 se termine avec l'enregistrement d'une émission de télévision qui réunit tous les membres de la famille Dion, sauf Céline alors retenue aux États-Unis pour l'enregistrement de son premier album anglais.

C'est la station Télé-4 à Québec qui a eu l'idée de présenter son émission spéciale du Jour de l'An avec la famille la plus populaire du Québec. Cette réunion est animée par Pierre Poitras qui nous fait découvrir les nombreux talents de la famille Dion. Céline n'avait pas menti, ils savent tous fort bien chanter, jouer d'un instrument, et c'est indéniablement la fête quand ils se retrouvent. On se croirait dans le sous-sol de la maison familiale à Charlemagne lorsque la formation « A. Dion et son ensemble » répétait de nouvelles chansons.

Adhémar reprend son accordéon à soixante-six ans, Jacques retrouve sa guitare, Daniel, la batterie, et on oublie les caméras. Même Clément, l'aîné des garçons qui n'a jamais songé sérieusement à faire carrière dans la musique, en surprend plusieurs avec une remarquable interprétation de *L'Hirondelle* de Patrick Norman. Linda, qui chante pour la première fois au petit écran, reprend la chanson de sa sœur Céline, *Ce n'était qu'un rêve*.

Claudette pour sa part arrache quelques larmes à son père, en chantant *Grand-maman* que Céline avait interprétée tout au début de sa carrière en l'honneur de sa grand-mère Ernestine.

Ils étaient beaux les Dion, en cette soirée du Jour de l'An. Les téléspectateurs se laissaient émouvoir par une famille comme on n'en faisait plus au Québec. Il était rassurant de voir les Dion s'aimer en pleine télévision. C'était chaud comme un vrai foyer. Quand Adhémar bénit ses enfants et petits-enfants, à la demande de Claudette, on regrette subitement les belles traditions du passé. Beaucoup d'émotions pendant l'émission, alors qu'on découvre des talents qui auraient mérité d'être reconnus.

Céline aura été la première à souffrir de ce manque de visibilité. Elle dira plus tard :

« Chez nous, on a tous eu la piqûre du show-business. Mes frères et mes sœurs ont tous chanté avant moi. Ils en ont fait des clubs pis des tournées au Québec. Ils ont cogné aux portes et se sont fait dire non. Des fois, j'ai l'impression qu'ils ont tous rêvé ça avant moi, qu'ils se sont battus fort. Moi, je n'ai fait que récolter. Comme s'ils m'avaient dit : fais-le pour nous autres. Ça m'est tout arrivé à moi.

Tous leurs rêves. La majorité des membres de ma famille sont obligés de faire autre chose. Ils n'ont pas le choix. Ils ont tous du talent, du charisme, cré moé... C'est une question de *timing*, de chance, de destin, je sais pas. J'ai l'impression de ne pas avoir autant bûché qu'eux. Pis tout m'arrive à moi. C'est pour ça que je regarde pas en arrière, j'ai déjà assez le vertige quand je regarde ma famille. Parfois je fais un rêve : j'ai pas de pieds, je suis comme dans un tourbillon, aspirée vers les hauteurs. Je regarde en bas pis je dis : venez avec moi, moman, Michel, tu voulais chanter toi aussi... Venez : c'est en haut que ça se passe, pas à terre. Ça va tellement vite, je m'en vais, moi. Pis eux autres, y restent à me regarder en me disant "on t'aime, on t'aime". Ils me supportent de leur amour, soufflent pour que j'aille plus haut. C'est très dur émotivement. Je voudrais que ça leur arrive à eux aussi... »

Elle expliquera également que c'est pour cela qu'elle souffre parfois de cette situation et qu'elle veut partager son bien-être mais « sans vouloir acheter leur amour ».

On ne peut pas écrire l'histoire de Céline Dion sans composer avec sa famille, qui est devenue au cours des années un véritable clan. Les médias nous ont surtout présenté l'image de Céline, accompagnée, secondée, protégée ou dirigée par René Angélil. En réalité, le clan Dion joue un rôle important dans sa vie et sa carrière. Beaucoup plus important qu'on ne l'imagine.

Qu'est-ce qui réunit les membres de ce clan jusqu'à les souder ? D'abord la musique. Les parents Dion, Thérèse et Adhémar, ont depuis le début de leur mariage tout sublimé dans la musique. La pauvreté, le déracinement, l'isolement de cette famille, le poids du quotidien avec quatorze enfants à nourrir.

La spectaculaire carrière de la cadette a bien sûr provoqué de nombreuses réunions, parfois des retrouvailles avec les enfants éloignés.

Ajoutons que la fibrose kystique n'est pas étrangère à la solidarité au sein de la famille.

En 1989, le clan se retrouve à l'émisson du Jour de l'An, quelque temps après avoir fait l'objet d'une émission spéciale aux *Démons du midi*, animée par Gilles Latulippe. Au milieu de janvier 1989, les recherchistes de cette même émission réinvitent une bonne partie du clan Dion à l'occasion d'un hommage rendu à l'auteur Eddy Marnay. Céline, Claudette et René s'associent à cet hommage.

Les Dion n'ont jamais perdu le sens de la fête et ne ratent aucune occasion de participer à des réunions, des anniversaires, des retrouvailles ou des hommages.

«Je me souviens, quand on était jeunes, raconte Claudette Dion, les gens nous invitaient rarement à leurs partys des fêtes. Thérèse avait beaucoup trop d'enfants. Mais on invitait le couple sans les enfants pour venir jouer de la musique. Maman n'a jamais accepté : elle n'aurait laissé sa marmaille seule à la maison pour rien au monde.

«Aujourd'hui, c'est le contraire. Les gens viennent chez maman pour retrouver l'ambiance du temps des fêtes. Et quand il y a une tempête, maman dit :"Tant mieux, de cette façon, ils vont rester plus longtemps."

«Maman a une âme d'artiste. Elle chante, joue de la mandoline, du piano, du violon et de l'accordéon. Elle nous a tous encouragés à chanter. Quand nous étions petits, elle avait monté un spectacle avec nous et nous avions été nommés la famille de l'année.»

Eddy Marnay avait aimé cette famille dès sa première rencontre avec Céline en 1981. Il s'était rendu à Charlemagne et il avait revécu l'atmosphère de son enfance. René Angélil avait été évidemment accepté dans la famille, dès sa première visite, de même que son épouse Anne Renée. Au fil des ans, la famille a grandi, les petits-enfants se sont ajoutés, de nouveaux amis et collaborateurs de Céline, Claudette, Michel, ont finalement transformé cette famille en un clan.

Et tous les éléments de ce clan auront un jour ou l'autre une influence sur l'évolution de Céline : elle y puisera sa force, sa détermination, sa confiance surtout.

C'est là aussi qu'elle partagera ses succès, ses angoisses et ses inquiétudes. Parce qu'il n'y a pas que la fête chez les Dion. Il y a également les problèmes de famille, les maladies, les ruptures, les divorces et la fibrose kystique.

En 1989, on a découvert, après trente ans de recherches, le gène qui donne la fibrose kystique. La nouvelle est encourageante pour la famille Dion et plus particulièrement pour Liette, la mère de Karine, qui lutte toujours contre cette maladie. Cette découverte permet de détecter les adultes porteurs du gène défectueux et donc de remédier au risque avant la conception. Notons que les deux parents doivent être porteurs de ce gène pour le transmettre à leurs enfants. Les Dion sont tous porteurs de ce gène.

L'état de santé de Karine préoccupe beaucoup la famille. Céline ne tarde pas à se rendre à l'hôpital malgré ses nombreuses occupations. Jamais elle ne ratera une rencontre avec sa nièce, Claudette est également présente, de même que la grand-mère Dion. Liette remarque que sa fille ne communique pas ses angoisses, qu'elle tente de cacher son mal. Karine a développé une grande force de caractère. Cette enfant de douze ans est très mûre pour son âge, mais les médecins estiment qu'elle doit libérer ses émotions avant d'étouffer psychologiquement.

Liette porte tout le poids de la maladie de sa fille. Elle ne vit que pour elle, se culpabilise et se remet constamment en question. Pendant des années, elle laissait ses sœurs Céline et Claudette parler de la maladie de sa fille aux journalistes. Finalement elle s'est confiée.

« J'avais tellement mal parce que je me sentais coupable de lui avoir donné ça. On ne parlait jamais directement de son mal. Ce que je voulais lui dire, je le gardais pour moi parce que je ne voulais pas lui parler de choses qui pourraient lui faire de la peine. »

Préparer la mort de son enfant qu'on sait inévitable est l'une des pires épreuves qui soient. Liette ne peut tenir le coup sans l'assistance de la famille. C'est surtout sa mère qui lui vient en aide mais aussi sa sœur Claudette.

« J'ai appris à la soigner, dit-elle. Quand ma mère doit se reposer, c'est moi qui la garde. La fibrose kystique a beaucoup régressé au cours des dernières années. Maintenant, grâce aux nombreuses campagnes de fonds, les chercheurs ont fait reculer la maladie. Avant, les médecins nous avaient prévenus que l'espérance de vie de la malade était de deux ou trois ans et maintenant on peut espérer beaucoup plus. Karine a déjà douze ans. Je pense que la famille a une part dans l'avancement de la recherche. »

Et comment ! Céline donne régulièrement des spectacles au profit de l'Association de la fibrose kystique ou participe à des tournois de golf, Claudette présente des défilés de mode et toute la famille prend part à ces événements.

Finalement, Karine reprend du poids, affiche une meilleure mine et on espère encore.

Mais d'autres épreuves attendent la famille Dion dans les mois qui suivent. Claudette, après vingt-trois ans de mariage, divorcera. Adhémar devra subir une intervention chirurgicale à la suite d'une inflammation à la prostate, sans oublier les inquiétudes que provoque la santé de Karine.

Autant les épreuves que les joies raffermissent l'esprit de clan chez les Dion, même si parfois cette belle solidarité menace de s'effriter.

Les restaurants Nickel's

Après les salles de spectacles et les studios d'enregistrement, c'est autour des bonnes tables que Céline et René ont vécu les moments les plus précieux, les plus heureux et les plus importants de leur association.

Avant même de connaître Céline, René fréquentait le restaurant « Le point du jour », rue Cadet, dans le IXe arrondissement à Paris. Rapidement, il avait développé une amitié avec le couple Dodo et Guy Morali, les propriétaires de cet établissement. C'est à cet endroit qu'on a tourné, pour la première fois, un disque de Céline en France. C'est également dans ce charmant resto que Céline a rencontré tous ceux qui ont préparé sa carrière en France. Après une session d'enregistrement ou un spectacle, Céline et son entourage se réunissaient immanquablement chez leurs amis Dodo et Guy pour se détendre, échanger, refaire des forces ou élaborer longuement des projets d'avenir. On retrouvait autour de la table Eddy Marnay, Mia Dumont, parfois Michel Drucker et sa femme Danny Saval, René évidemment, maman Dion et Anne Renée.

Le couple de restaurateurs, Dodo et Guy Morali, s'est finalement installé dans le secteur ouest de la ville de Montréal, où ils tiennent un restaurant fort prospère. On se souvient aussi de la fête organisée dans un restaurant à Rome après la rencontre avec le pape. À Montréal, Céline a fêté ses vingt et un ans à la Maison du Liban.

On trouve toujours une bonne table et des amis sur le chemin de Céline et de René.

Celui-ci a toujours adoré la bonne chère et plus particulièrement les spécialités de la maison ainsi que l'aspect convivial des restaurants. Au fil du temps, Céline a également acquis ce goût. Elle a même imposé son hamburger du camionneur chez Dodo et Guy à Paris !

Chez les Dion, on accordait une grande importance à la table. Maman Dion fabriquait son pain et inventait déjà des petits pâtés fort appréciés. D'autre part, la famille de René s'intéressait à la restauration. Tout spécialement ses cousins, Paul et Dominique Sara.

Il n'en fallait pas plus pour que Céline et René songent sérieusement à se lancer dans la grande aventure de la restauration.

En avril 1989, Paul Sara, cousin maternel de René, se voit contraint de céder ses actions du restaurant Le Chalet Suisse de la rue Sainte-Catherine à la compagnie Feeling d'Angélil, pour remboursement de dettes.

Le 5 décembre 1990, on ouvre un premier restaurant Nickel's à Saint-Laurent. Cette expérience initiale de Céline Dion en femme d'affaires s'avère un tel succès qu'on ouvre, un an plus tard, un deuxième restaurant Nickel's, boulevard Saint-Martin à Laval. En mai 1991, Céline se rend à cet endroit pour une séance de signature d'autographes et pas moins de mille personnes assiègent l'établissement.

« Pensez-vous ouvrir une nouvelle chaîne de restaurants ? demandent les journalistes à René Angélil.

— On ne sait jamais. Pourquoi pas ? »

Dès le départ, l'intention était d'implanter une chaîne de Nickel's dans toutes les régions du Québec, en débordant si possible en Ontario et au Nouveau-Brunswick. Les tout premiers partenaires dans cet ambitieux projet sont des associés œuvrant déjà dans le milieu de la restauration : Peter Mammas et Peter Kakaroubas, qui ne sera que de passage. En 1993, l'entreprise prend son deuxième envol avec neuf restaurants en activité.

René et Céline détiennent alors vingt pour cent des parts de la compagnie tandis que Paul Sara, Peter et Lawrence Mammas complètent l'équipe d'actionnaires. D'autres maillons s'ajouteront rapidement à la chaîne et, en 1997, on comptera pas moins de trente-cinq restaurants Nickel's, au Québec principalement mais également en Ontario.

Le décor rétro des restaurants Nickel's a été inspiré par les restaurants « Johnny Rocket » de la Californie et sûrement par celui de « Chez Pat rétro » de Québec, que René fréquentait régulièrement à une certaine époque. On l'a amélioré avec des couleurs tape-à-l'œil dans les tons de turquoise, jaune, rose et gris. Le costume des serveuses, composé d'un chandail blanc et d'une jupe rose, a été dessiné par Céline. C'est la mère de celle-ci qui a confectionné les premiers modèles avant qu'ils soient manufacturés.

Parce qu'il faut préciser qu'à son origine l'histoire des restaurants Nickel's a été l'histoire de deux familles. Celle de René, qui regroupait ses cousins et amis dans l'administration de cette entreprise, mais aussi celle de Céline.

En 1989, les frères et sœurs de Céline, qui se sont investis dans le monde du spectacle, abandonnent peu à peu l'espoir d'y faire carrière. Céline et René auront beau les seconder, les « pistonner », mettre à leur disposition des auteurs et des producteurs, rien de tout cela ne rapporte les fruits qu'on espérait.

D'abord, ils prennent de l'âge. Claudette dépasse la quarantaine et raconte déjà son lifting dans les journaux spécialisés. Ghislaine travaille comme choriste et néglige sa carrière alors que Michel, dont les cheveux blanchissent, ne fait plus partie du groupe «Le Show».

De plus, la popularité grandissante de Céline pousse dans l'ombre toutes les initiatives de ses frères et sœurs dans le domaine des disques et des spectacles. Il n'a jamais été facile d'être le fils, le frère ou la sœur d'une super star. La comparaison est souvent odieuse, insupportable pour tous ceux qui empruntent le chemin d'un parent célèbre. Les exemples sont nombreux et habituellement dramatiques. Je pense au fils de John Lennon, à la fille d'Elvis, aux sœurs et aux frères de Michael Jackson, à Frank Sinatra fils qui a raté sa carrière, aux drames de la famille Brando, et cette liste pourrait s'étirer interminablement. Comme si la star avait condensé tous les rêves de la famille. Comme si elle s'était approprié tous leurs espoirs, tous leurs trophées à venir. Qu'est-ce que les membres de la famille Dion pouvaient récolter après le passage de Céline? Il ne leur restait plus rien. Bien sûr qu'ils pouvaient se contenter de bien moins. D'autres l'ont fait sans embarras. Mais justement, c'était embarrassant pour les artistes de la famille Dion de ne pas réussir tout autant. Ces gens-là étaient perçus par le grand public comme des copies de Céline. Mais les Dion savaient pertinemment qu'on préférait l'original. Ghislaine avait bien tenté de se démarquer avec son surnom de «Kidd», mais on avait vite découvert qu'elle était une Dion, comme les autres. Alors, peu à peu, on a renoncé et on a laissé toute la place à Céline.

Celle-ci est consciente de la situation et vit déjà avec un douloureux sentiment de culpabilité. Elle sait fort bien qu'elle a indirectement provoqué l'abandon de plusieurs carrières artistiques dans la famille.

Et voilà qu'elle a conçu avec René l'idée d'une chaîne de restaurants dans le but de valoriser les membres de sa famille. Parce qu'il faut bien se rendre à l'évidence : le drame dans la vie de Céline Dion, ce n'est pas une quelconque maladie ni une mystérieuse vie cachée, c'est sa famille.

Cette famille est à la fois sa force et sa faiblesse. À la fois la source de grandes joies, de grands réconforts, de grande sécurité mais aussi de grands malheurs, de peines indescriptibles et de problèmes qui lui semblent parfois insurmontables.

C'est pourquoi Céline a tenu à confier la gérance des restaurants dont elle était copropriétaire aux membres de sa famille. Elle gardait cependant celui de Repentigny pour sa mère puisqu'il était situé tout près de Charlemagne. Thérèse, comme toujours, a su prendre les choses en mains et rentabiliser rapidement ce restaurant.

D'autres membres de la famille se sont succédé à la gérance des Nickel's. Claudette, par exemple, a dirigé celui de Montréal puis celui de Terrebonne. Linda et Paul ainsi que Daniel sont également impliqués dans la gestion des Nickel's.

Dès le début, cette chaîne de restos populaires a été une affaire de famille. Et pourquoi les frères et sœurs auraient-ils refusé d'œuvrer pour leur sœur ? Plusieurs d'entre eux n'avaient pas d'emplois stables. Ceux qui avaient tenté une carrière dans le show-business se retrouvaient devant rien après avoir abandonné le métier. Céline leur ouvrait les portes de la sécurité matérielle, d'un travail permanent et valorisant en leur confiant ses Nickel's. Mais, par le fait même, elle créait une dépendance certaine à son endroit.

De fait, la plupart des membres de la famille Dion dépendaient de Céline à la fin des années 80. Ce joug a été total, accablant pour la cadette de la famille. Mais il ne pouvait en être autrement. Céline a été choyée dès son enfance par ses frères et sœurs. En réalité, sa famille a été pendant longtemps son unique univers. Cela explique sa très grande difficulté à grandir, à évoluer avec les enfants de son âge, qui ne la ménageaient pas autant que ses frères et sœurs.

Avec le peu de moyens dont ils disposaient, les Dion ont tout de même beaucoup gâté Céline pendant son enfance. Ils ont également participé à son ascension phénoménale dans le monde du show-business. Surtout au début. C'est Jacques qui a composé ses premières chansons, c'est Michel qui lui a fait connaître les gens du métier et qui a inspiré sa carrière. Céline a beaucoup reçu de sa famille ; comment aurait-elle pu ne pas remettre, à sa manière, ce qu'elle avait obtenu ?

Mais cela n'était pas si simple. Personne chez les Dion (ni même ailleurs) n'avait prévu l'ampleur de son succès. À la fin des années 80, Céline se préparait déjà à se mesurer aux plus grandes interprètes populaires de la planète. C'est Whitney Houston, Mariah Carey, Barbra Streisand qui l'attendaient. Céline était donc parvenue au top niveau. Et la famille en était consciente. L'honneur rejaillissait sur tous les Dion qui vivaient eux aussi, par personne interposée, leur « american dream », leur Disneyland, leur heure de gloire.

Situation malsaine s'il en fut, parce qu'il ne s'agissait pas de leur carrière personnelle, de leur projet, de leur cheminement. Céline avait fait rejaillir sur eux les premiers éclats de sa gloire et les Dion s'en étaient repus. Ils ont peu à peu quitté Charlemagne pour habiter de belles maisons dans des villes plus cossues.

« Ils reviennent parfois à Charlemagne pour nous faire voir leur succès. Pour nous écœurer un peu... », me dit un résident de cette ville qui n'est pas à l'abri d'un vil sentiment qu'on appelle la jalousie.

Notons, sans chercher à les défendre, que les Dion ont souvent été « écœurés » à Charlemagne lorsqu'on pointait du doigt leur grande pauvreté.

Situation pernicieuse enfin pour les Dion puisqu'ils accédaient à un niveau social supérieur sans l'avoir vraiment cherché. En voulant leur rendre à sa manière ce qu'elle avait obtenu, Céline leur donnait beaucoup matériellement et ils étaient tout à coup devenus de nouveaux riches.

À vrai dire, en plus d'être reconnaissante, Céline n'avait pas le choix. Il n'était tout de même pas question que la star du Québec laisse sa famille dans la misère. Le grand public, qui a toujours imaginé Céline riche comme Crésus, n'aurait sûrement pas accepté cette image.

Elle a donc à son tour gâté outrageusement ses frères et sœurs. Des emplois, des maisons, des voyages, des autos, des articles ménagers : elle a donné tout ce qu'on peut donner à sa famille. Mais il y a treize autres Dion dans cette famille, et les beaux-frères et les belles-sœurs et les enfants.

Un membre lointain de cette famille me racontait un jour : « Cette famille-là ne pense qu'à fêter et à s'amuser. S'ils avaient travaillé aussi fort que Céline, peut-être qu'ils auraient réussi leur carrière. On dirait qu'ils n'ont aucun intérêt, aucune ambition dans la vie. Tout ce qu'ils désirent, c'est profiter de la situation. »

L'histoire de la famille Dion ressemble à toutes celles dont un membre gagne à la loterie. Les Dion n'ont plus à survivre, à combattre et à élaborer des plans d'action pour réaliser leurs ambitions : Céline s'occupe de tout.

Au début, elle subvenait aux besoins de sa famille avec empressement, mais les choses se sont gâtées avec le temps. À la fin des années 80, elle est excédée par toutes les demandes que lui formulent ses frères et sœurs. Elle n'en parle pas publiquement évidemment et René l'avise de ne pas le faire, toujours pour une question d'image.

Il faudra attendre quelques années avant qu'elle ne s'en ouvre à Lise Payette. Céline était alors la première invitée de *Tête à tête*, une émission de télévision diffusée sur les ondes du réseau TVA, un dimanche d'octobre 1992.

Pour l'une des rares fois de sa carrière, on a vu Céline derrière l'image. Une Céline parfois en larmes et ne pouvant rien cacher à la très habile Lise Payette, qui retirait tout doucement le masque de son invitée. Par la suite, René Angélil a acheté les droits de cette émission qu'on ne peut donc plus rediffuser sans sa permission.

Céline confiait à cette occasion qu'elle favorisait le partage mais se méfiait des abus, particulièrement de ceux de sa famille.

« Chaque fois que je reçois un téléphone de leur part, c'est toujours pour de l'argent. De 100 $ à 1000 $ habituellement pour la laveuse, la sécheuse et même les couches de bébé... Dans ma vie, il y a toujours des "mais"... des "mais" du gérant qui trouve que je braille trop, des "mais" de ma famille, et des conseils, tout le temps des conseils de tout le monde. »

Céline, qui n'a jamais pu dire non aux demandes d'argent des membres de sa famille, a rapidement constaté une inflation galopante dans les exigences du clan Dion. Elle a donc engagé un comptable en mettant à sa disposition un budget limité. Une bonne somme, m'a-t-on dit, qui pourrait atteindre le million de dollars. C'est lui qui s'occupe des réclamations de la famille... à plein temps. Dès qu'on lui demande une certaine somme ou qu'on veut lui refiler une facture, Céline renvoie le membre de sa famille au comptable qui s'occupe de tous les arrangements.

J'ai moi-même rencontré un marchand de la région de Charlemagne qui me faisait part, tout récemment, d'une facture qu'un membre de la famille ne pouvait payer : « C'est Céline qui a tout réglé », précisait le commerçant. En fait, c'est plutôt le comptable qui a expédié le chèque.

Et c'est ainsi que, sans le vouloir, Céline aura créé une dépendance totale des membres de sa propre famille à son endroit, après avoir établi avec eux une relation basée sur des impératifs par trop financiers.

Une harmonie en péril ?

Cette dépendance s'accentuera avec les années et les succès de Céline. Lors de la réception de Noël 1995, Céline et René avaient organisé un tirage au sort, façon pour le moins originale de remettre des cadeaux aux membres de la famille qui s'étaient réunis autour de leur célèbre sœur. On donnera aux gagnants des magnétoscopes, des téléviseurs, des caméras, des chaînes audio-visuelles et même un voyage toutes dépenses payées. Et la famille notera que tous les produits sont de marque Sony, évidemment !

L'année suivante, c'est à l'hôtel Westin qu'on organise la réception et, cette fois, c'est beaucoup plus sérieux. Le comptable de Céline remet à tous les membres de la famille Dion un numéro et appelle chacun d'eux. Il remet ensuite un montant de 100 000 $ à chacun et chacune des frères et sœurs de Céline. Mais attention ! En réalité, il leur remet un chèque de 10 000 $ et un certificat de placement de 90 000 $, non négociable avant un certain temps.

Mais ce n'est que plus tard dans la soirée qu'on assistera à l'événement le plus émouvant et le plus spectaculaire de cette fête de famille. Céline remet les clés de sa maison de West Palm Beach à sa mère.

Si maman Dion n'habite toujours pas cette maison de rêve, c'est qu'elle ne supporte pas l'humidité de cette ville de la Floride.

On ne peut pas dire toutefois que l'argent et les cadeaux font le bonheur des Dion. Au moins quatre membres de cette famille ont suivi dans des institutions renommées des thérapies pour solutionner des problèmes personnels au début des années 90. Céline et René ont même participé à l'une de ces thérapies afin de venir en aide à un membre de la famille.

Il est vrai que les Dion ont connu de belles périodes pendant leur enfance. «On couchait trois ou quatre par lit et pourtant, on était heureux», disait Céline lors d'une entrevue. Mais la famille n'avait pas les moyens de prolonger cette enfance qu'on disait heureuse. Il fallait gagner rapidement sa vie chez les Dion et il n'était pas question de poursuivre de longues études.

Aucun des enfants n'aura osé prolonger ses études et aucun n'aura appris un métier spécialisé, sauf Clément, l'aîné des garçons, qui a déjà été soudeur. Il peut être spectaculaire, émouvant même qu'une famille nombreuse se réunisse à la période des fêtes, mais le quotidien exige des sacrifices de la part de tous, de manière constante si l'on peut dire.

Une amie de la famille me racontait le dévouement de Ghislaine Dion : «Elle s'est occupée d'eux autres (ses frères et ses sœurs), je ne sais plus pendant combien d'années. C'était un fardeau incroyable et puis, un bon jour, elle a craqué. Elle avait pourtant une si belle voix, et c'était la plus belle. »

On considère Ghislaine Dion comme la marginale de la famille. Dans un premier temps, elle a perdu son emploi dans un Nickel's. Elle a été pendant quelques années la choriste de Céline Dion et puis, un bon jour, Vito Luprano, avec l'accord de René Angélil, l'a congédiée pour indiscipline.

Une vie difficile pour Ghislaine, qui a également vécu un divorce et qui n'a pas reçu des hommes toute l'affection qu'elle a donnée à sa famille. On compte au moins trois divorces chez les Dion, trois filles qui n'ont pas voulu du mariage et aucune famille nombreuse dans cette génération des Dion. On ne répétera pas l'exploit de Thérèse et d'Adhémar qui ont élevé avec de pauvres moyens quatorze enfants. Ils leur ont donné le goût de la fête, de la musique, et c'est sûrement ce qui restera.

Enfin, le monde !

B eaucoup d'artistes ont tenté de percer le marché du show-business américain. Très peu y sont parvenus. Il s'agit du marché le plus protectionniste qui soit, âprement défendu par des sociétés qui exercent un contrôle absolu sur cette industrie, depuis le choix des artistes, des chansons à enregistrer, des spectacles à diffuser, jusqu'à la sélection des invités dans les talk-shows américains. Après avoir acheté la compagnie CBS pour la somme de deux milliards de dollars américains en 1989, la compagnie Sony pouvait prétendre à certains privilèges et à un pouvoir considérable dans tous les secteurs du monde du spectacle.

En d'autres termes, on ne peut pas espérer imposer un artiste aux États-Unis et par conséquent sur la scène internationale sans l'appui des «majors» de l'industrie, et CBS devenu Sony fait partie du peloton de tête.

René Angélil en est parfaitement conscient et négocie fort habilement avec eux. Il procède patiemment, par étapes. D'abord une rencontre avec Vito Luprano, représentant de Sony à Montréal, et un premier album sous cette étiquette, *Incognito*. Par la suite, il négocie un contrat beaucoup plus important pour un premier disque anglais de Céline, *Unison*.

«C'était la clé», dit Angélil qui savait très bien qu'en posant le pied à la porte de Sony tous les espoirs lui étaient permis.

Nous sommes à la toute fin des années 80 et Céline prépare justement l'album *Unison*.

D'abord, il lui fallait suivre des cours de langue anglaise chez Berlitz afin de ne laisser aucune trace de son accent français sur l'enregistrement. Il n'était pas question de miser sur l'exotisme d'un accent étranger. Elle doit performer sur disque comme s'il s'agissait tout simplement d'une interprète américaine. C'est Paul Burger, président de Sony Canada, qui avait insisté sur la qualité de la langue chantée par Céline.

«Nous croyons au potentiel de Céline, disait-il, mais nous croyons aussi qu'il est important qu'elle puisse chanter en anglais. La musique est une langue internationale mais les paroles sont aussi importantes dans le style qu'elle a adopté.»

Céline s'est impliquée jusqu'à s'immerger dans une session d'apprentissage de la langue anglaise d'une durée de deux mois, à raison de huit heures par jour.

«Quand je travaille à réaliser un rêve, j'y vais jusqu'au bout, disait-elle. Donc quand je me suis mise à l'anglais, j'y ai consacré toutes mes énergies. Dire qu'il y a deux ans à peine, je ne parlais pas un traître mot ! »

Elle y a mis tant de cœur, tant d'efforts qu'elle pensa, vécut et s'exprima seulement en anglais pendant de longs mois.

« On a rarement vu une étudiante accomplir autant de progrès en si peu de temps », notait l'un de ses professeurs. Et j'aime croire qu'il disait vrai puisque Céline n'avait jamais été aussi motivée. Elle était à deux pas de la réalisation de son « american dream » et elle n'allait pas rater cette occasion unique.

Pour ce premier disque destiné au marché américain, Sony a retenu les services des producteurs Christopher Neil et David Foster. On associera par la suite la musique de Foster à Céline Dion pendant de nombreuses années. D'origine canadienne, Foster avait composé de la musique de film et il a permis à Céline des interprétations dramatiques.

Les sessions d'enregistrement d'*Unison* ont été intenses et se sont échelonnées sur une période d'un an, dans des studios de Londres, de Los Angeles et de New York.

Le lancement de l'album eut lieu à Montréal, en avril 1990, au Métropolis, la plus grande discothèque du Canada. Pas moins de mille six cents personnes assistèrent à l'événement et on y retrouvait évidemment tout le clan Dion, des amis, de nombreux journalistes, dont plusieurs arrivaient de l'étranger. On avait jumelé le lancement à un spectacle de Céline Dion qui présentait, en primeur mondiale, les nouvelles chansons de son album. L'événement était capté par Musique Plus et on parlait du plus gros party de l'année.

Unison est lancé exactement trois ans après *Incognito*, deux fois platine depuis ce temps. On jubile chez CBS et

Paul Burger, président de CBS Canada, profite de l'occasion pour faire un bilan de la carrière de Céline lors de son allocution. Il confirme alors que CBS avait découvert Céline au moment de son triomphe au festival d'Eurovision et lui avait proposé un contrat par la suite. Est-ce vraiment CBS ou René Angélil qui a entrepris les démarches ? Disons qu'officiellement c'est CBS, foi du président.

On assiste à une grande première lors de ce lancement : Céline s'exprime en anglais. Pas seulement sur disque, elle répond aux journalistes anglophones dans leur langue. On retrouve parmi eux des critiques de Montréal, Toronto, Vancouver et même de New York.

On a spécialement invité les journalistes du Canada anglais puisque c'est là que René Angélil va diriger son offensive. Il veut abolir cette barrière qui isolait les artistes québécois du reste du Canada. Céline chantait maintenant en anglais et il ne voyait pas de raison pour qu'elle ne puisse chanter pour le Canada au complet.

Avant de conquérir le monde, René pensa que Céline devait d'abord conquérir son pays, et elle n'avait rien contre cette idée.

Il faut dire que René, encore une fois, avait finement préparé le terrain. Après la sortie de son premier album pour le compte de CBS, Céline avait été invitée à interpréter une des chansons d'*Incognito* au gala des Junos. Angélil avait accepté à une condition : elle chanterait en anglais.

« Eux, tout ce qui les intéressait, c'était de présenter quelqu'un du Québec pour la forme. Mais moi, j'avais vu l'indifférence des gens devant Martine Saint-Clair, l'année précédente, raconte Angélil. Il n'était pas question que Céline chante devant un auditoire blasé. J'ai fait traduire une des chansons d'*Incognito* et elle a volé le show avec *Just have a heart.* »

Céline a donc visité des villes du Canada anglais par la suite, afin de présenter un album qui allait changer définitivement l'aspect de sa carrière.

« Je suis prête pour une carrière internationale, disait-elle en entrevue, et je sais que ça ne m'arrivera pas du jour au lendemain. J'ai encore des choses à apprendre et j'ai besoin de tout le monde. Même si je fais une tournée mondiale, je vais toujours revenir chez nous. Je vais aussi chanter en français et mon prochain album sera d'ailleurs composé de chansons françaises. »

Céline s'exprimait ainsi, de retour d'une tournée de promotion au Canada. L'album était bien accueilli, mais il fallait attendre la réaction des Américains. Un succès américain, en tête du Billboard par exemple, influence énormément les ventes de disques du côté du Canada anglais, disait-on. Céline allait cependant remporter quatre Junos quelques années plus tard en plus d'animer ce gala. René avait définitivement aboli la barrière des langues dans son pays.

« Il pourrait devenir ambassadeur demain matin. Un vrai diplomate », disait celle qui fut la première attachée de presse de Céline, Suzanne Mia Dumont.

C'est ici qu'il faut souligner un aspect du véritable génie de René Angélil. Il a bien pris soin de faire dire à sa protégée qu'elle allait « toujours revenir chez nous ». Et c'est d'ailleurs ce qu'elle a toujours fait.

À l'aube d'une carrière internationale, on remarque la stratégie de l'imprésario qui part à la conquête du monde sans jamais s'aliéner un pays. Mieux encore, Céline, qui s'acharne à parler anglais sans accent, donnera l'impression d'être tout à fait chez elle aux États-Unis, au Canada, en France et peut-être même en Suisse. N'a-t-elle pas porté les couleurs de la Suisse lors du festival d'Euro-vision? Celles de la France au festival de Tokyo?

Céline voyage continuellement, mais non sans raison. Depuis plusieurs années, on la reçoit dans les studios de la télévision française. L'animateur de *Champs Élysées*, Michel Drucker, la considère comme sa découverte en France et les gens ont suivi son évolution en l'applau-dissant comme l'une des leurs, malgré l'accent. Le même phénomène se produira aux États-Unis alors qu'elle sera reçue par Johnny Carson et Arsenio Hall, animateurs des deux plus populaires talk-shows au début des années 90. On découvrira encore une fois Céline Dion.

Angélil a réussi, par cette stratégie de l'omniprésence, à ne jamais diviser les admirateurs de sa protégée. Ce qui fut le cas de Diane Dufresne, pour ne citer qu'un exemple, dont la carrière a souffert de ses nombreuses absences du Québec. Lorsqu'elle est revenue présenter son spectacle *La Magie rose* en 1984, lors des fêtes de la Saint-Jean, on lui a reproché bien des choses dont celle de ne plus faire partie de la communauté québécoise. On pourrait également ajouter les cas de Fabienne Thibault ou de Diane Tell qui avait « attrapé » un accent parisien dont se moquaient les Québécois. Et Angélil avait pris des notes sur les réactions du public québécois. Il a su très tôt dans sa carrière d'imprésario jauger l'attitude des gens.

En fait, non seulement il aurait pu être diplomate mais aussi sûrement politicien. Il nous en donne la preuve d'ailleurs lors du 12ᵉ gala de l'ADISQ, une association qui remet des trophées aux artisans de l'industrie du disque et du spectacle chaque année. On récompense ainsi les meil-leurs interprètes, auteurs, compositeurs, producteurs en leur remettant des Félix, ainsi nommés en l'honneur de Félix Leclerc, pionnier de la chanson québécoise.

Lors du gala présenté en octobre 1990, Claudette Dion s'amène fièrement sur la scène pour présenter, à sa sœur Céline, le Félix accordé à l'artiste... anglophone de l'année. Céline s'approche du micro et, coup de théâtre, elle refuse le trophée.

Elle semble en possession de tous ses moyens et quitte la scène d'un pas ferme en laissant les gens dans la salle sous l'effet d'un véritable choc. Personne n'avait prévu cette réaction de la part d'une interprète qui avait mouillé de ses larmes tous les trophées qu'elle avait obtenus par le passé. On ne connaissait pas cette nouvelle force de caractère de Céline.

Mais dans les coulisses, loin du grand public, Céline ne peut plus tenir le coup. Elle éclate en sanglots et ne veut pas commenter la situation.

René Angélil est pris d'assaut par les journalistes qui le pressent d'expliquer le geste de Céline :

« La carrière de Céline se passe ici avant tout, a-t-il dit. Elle l'a affirmé partout. Elle a expliqué pourquoi elle a fait un disque en anglais. Elle était choquée quand elle a vu la nomination : artiste anglophone ! Elle est chanteuse avant tout. On a choisi de ne pas contester cette nomination avant et d'attendre simplement. J'ai conseillé à Céline de faire ce qu'elle voulait et de dire ce qu'elle pensait. C'est elle qui a décidé de refuser le trophée carrément. »

Le président de l'ADISQ, André Ménard, était furieux après la présentation du gala :

« Je trouve que Céline a la mémoire bien courte, disait-il, assailli par les journalistes lui aussi. Elle était bien contente d'être lauréate, il n'y a pas si longtemps. Ce soir, elle a choisi de mettre dans l'ombre la victoire des autres pour faire parler d'elle. Elle avait tout le temps depuis le mois de mai pour nous faire savoir son opinion et c'est un problème qui se serait réglé rapidement. »

Mais sûrement moins spectaculairement. On ne parlait que de « l'affaire Dion » dans les journaux, le lendemain. Il n'y en avait que pour Céline. Même le journal anglophone de Monréal, *The Gazette*, s'en mêlait. Angélil précisait dans une lettre qu'il avait expédiée à ce journal « qu'une poignée de gens de l'ADISQ... voulaient ni plus ni moins forcer Céline Dion à accepter le trophée d'artiste anglophone, ce qui aurait eu pour effet de la faire passer pour anglophone et "vendue" aux yeux de son public francophone... Un petit groupe de producteurs et gérants chérissaient l'idée d'embarrasser une grande artiste francophone à la veille de conquérir le marché international ».

L'année suivante, on donnait raison à Angélil, en remettant à Céline un nouveau Félix pour « l'artiste québécois s'étant le plus illustré dans une autre langue que le français ».

Dans les années 90, le Québec a changé et les artistes s'ouvrent à toutes les cultures et tous les marchés. On verra le Cirque du Soleil sortir du Québec et s'étendre dans les grandes capitales. On verra le dramatuge Robert Lepage manifester son talent sur les grandes scènes de théâtre du monde. Roch Voisine sera l'idole des jeunes Québécoises et des jeunes Françaises, qu'il chante en anglais ou en français. On ne perd plus son identité en se manifestant dans une autre langue et Angélil l'a compris.

Céline la comédienne

En avril 1990, au moment où Céline lance son premier album en langue anglaise et entreprend une tournée de promotion au Canada et aux États-Unis, tout en préparant déjà un prochain album en langue française, et un prochain spectacle « mondial », elle entreprend le tournage d'une mini-série de quatre heures pour la télévision.

Céline interprétera le rôle d'Elisa T., une adolescente battue par sa mère, violée par son père et parachutée dans des foyers d'accueil. Il s'agit d'une histoire vécue, d'un personnage particulièrement intense et d'une aventure exaltante pour la chanteuse qui devient subitement comédienne dans *Des fleurs sur la neige*. Céline tournera douze heures par jour durant l'été et une partie de l'automne 1990 !

« Je sais bien que ce n'est pas le bon temps pour moi de faire du cinéma, avec ce nouveau disque et ma carrière en anglais. Mais quand je dis que j'ai beaucoup de rêves et que je veux tous les réaliser, ça signifie aussi prendre des risques et ne pas laisser passer de belles chances. Quand j'ai lu le scénario d'*Elisa T.* (qui deviendra *Des fleurs sur la neige*), j'ai eu le coup de foudre. J'avais eu d'autres propositions avant, dont l'une avec Christopher Plummer, mais ça ne me convenait pas. L'histoire d'Elisa me touchait davantage. J'y vais à fond de train mais ça me vide. C'est terriblement difficile mais ça vaut la peine. »

Cette expérience marquera profondément Céline Dion qui découvre un nouveau monde en 1990. Celui de la comédie. Elle a déjà interprété des personnages, lors de ses spectacles, en imitant des chanteuses populaires. Elle a également joué la comédie à quelques reprises dans *Samedi de rire*, que je considère comme la meilleure émission humoristique de l'époque. Mais cette fois, il s'agit d'une comédie dramatique qui demande du métier et une très grande concentration.

Le réalisateur Jean Lepage accorde une attention toute particulière à Céline. Non pas parce qu'elle est une vedette établie et qu'elle se comporte en tant que telle, bien au contraire. Céline fait montre d'une fragilité, d'une sensibilité et d'une disponibilité étonnantes pendant le tournage. On remarque aussi, sur le plateau, la discipline de fer d'une jeune femme qui mène plusieurs projets de front. En fait, Céline n'a ni l'envie, ni le temps de manifester son ego de star. Ce n'est d'ailleurs pas dans sa nature :

« Il me faut de la concentration totale pendant tout le tournage, raconte-t-elle entre deux prises de vues. Or c'est facile de se déconcentrer. On tourne souvent à l'extérieur et il suffit d'un coup de vent ou d'un chien qui passe pour détourner l'attention. Heureusement que je suis entourée de professionnels qui m'aident énormément. Mais je dois me répéter constamment : "Je suis Elisa" parce qu'Elisa est tellement différente de moi.

« Toute son attitude est différente de la mienne. Par exemple, la démarche, le maintien. Je suis habituée à marcher de manière dégagée, à beaucoup regarder autour de moi pour atteindre tout le monde en spectacle. Or, Elisa ne s'aime pas, donc elle se rapetisse tout le temps et ça doit passer dans son comportement...

« Elle ne se maquille pas. Elle est très maigre, elle veut occuper le moins de place possible. Je dois y penser tout le temps et faire oublier Céline.

« Bientôt je vais tourner des scènes très dures et je pense en particulier à une scène où le juge tente de lui expliquer qu'elle a été tellement maltraitée qu'elle aurait pu en mourir. Elisa répond qu'elle s'en fout, qu'elle est habituée et que ce n'est pas ce qui lui fait le plus mal. Le pire pour elle, c'est l'absence d'amour qu'elle a toujours ressentie parce que sa mère ne s'occupe pas d'elle. Pas une caresse, pas un mot gentil. Heureusement que Jean Lepage, le réalisateur, ne me lâche pas... Je sais que je vais être beaucoup critiquée... Je vais peut-être faire des gaffes. Je suis débutante et j'aimerais qu'on n'ait pas les mêmes attentes qu'avec les gens d'expérience...

« J'ai vu quelques plans et je n'ai pas vu Céline : c'est encourageant ! »

Dans cette série, on assiste à des scènes violentes évidemment puisqu'il s'agit d'une adolescente maltraitée, mal aimée par ses parents, mais on assiste également à des scènes de grande tendresse. Elisa tombe amoureuse de son cousin germain, Antoine Saint-Laurent, dans le deuxième épisode de la série. Le personnage est interprété par Patrick Huneault qui a été impressionné par le comportement de sa célèbre partenaire. Spécialement quand elle a accepté de tourner une scène où les deux comédiens devaient être nus.

« Tout le monde peut s'interroger sur le fait qu'elle prenne tant de risques, confiait Huneault. Elle semble abandonner toute pudeur alors qu'elle a un tel statut. Elle m'a dit que c'est l'ensemble de l'histoire qui était important, que c'était fondamental que les gens y croient, car le scénario l'avait gagnée, il l'avait touchée. Pour le reste, elle s'en remettait entièrement à ce que le réalisateur exigeait d'elle. Elle voulait servir son personnage et non pas se servir de ça. Elle s'abandonnait totalement. »

Lorsque Radio-Canada diffusera, en mars 1991, les quatre épisodes de la mini-série *Des fleurs sur la neige*, la critique saluera « l'étonnante performance » de Céline Dion, la comédienne, dans le rôle d'Elisa.

Spectacle Unison

Après cette première aventure cinématographique, Céline prépare une nouvelle tournée de spectacles, à l'automne 1990. Cette fois-ci, René Angélil, qui assiste aux répétitions au Centre culturel de Drummondville, parle d'une tournée mondiale :

« Ce show fera le tour du monde. Céline présentera son spectacle partout où le disque *Unison* sera vendu. Cela signifie dix-huit pays en Europe, aux États-Unis, au Canada anglais et même au Japon. C'est un gros show. »

Déjà le vocabulaire anglais et la démesure d'une production à l'américaine. La mise en scène a été confiée à René-Richard Cyr, un homme de théâtre à qui l'on confie parfois la direction de mégaspectacles.

La chorégraphie a été confiée à nulle autre que Marguerite Derricks, qui a dirigé les danseurs dans le film *Fame*. Les danseuses Rebecca et Geneviève entourent Céline, en plus du chanteur et danseur Boogie qui a participé au tournage du vidéo-clip *Unison*. Toujours le même chef d'orchestre « Mégot » Lemay et toujours la choriste Ghislaine Dion, la sœur de Céline, qui l'accompagne dans cette tournée internationale.

Céline a renoncé aux imitations et à la comédie pour se manifester davantage par le chant et la danse, modes d'expression sans frontières.

Le spectacle présenté au Théâtre Saint-Denis à la fin d'octobre est fort bien accueilli par les critiques qui, dans l'ensemble, remarquent les éclairages, les effets scéniques et « le punch visuel » de ce show impressionnant. On découvre une Céline qui n'a jamais aussi bien bougé, jamais aussi bien dansé et aussi bien rocké. On reproche bien timidement à ce spectacle certaines faiblesses dans l'agencement des chansons, mais on a eu tôt fait de corriger les petites lacunes du spectacle après quelques représentations.

En 1991, Céline voyage comme jamais dans sa carrière. Au début de l'année, elle visite la Hollande, l'Allemagne, la Belgique et la Norvège dans le cadre d'une tournée de promotion. Plus tard, c'est le Canada anglais et les grandes villes américaines. Et puis, il ne fallait pas oublier Paris, qui se laisse de plus en plus envahir par la musique américaine, et puis le Japon, qui reçoit une Céline transformée depuis le Festival de Tokyo de 1982. L'entreprise est éreintante mais le travail porte ses fruits. En avril 1991, on a déjà vendu plus de sept cent mille exemplaires d'*Unison* dans le monde entier. Le 45 tours *Where does my heart beat now* fait fureur au Japon et en Australie et on réclame Céline. Un deuxième 45 tours, *Any other way* extrait de l'album *Unison*, fait son apparition sur le marché américain. Et les ventes sont encourageantes. Céline pense à son spectacle qu'elle voudrait bien poursuivre mais.... « Je voudrais bien tout faire et être partout en même temps. Et pourtant, je me sens jamais vraiment partie. C'est un peu fou de dire que je reviens pour l'été, je me sens toujours là. »

Céline refusera des offres fort alléchantes de se produire aux États-Unis durant l'été 1991 parce qu'elle a choisi de demeurer au Québec pendant les trois prochains mois, afin de célébrer un événement tout à fait spécial : ses dix ans de carrière.

Dix ans de carrière

Après que Musique Plus eut fêté le premier anniver-saire de l'album *Unison*, lancé le 2 avril 1990, Céline célébrait ses dix ans de métier en présentant un spectacle grandiose. Le 19 juin, dix ans jour pour jour après sa première apparition publique à l'émission de Michel Jasmin, Céline Dion présentait en effet un spectacle retra-çant les grands moments de sa carrière au Forum de Montréal. Pour l'occasion, elle était entourée des trente-cinq musiciens de l'Orchestre Métropolitain sous la direction de Richard Grégoire.

Céline Dion a chanté ce soir-là tous ses succès, depuis *Ce n'était qu'un rêve, Une colombe* jusqu'à *Where does my heart beat now* devant quatorze mille personnes réunies au Forum. Les profits de la soirée étaient versés à l'Asso-ciation de la fibrose kystique. Breen Lebœuf, l'ancien membre du groupe « Offenbach », assumait la première partie de ce spectacle.

Après cet événement mémorable, Céline a parcouru la province dans tous les sens avec le spectacle *Unison*. Pas moins de vingt-quatre villes en trois mois, et elle faisait déjà preuve d'une grande maîtrise de la scène. Le show s'améliorait constamment et on affichait complet dans la plupart des villes où Céline se produisait.

À l'automne 1991, Céline retourne au gala de l'ADISQ dans de bien meilleures dispositions que l'année précédente lorsqu'elle avait refusé un Félix pour les raisons que l'on sait.

En 1991, Céline a aussi fait parler d'elle pour une tout autre raison.

Elle n'a pas attiré l'attention des spectateurs dans la salle ni des deux millions de téléspectateurs par ses larmes, ses idées ou par son interprétation. En 1991,

Céline Dion a fait jaser la province tout entière à cause de son look.

Céline devait ainsi interpréter une chanson de l'opéra-rock *Starmania* écrit par Luc Plamondon et Michel Berger. Il s'agissait du fameux *Blues du businessman* popularisé par Claude Dubois. L'occasion était belle pour présenter une Céline Dion bien différente de tout ce qu'on avait vu jusque-là. Et c'est ainsi qu'elle est arrivée sur scène, vêtue comme un homme d'affaires, maquillée et coiffée dans un style très androgyne. Certains ont aimé, d'autres pas du tout, mais personne n'a été indifférent à la nouvelle tenue de la chanteuse. Après l'effet de surprise, il faut croire cependant que tout le monde était d'accord sur la qualité de son interprétation puisqu'on lui accorda une ovation debout.

C'est avec le coiffeur du salon Orbite, Louis Hechter, que Céline a eu l'idée de ce look spécial. Hechter avait déjà travaillé avec elle lors du tournage de son plus récent vidéo-clip. De toute évidence, ils se sont bien entendus puisque Céline a réclamé ses services pour l'événement toujours spécial que représente le gala de l'ADISQ aux yeux des Québécois. Ils ont donc opté pour le look des années 20, des cheveux laqués et vagués. Sur les cheveux bruns de Céline, la laque produit un effet très brillant et une teinte presque noire. Pour conserver l'effet de surprise, le coiffeur a dû transporter son matériel en coulisse, tout juste avant le spectacle de l'ADISQ. Du travail bien fait par Hechter, au point que Céline délaissera sa coiffeuse de Los Angeles et ne jurera maintenant que par lui. Le jeune coiffeur traite les cheveux avec des produits à base de plantes. Par la même occasion, la maquilleuse Loretta Chiesa du même salon Orbite avait participé au changement de look de Céline. Elle a foncé et travaillé son arcade sourcilière afin de mettre ses yeux en évidence. Elle a également grossi les lèvres avec des crayons rouges. À l'avenir, on procédera toujours ainsi pour son look de scène.

Finalement, une soirée sans esclandre au gala de l'ADISQ et un Félix qu'elle mérite amplement pour l'artiste québécois s'étant le plus illustré dans une autre langue que le français.

Lady Di

Quelques jours après sa prestation au gala de l'ADISQ, Céline participe à un concert tout à fait spécial qui a lieu au Centre National des Arts à Ottawa. Ce concert est présenté dans le cadre de la visite, au pays, de la princesse Diana et du prince Charles.

Après avoir interprété cinq chansons, Céline est invitée à partager le souper avec le couple royal à la résidence du premier ministre de l'époque, Brian Mulroney.

Avec le recul, on peut mieux saisir aujourd'hui l'importance de cette rencontre avec la femme la plus regrettée du monde. La princesse Diana qu'on appelait affectueusement Lady Di n'est plus, mais elle a laissé un souvenir impérissable. Céline avait été heureuse de présenter une partie de son spectacle devant de si prestigieux invités, mais elle ne s'attendait pas à partager un repas en compagnie de la femme la plus médiatisée du monde.

Ce soir-là, Céline a dû éprouver un des pires tracs de sa vie, en apprenant qu'on l'avait placée juste à côté de Lady Di.

Lorsqu'on présenta la princesse à Céline, celle-ci avait le choix : faire la révérence ou tendre la main. Elle préféra, comme elle l'avait fait avec le pape, lui tendre la main.

Céline attendit une dizaine de minutes avant d'engager la conversation. Le protocole exigeait qu'elle attende que la princesse prenne l'initiative de cet échange. Lady Di rompit le silence en lui demandant s'il était vrai qu'elle faisait partie d'une famille nombreuse. C'est ce qu'on lui avait dit.

La princesse n'avait pu mieux choisir. Avec ses treize frères et sœurs, Céline avait toute la matière pour converser longuement avec son « altesse royale ». « Lady Di m'a rapidement mise à l'aise, racontait par la suite Céline. C'est un grand jour dans ma vie. Cette femme est simple et aimable. Elle est encore plus belle que sur les photos. »

Quarante invités avaient été sélectionnés pour partager le repas du couple royal dont Céline et René, bien sûr, ainsi qu'André-Philippe Gagnon qui faisait également partie du spectacle.

Peu de temps après cette soirée mémorable, Céline recevait deux photographies de la rencontre avec la princesse Diana, provenant du bureau de celle-ci au palais de Buckingham.

C'est Mme Mila Mulroney qui avait tenu à la participation de Céline au concert et que c'est elle qui l'avait placée tout près de Lady Di pour le repas. Mme Mulroney connaissait fort bien Céline puisque les deux femmes défendent depuis plusieurs années la cause de la fibrose kystique. Céline est marraine pour la partie Québec alors que Mila Mulroney est marraine pour l'Association canadienne.

Plamondon

En novembre 1991, l'increvable Céline invite les journalistes, parents et amis au lancement d'un nouvel album intitulé *Dion chante Plamondon*. Plus de deux mille personnes répondent à l'invitation et même les journalistes se doivent de faire la queue à la porte de la discothèque Métropolis, rue Saint-Laurent à Montréal.

À l'extérieur de cette boîte, une foule d'admirateurs brave un froid étonnant à cette période de l'année, dans l'espoir de participer à la fête. Le réseau de télévision Musique Plus présente une émission spéciale et Luc Plamondon se dit le plus heureux des hommes. On le comprend, avant son lancement officiel, l'album est certifié or avec cinquante mille exemplaires vendus.

« Ce soir, c'est comme Noël. Céline m'a fait le plus beau des cadeaux », raconte Plamondon, en s'adressant à la foule.

Sur cet album, Céline reprend huit chansons que les Diane Dufresne, Fabienne Thibault, Martine Saint-Clair et Claude Dubois avaient rendues populaires. Des pièces tirées de l'opéra-rock *Starmania* évidemment, dont *Le blues du businessman* qu'elle avait chanté au gala de l'ADISQ et *Oxygène*, l'un des derniers succès de Diane Dufresne.

On retrouve également sur cet album quatre nouvelles chansons, dont les paroles ont été écrites par Plamondon avec des musiques de Richard Cocciante, Romano Mussumarra, Aldo Nova et Erown : *Je danse dans ma tête, Quelqu'un que j'aime quelqu'un qui m'aime, L'amour existe encore, Des mots qui sonnent*.

Vêtue d'une robe très sexy, Céline a interprété quelques extraits de son nouvel album en descendant le long escalier du Métropolis. D'abord *Danse dans ma tête* avec le diable au corps et *Le Fils de superman*, qui lui a fait verser une larme vite repérée par la caméra de Musique Plus.

L'association Plamondon-Dion est avantageuse pour les deux artistes. Luc Plamondon est l'homme qui a écrit les plus grands succès de Diane Dufresne, de Catherine Lara, de Fabienne Thibault en plus d'avoir écrit avec Michel Berger des opéras-rock qui ont fait époque. *Starmania* aura été le plus célèbre opéra-rock de la francophonie, joué partout en Europe et jusqu'en Russie. *La Légende de Jimmy* et *Les Romantiques* ont également connu de grands succès en France surtout, ainsi qu'au Québec.

D'autre part, Céline est la voix que recherchait Plamondon depuis longtemps. Celui-ci m'avait confié, bien avant d'écrire pour Céline, qu'il voulait désormais se consacrer aux grandes œuvres musicales. Des opéras-rock, des comédies musicales ou un événement qui réinventerait le genre.

Céline a changé bien des choses. Elle est maintenant aussi créative, aussi disponible que pouvait l'être Diane Dufresne alors qu'elle s'associait à Plamondon au début de sa carrière.

Avec son interprétation extrêmement nuancée d'*Oxygène*, Céline donne la preuve concrète qu'elle peut se mesurer à celle qu'on considérait comme la plus grande interprète du Québec et récupérer ainsi une bonne partie des «intellos» qui avaient toujours soutenu Diane, leur diva.

Plamondon ne peut écrire pour un artiste sans le connaître. Il a été le confident de tous ses interprètes, c'est pourquoi il écrit sur mesure des chansons qui ressemblent à ceux qui les rendent. Plusieurs amitiés ont ainsi pris naissance. Céline le raconte dans la préface de l'album signé Plamondon.

« Cher Luc, j'ai eu la chance de te connaître davantage à travers tes chansons, ton grand talent d'auteur, et à travers nos tête-à-tête dans les restaurants de Paris, j'ai eu le grand plaisir de découvrir une magnifique chanson que je ne connaissais pas... elle s'appelle Luc. Elle est remplie d'amour, d'humour et de sensibilité. J'espère qu'il y aura beaucoup d'autres chansons... Merci pour ton amitié. Céline. »

Après avoir consolidé son emprise sur le marché francophone en s'alliant à l'un de ses plus prolifiques paroliers, Céline retourne à Los Angeles où elle doit enregistrer la chanson-titre du film *An american tail II* pour le compte de Universel. Problèmes de régie interne, désaccord entre les principaux intervenants impliqués dans ce projet qui, finalement, ne se matérialisera pas. René Angélil négocie une nouvelle entente avec la firme Universel et c'est ainsi qu'on confie à l'interprète québécoise la chanson-titre du film *The beauty and the Beast* qu'elle enregistrera dans les studios de Walt Disney. Elle interprète cette œuvre originale du compositeur Alan Menken et du parolier Howard Ashman, en duo avec Peabo Bryson.

Céline réalise ainsi un rêve d'enfance alors que le monde merveilleux lui ouvre grandes ses portes. Mieux encore, c'est Disney qui lui ouvrira très bientôt les portes de l'Amérique et du monde entier. À la fin de l'année 1989, Céline ne cherche plus à percer le marché américain, elle est déjà parvenue au seuil du vedettariat.

Le 20 décembre, on annonçait qu'elle avait signé un faramineux contrat de plus de dix millions de dollars avec Sony Music International. Il s'agissait du montant le plus important jamais consenti à un artiste canadien. Il a fallu plus de trois mois de négociations pour en arriver à un accord. Robert Summer de Sony Music à New York, Paul Burger de Sony Canada et Jamie Young, l'avocat représentant les intérêts de Céline Dion et de René Angélil, ont longuement préparé un contrat qu'on accorde habituellement aux mégastars. Après les ventes d'*Unison* qui dépassaient déjà le million dans le monde, après celles de *Dion chante Plamondon* qui atteignaient les cent mille exemplaires en quelques semaines, l'entreprise Sony Music International misait gros sur une artiste qu'elle voyait déjà au sommet.

À la fin de l'année 1991, Céline revient fêter Noël avec sa famille au Québec. Jamais elle n'a eu autant besoin de se retrouver parmi les siens et de reprendre son souffle. L'année a été exaltante, remplie d'émotions mais terriblement exigeante en ce qui concerne son investissement personnel.

« On dirait que je ne m'appartiens plus, confiera-t-elle à des amis. On veut tout savoir de moi. Je ne peux même plus être dans la lune : on veut savoir à quoi je pense. Ça devient fatiguant à la longue. J'avoue que c'est ce que je trouve le plus exigeant du succès : on dirait qu'il en faut toujours plus et ça devient de plus en plus compliqué.

« Moi, je vis une période de découvertes où j'apprends à me connaître et j'ai besoin de faire des expériences nouvelles. Je suis tannée de me faire demander pourquoi je fais ci ou je ne fais pas cela. Si j'ai enregistré les chansons de Plamondon, c'est parce que j'aime ses chansons. Si j'ai choisi le look petit homme au gala de l'ADISQ, c'est parce que j'aime oser des choses et j'ai le droit d'oser. Je ne veux plus être une chanteuse qui a une voix, je veux me dépasser et je ne veux pas toujours être obligée de me justifier dans tout ce que je fais. Moi, je ne me pose pas tant de questions. Je fais des choses parce que j'ai tout simplement envie de les faire.

« Et vous savez ce que j'ai le goût de faire actuellement ? Rien que des travaux ménagers pendant mes jours de congé. Et j'aime particulièrement la lessive. »

Et pendant que Céline effectue quelques bonnes brassées de linge, on lance sur le marché américain un disque simple de *Beauty and the Beast* qui atteindra très rapidement les premières places du palmarès américain.

Comme un besoin qu'elle a subitement éprouvé de vivre l'illusion d'une vie normale en sachant fort bien que bientôt, plus rien ne serait comme avant. Comme un besoin de faire le bilan des choses de sa vie avant de risquer de se perdre dans le tourbillon américain.

« J'ai été marquée profondément par ma première expérience de comédienne lorsque nous avons tourné *Des fleurs sur la neige*. C'est l'événement le plus intense que j'ai vécu dernièrement. Je me suis laissé prendre au jeu et j'ai aimé vivre mon personnage jusqu'à la limite de mes possibilités, mais ça a été très éprouvant moralement et émotivement. Je suis certaine que l'accident de voiture que j'ai eu l'été dernier était relié à la tension et la fatigue que j'ai ressentie à la fin du tournage. »

Un accident qui n'a, heureusement, causé aucune blessure. Céline s'était endormie au volant de sa Laser de Chrysler, le soir du 9 juillet pendant qu'elle se trouvait sur l'autoroute des Laurentides. Elle s'est réveillée alors que son auto faisait face à la circulation en sens inverse. Elle a lâché le volant et a fermé les yeux. L'auto a reculé, fait plusieurs tours sur elle-même avant de s'immobiliser dans le fossé.

Plus de peur que de mal pour la chanteuse qui venait de faire un éprouvant apprentissage du métier de comédienne.

On peut d'autre part remarquer, à la fin de l'année 1991, que le tournage de la série *Des fleurs sur la neige* a laissé des traces : on la voit, par exemple, relire régulièrement *La Méthode* de Stanislavski, livre que lui a remis le réalisateur de la série, Jean Lepage. Il s'agit de la bible du jeu sur scène, pour bon nombre de comédiens et de réalisateurs.

« Je ne peux pas tout saisir à la première lecture, admet Céline, et je relis certains passages jusqu'à temps que je comprenne. »

Elle est également beaucoup plus consciente de la misère et de la souffrance qui l'entourent. Et c'est pourquoi elle se rend visiter les détenus de la prison de Bordeaux à la mi-décembre. On profite de l'occasion pour enregistrer une émission de radio qu'on diffusera sur les ondes de CIBL, le soir de Noël.

Rien de très « glamour » dans cette entreprise. La future mégastar ne touche aucun cachet de cette radio communautaire et n'est accompagnée d'aucun de ses musiciens. Elle est venue échanger avec des hommes qui vivront la période des fêtes dans la pire solitude.

Les détenus avaient préparé un texte de bienvenue fort sympathique pour la venue de Céline.

« Notre colombe est revenue de voyage. À Bordeaux est de passage. L'amour, la paix, la liberté. Sur la terre des hommes, où tous nous sommes, l'amour existe encore, l'amour n'est pas mort. Céline, tu as besoin d'un homme, j'ai besoin d'une femme. Céline Dion, bienvenue chez *les Souverains anonymes*» (titre de l'émission de radio produite par les détenus).

Les détenus qui ont été choisis pour participer à cette émission poseront beaucoup de questions sur l'enfance et la carrière de Céline. On lui demande fatalement de chanter.

Et le plus simplement du monde, Céline leur offre *L'amour existe encore* qu'elle chante *a cappella*. Je crois bien qu'il n'existe pas de public plus réceptif, plus sensible que celui des détenus, particulièrement à l'approche des fêtes. Un grand silence se fait autour de Céline et ces grands gaillards aux bras musclés et tatoués ne retiennent plus leurs larmes. Céline enchaîne avec *Le monde est stoned* et ouvre des plaies. Cette chanson leur faisait tellement mal que l'un des détenus a senti le besoin de faire jouer une bande sonore de musique rythmée, pour relancer le party et la fête de l'amitié à Bordeaux.

Avant de quitter la prison, Céline remercie les détenus.

« J'ai apprécié ma visite. Bien sûr que le sort des gars à Bordeaux m'a beaucoup touchée mais eux vont s'en sortir, un jour. Je visite souvent des enfants malades qui ont beaucoup moins de chance de s'en sortir. »

Céline faisait évidemment allusion à sa nièce Karine qui lutte toujours contre cette maladie sans merci qu'est la fibrose kystique et qui réagit beaucoup moins bien aux médicaments. Tout a été tenté pour la sauver, et pourtant Karine laisse peu d'espoir à son entourage.

Chaque fois qu'elle revient au Québec, Céline se rend à l'hôpital Sainte-Justine auprès de sa nièce. Le plus souvent et le plus longtemps possible. Un parent d'un autre enfant malade a pu observer le comportement de Céline pendant ses visites :

« Elle venait régulièrement et elle n'avait aucun maquillage. Elle était coiffée d'une manière si ordinaire qu'on n'aurait jamais pensé que c'était elle. Une simple queue de cheval, un manteau terne, tout ce qu'il y a de plus commun et une petite robe ou des jeans. Elle ne cherchait jamais à attirer l'attention et elle venait toujours seule. Elle était si discrète, si douce que, par respect pour son chagrin, personne n'osait l'importuner. À l'hôpital, on sentait qu'elle voulait être une femme comme les autres, comme les parents des autres enfants malades. Pas comme une star. »

Et c'est ainsi que Céline achève l'année à la recherche de ses véritables valeurs avant d'effectuer le plus grand saut de sa carrière.

TROISIÈME PARTIE

—

L'inaccessible étoile

1992 : l'année de rêve

René Angélil dira un jour : « 1992 fut une année de rêve pour Céline, une année qui sera difficile à battre. »

L'imprésario avait oublié bien des choses qui se sont produites durant cette année, en minimisant de façon manifeste certains « accidents de parcours » comme il les qualifiera.

Accordons-lui cependant cette période de rêve que Céline va vivre parmi les étoiles américaines.

Céline Dion n'est pas une inconnue au début de l'année 1992 aux États-Unis. Son premier album anglophone *Unison* a déjà dépassé le million, sa chanson *Where does my heart beat now* est connue du grand public, mais Céline n'est encore qu'une voix. En janvier, on peut finalement la voir et l'entendre à l'American Music Awards qui rejoint pas moins de cinquante millions de téléspectateurs américains.

C'est bien sûr sa chanson *Beauty and the Beast* qui lui ouvre les portes des plus prestigieux galas américains. Au moment où Céline se présente sur scène avec Peabo Bryson, la trame sonore de *Beauty and the Beast* est déjà au sommet du palmarès, section « Adult contemporary ». De plus, le vidéo-clip de la chanson passe régulièrement à MTV, l'équivalent américain de Musique Plus. Céline devient enfin une image et après son apparition au 19e gala du American Music Awards, c'est déjà un personnage.

« Avant de chanter avec Peabo, j'avais les genoux barrés, raconte Céline. Je savais que l'événement était important. Je savais qu'on allait me comparer, me juger ou m'adopter. J'avais un trac fou. Surtout après avoir entendu Whitney Houston qui passait tout juste avant moi. »

Il faut savoir que parmi les invités du prestigieux spectacle, vu par l'Amérique au complet, on retrouvait Whitney Houston et Nathalie Cole, les plus grandes rivales de la nouvelle venue sur le marché américain.

Céline, tout de blanc vêtue, ressemblait à une Cendrillon au bras d'un prince noir et le couple de l'heure à Los Angeles a fait vivre un moment inoubliable à des millions d'Américains qui découvraient une jeune chanteuse de Charlemagne.

L'impact de cette prestation sans faille, alors que Céline y mettait tout son cœur, tout son talent, est considérable. Même les chanteuses rivales, celles qui seront bientôt menacées par Céline, ne peuvent que s'incliner devant une si belle promesse.

Whitney Houston s'approche de Céline à sa sortie de scène, la félicite et lui dit : « Tu nous as coupé le souffle. Ta performance a été... "unbeleivable, dear !"»

Chez Sony, on était tellement heureux du succès obtenu ce soir-là par Céline que le président de Sony International, Tommy Mattola lui-même, a reçu tous les artistes de sa maison au restaurant *El Jardion* de Los Angeles. La chanteuse Mariah Carey faisait partie des cinquante artistes invités à la fête. Cette chanteuse, qui jouit du double privilège d'être la vedette de la maison Sony et la femme de son président, sera la plus grande rivale de Céline. Pour l'instant, la diva de Sony ne se sent aucunement menacée par cette nouvelle et très jeune chanteuse venue du Canada. Mais elle changera d'avis dans les années qui vont suivre.

Céline a cependant d'autres étapes à franchir avant de prétendre au titre détenu par Mariah Carey. D'abord le tournage d'un nouveau clip, *Je danse dans ma tête*, extrait de l'album *Dion chante Plamondon*, avec le danseur fantôme Simon Alarie. Céline prépare ainsi sa carte de visite pour le lancement du 45 tours *Je danse dans ma tête* en Europe. Elle prépare également un nouvel album réalisé par nul autre que Walter Afanasieff, le producteur le plus couru aux États-Unis en 1992.

Le même qui a signé les deux albums de Mariah Carey, les deux derniers de Michael Bolton et le tout récent de Whitney Houston.

Afanasieff accorde une attention toute particulière à l'enregistrement du deuxième album anglophone de Céline. Il accepte de venir compléter le travail entrepris en Californie au Studio de Morin Heights.

Après l'American Music Awards, Céline enchaîne avec un autre événement prestigieux. Il s'agit cette fois du quatrième World Music Awards où les artistes sont honorés selon les ventes de leurs disques. Céline se rend donc à Monte-Carlo pour y recevoir le prix du *Best selling canadian female artist of the year*.

Comme si cela n'était pas suffisant, on invite la chanteuse québécoise à se produire à la soirée des Grammy's.

Céline apprend par la suite que sa chanson porte-bonheur *The Beauty and the Beast*, dont on a déjà vendu plus de deux millions d'exemplaires, est en nomination à la soirée des Oscars. Cet événement est diffusé dans le monde entier et assure à tous les participants un rayonnement incomparable. L'Academy Awards est l'une des institutions les plus prestigieuses de l'Amérique. C'est là qu'on consacre ou qu'on reconnaît les plus grandes personnalités du cinéma. C'est là aussi qu'on immortalise des chansons de films auxquelles on associera les interprètes pendant toute leur carrière.

Pour Céline Dion, il s'agit de la plus haute marche qu'elle pouvait atteindre à Hollywood. Jamais elle ne sera tant vue, tant admirée dans sa carrière.

Il s'agit d'un moment magique dans la vie d'un artiste et comme si la fée des étoiles ne voulait rien laisser au hasard, l'événement aura lieu le 30 mars, le jour du vingt-quatrième anniversaire de Céline. Celle-ci a presque oublié son anniversaire lors des répétitions qui ont lieu quelques jours avant l'événement. Il faut préciser que rien n'est laissé au hasard par les producteurs de la soirée des Oscars. On répète inlassablement tous les numéros, avec les musiciens, les danseurs et les présentateurs. Tout va à merveille dans le cas de Céline, mais on refuse la robe qu'elle avait l'intention de porter sous prétexte qu'elle est trop voyante, trop claire. Les gens de l'Academy préfèrent la couleur noire. Céline fait alors appel à une styliste de New York, Pamella Dennis, qui lui fait parvenir en toute hâte une création conçue expressément pour elle. Céline ne veut pas dévoiler le montant de la robe mais on parle d'une dépense de près de 20 000 $.

Si Céline a oublié son anniversaire dans le branle-bas des préparatifs de la grande fête américaine, René ne l'a pas oublié. Cet homme-enfant, sous certains aspects, adore préparer des coups fumants ou préparer dans le plus grand secret des surprises colossales. Dans ce cas-ci, il s'est surpassé. Il a d'abord réussi à se procurer des billets supplémentaires au Dorothy Chandler Pavillon où aura lieu la remise des Oscars. C'est déjà un exploit quand on sait que les grandes vedettes du cinéma s'arrachent les places de cette salle trop petite pour satisfaire toutes les demandes.

Par la suite, René invitera les parents de Céline à Hollywood. Ceux-ci quittent leur résidence des Laurentides et s'amènent dans la capitale du cinéma.

Céline, qui ne sait rien de toutes les démarches de son imprésario, tente de joindre sa mère par téléphone et constate qu'il n'y a pas de réponse à la maison. Elle s'inquiète de la situation et en fait part à René. Celui-ci demande à Céline de se rendre dans le hall d'entrée... pour y retrouver ses parents. Céline n'en croit pas ses yeux.

« On vient te fêter, ma fille », lui dit Thérèse en l'embrassant.

Touchante scène de famille qu'on peut facilement imaginer. La petite fille de Charlemagne, aux cheveux mêlés et aux dents de vampire, aura laissé le destin la porter jusqu'aux plus hautes marches du show-business. Et elle allait vivre le plus grand moment de sa carrière entourée, choyée, fêtée par ses parents.

« Nous ne pensions pas voir Céline aux Oscars, dit Thérèse Dion qui contenait mal ses émotions. Nous n'avons jamais douté du talent de notre fille. Nous savions qu'elle irait très loin mais de la voir, ici, dans le plus grand show de télévision au monde, c'est... nous sommes comblés. Céline a mis dix ans à monter l'escalier de la gloire et maintenant tout est permis. Mais sachez qu'elle n'a pas volé son succès. Elle a travaillé tellement fort. »

Thérèse en était à son premier voyage en Californie et elle découvrait Hollywood avec des yeux d'enfant. Son époux Adhémar était tout fier, pour sa part, de se laisser photographier avec le laissez-passer de la 64e édition de la soirée des Oscars.

Céline interpréta encore une fois *The Beauty and the Beast* en compagnie de Peabo Bryson devant des centaines de millions de téléspectateurs.

Au Québec, on a veillé très tard ce soir-là, par amour pour la petite Céline de Charlemagne ainsi que pour la fierté... je dirais nationale. Jamais une artiste du Québec ne s'était rendue si loin, si haut... dans un escalier d'Hollywood.

Et puis, le bon peuple du Québec avait bien eu raison de veiller si tard : la chanson-titre du film *The Beauty and the Beast* remporta l'Oscar de la meilleure chanson de l'année. Que demander de plus ?

Céline aurait bien mérité de célébrer longuement son anniversaire, et cette ultime récompense, dans la région de Los Angeles avec ses parents. Elle aurait mérité de vivre l'ivresse de ce moment unique dans une carrière, de se reposer, de reprendre ses esprits. En fait, les célébrations furent de courte durée puisque le lendemain on procédait au lancement de son deuxième disque anglophone, intitulé tout simplement *Céline Dion*.

Ce disque est mis sur le marché quelques heures après la soirée des Oscars, dans tous les pays du monde à l'exception de la France, afin de ne pas nuire à la diffusion de l'album *Dion chante Plamondon*.

Comment rejoindre le plus large auditoire possible lorsqu'on procède au lancement d'un album qu'on destine au monde entier ? En se faisant inviter au talk-show le plus populaire des États-Unis, le fameux *Tonight show* animé par Johnny Carson à l'origine, puis par Jay Leno qui a pris la relève. Pendant l'émission, on a répété plusieurs fois le slogan « Remember the name because you'll never forget the voice » (Notez bien le nom parce que vous n'oublierez jamais la voix).

L'album *Céline Dion* comprend treize chansons dont *The Beauty and the Beast, Love can move mountains, Little bit of love, Show me some emotion* ainsi qu'une autre composition originale qui intrigue plusieurs connaisseurs, *With this tear*. Cette chanson a été composée par Prince à la demande de Céline.

«Des fois, il faut oser faire les premiers pas, même si sincèrement je me disais que c'était impossible qu'il accepte, racontait la chanteuse. Deux semaines plus tard, je recevais une cassette et un petit mot. »

Par la suite, Prince et Céline ont échangé brièvement alors qu'il fut question de projets.

«Prince m'a raconté au téléphone qu'il avait fait entendre mon interprétation de sa chanson à des amis et que ceux-ci avaient été bouleversés. J'ai été très touchée et Prince m'a confié par la suite qu'il aimerait bien écrire d'autres chansons pour moi et qu'on pourrait peut-être chanter en duo. »

Il aurait été sûrement plus facile de créer un duo avec Michael Bolton, qui enregistre pour la firme Sony, tout comme Céline.

«Mais nous avons tellement de projets en tête. Je ne sais pas, je ne sais plus, tout est une question de temps », racontait Céline, toujours portée par un nuage.

Après toutes les récompenses qu'on venait de lui attribuer en quelques mois seulement aux États-Unis, voilà que son deuxième album destiné au marché international était reçu par la critique comme : «L'un des meilleurs albums "adult contemporary" depuis les vingt dernières années. »

Céline avait déjà participé à quelques émissions de télévision américaines avant 1992 mais, en cette année de rêve, elle jouira d'un « exposure » chez nos voisins du sud comme jamais dans sa carrière. On peut parler ici d'un exploit rarement égalé dans cette chasse gardée du show-business. En trois mois à peine, la chanteuse de Charlemagne a pris d'assaut l'imaginaire des spectateurs d'Amérique en associant son nom, son talent, son charisme à des réussites et à des promesses qu'on n'ose même plus compter. L'album *Céline Dion* se vendra à plus de quatre millions d'exemplaires.

La fée des étoiles n'a rien épargné pour combler celle qui pendant son enfance «vivait déjà sur une autre planète».

Céline profite donc de cette nouvelle notoriété auprès des Américains en multipliant les apparitions publiques et les entrevues dans différentes régions américaines.

Crise cardiaque de René

Au début de mai, elle doit se rendre à New York en compagnie de son manager, afin de poursuivre la tournée de promotion de son nouvel album *Céline Dion*. Le couple est joyeux et René en profite pour s'attarder longuement dans un restaurant d'Hollywood. Le repas est succulent, René fait bombance et Céline craint de rater l'avion.

«On a tout le temps, lui dit René, à Los Angeles les avions ne partent jamais à l'heure prévue.»

René avait raison. En arrivant à l'aéroport, ils constatent que le départ a été retardé.

«Tu vois ce que je t'avais dit», lance René.

Céline ne fait pas attention et regarde distraitement les gens pressés de Los Angeles qui marchent, qui courent encore et toujours. Subitement elle remarque que René se dirige vers un fauteuil. Il a posé la main sur sa poitrine et cherche son souffle. L'homme est replié sur lui-même et se berce sur un fauteuil fixe pour alléger la douleur. Comme un glaive qui lui transperce la poitrine. Le mal est insupportable.

Céline demande de l'aide et, sans hésiter, on le conduit en ambulance au *Cedars Sinai Medical Center* de West Hollywood. René sait très bien que c'est à cet endroit que les acteurs Michael London et Lucille Ball ont vécu les derniers jours de leur existence. Mais il ne pense pas à ça. Il veut vivre, survivre, recueillir finalement la moisson hollywoodienne après toutes ces années de travail et de sacrifices. « Non ! mais ça serait trop bête, se dit-il, de crever à un moment pareil. D'abandonner Céline. D'abandonner les enfants. »

Il a été admis aux soins intensifs pendant quelques jours. Par la suite, on le place dans une chambre privée où il peut recevoir ses proches. Le médecin de l'hôpital lui fait savoir, après avoir analysé son cas, qu'il doit demeurer à l'hôpital pendant au moins une semaine.

« Qu'est-ce qui te ferait plaisir ? lui demande Céline

— Les enfants ! Les enfants ! » répète René.

Céline rejoint sa mère et la mère de René pour leur annoncer la nouvelle. Elle communique également avec chacun des trois enfants de René, Patrick, Jean-Pierre et Anne-Marie, à qui elle demande de prendre le premier avion pour Los Angeles.

À Montréal, Ben Kaye, l'homme de confiance de René, qui prend la direction de la maison de productions Feeling pendant l'absence de celui-ci, déclare aux journalistes :

« Aujourd'hui (le 5 mai), les médecins font passer une batterie de tests à René. À cause des émeutes à Los Angeles, beaucoup d'examens et de tests ont été retardés. René est inquiet. Il n'a jamais été malade et ne voudrait pas apprendre qu'il a des artères bloquées ou encore que sa vie serait en danger par la suite. Au centre médical, il reçoit les meilleurs soins. Heureusement qu'il était assuré. On m'a dit qu'il en coûte 3 000 $ par jour, en devises américaines... mais l'argent, c'est pas important, la santé de René passe avant tout. »

Ben Kaye, ancien imprésario des « Baronets » à une autre époque et qui fait maintenant partie de l'organisation de René Angélil, oubliait que René avait souffert d'un malaise cardiaque dans le passé, après une partie de golf dans les Laurentides. René avait été tellement ébranlé qu'il s'était astreint à une diète et avait perdu près de quarante livres. Il s'était empressé de les reprendre. Et même un peu plus.

Céline demeure sous le choc pendant les premiers jours de l'hospitalisation de son manager, complice et amoureux secret. Elle se ressaisit cependant et décide de poursuivre la tournée, de ne rien annuler. René lui a répété tellement souvent que « The show must go on », qu'elle n'a pas voulu décevoir son maître à penser.

Elle se rend donc à New York et demande à sa mère de l'accompagner. Par la suite, elle ira en Angleterre et en France où la promotion l'attend, toujours en compagnie de sa mère.

« René a été traumatisé par l'accident qui vient de lui tomber dessus, rapporte Ben Kay. Cet homme n'arrive pas à dormir plus que deux ou trois heures par nuit. Il mange à toute vitesse, à tout moment de la journée, et ne fait pas très attention à lui. Il faudra qu'il change ses habitudes. »

À la grande surprise de tous, René changera radicalement ses habitudes de vie. L'homme qui entoure Céline d'une foule de représentants des médias, à chacun de ses déplacements, débarque à l'aéroport de Dorval à Montréal, incognito, le 18 mai 1992. Il a décidé de déléguer ses pouvoirs à des gens de confiance et demeure seul à la maison. Il se couche tôt, respecte la diète qu'on lui a imposée et se soumet à des exercices. Il est suivi de près par le Centre Épic de Montréal et s'y rend trois fois la semaine pour faire de la marche rapide ou de la bicyclette. René est méconnaissable. Il a encore perdu du poids et mène un vie rangée.

« J'ai été chanceux, raconte Angélil, et je remercie le bon Dieu. Grâce à l'intervention de Céline qui a tout pris en mains, qui avait le contrôle comme elle l'a sur la scène, on a pu m'hospitaliser tout de suite. C'est grâce à son sang-froid que je suis ici, aujourd'hui. En entrant à l'urgence, elle a crié tellement fort que les médecins ont rapidement réagi. J'ai de bonnes intentions mais je sais que la mémoire est une faculté qui oublie. Mais quand je regarde Céline, mes trois enfants, je sais que je n'oublierai pas. J'ai une grande responsabilité envers eux et je ne veux pas les quitter. »

Les propos de René prennent une allure dramatique. Et non sans raison. Il parlera d'un « accident de parcours » en cachant les véritables épreuves de sa vie personnelle comme il l'a toujours fait, mais en réalité René a pensé mourir. Il s'agit d'un deuxième signal d'alarme qui accable cette fois l'homme, maintenant âgé de cinquante ans.

Il ressent l'angoise d'un homme dont la vie est hypothéquée. Ses cheveux ont complètement blanchi depuis peu, et durant les dernières années il a souvent senti ses forces l'abandonner. Il ne tient plus la forme comme avant. Maintenant que Céline a définitivement percé le marché américain, maintenant que la célébrité lui semble acquise, René revoit ses valeurs.

Pendant quelques semaines, il se verra comme un vieillard devenu inutile et encombrant. Il mesure les années qui lui restent à vivre. Il a tout le temps de réfléchir pendant les premières semaines de juin. Céline voyage sans René en Suède, en Norvège, en Hollande et puis finalement à Paris. Elle est accompagnée de représentants de la maison Sony dont Vito Luprano qui s'occupe de l'organisation de la tournée.

C'est à cette période de la vie de René Angélil que ses rapports professionnels changent avec Céline. René a presque envie de dire « mission accomplie ». L'homme qui exerçait une emprise totale sur la carrière de la chanteuse, à ses début, se retrouve maintenant devant une artiste accomplie. Il aura beau avoir été le génie dans l'organisation de cette carrière, il faut bien dire que Céline ne lui a jamais fait faux bond. Elle a toujours été à la hauteur de ses aspirations... même les plus démesurées. C'est elle qui remportait les trophées et qui attirait les foules : pas lui.

René a souvent eu peur de perdre sa protégée. Il n'a vraisemblablement jamais oublié le comportement de Ginette Reno qui l'avait abandonné du jour au lendemain pour un nouvel amour.

On a remarqué, dans son entourage, un comportement que l'on prête habituellement aux amants jaloux, lorsque Céline tourne un vidéo-clip avec un partenaire beaucoup trop jeune et beaucoup trop beau. Il s'interpose rapidement et fait le vide autour de sa protégée. Pour des raisons professionnelles ou sentimentales ? Professionnelles sûrement.

Et puis, Céline n'est pas Mireille Mathieu. Elle ne peut plus l'être, en tout cas. Elle s'affirme progressivement et ses musiciens remarquent le perfectionnisme qu'elle impose lors de ses enregistrements ou sur scène.

« Avec les gens de Sony, je me suis arrangé pour avoir l'avant-dernier mot. Le dernier, c'est elle qui l'a », disait René. Au début de sa carrière, on disait qu'elle était tout le portrait de son père ; avec les années, Céline paraît disposer d'autant d'énergie que sa mère. À son tour, elle prend les choses en mains. Elle voyage beaucoup en juin et c'est à l'exposition de Séville que René compte l'accompagner, afin de prendre un peu de repos avec ses parents et ses enfants.

La gaffe de Séville

Le 26 juin 1992, Céline et René se rendent donc à Séville, en Espagne, participer à la fête du Canada dans le cadre de l'exposition universelle de Séville. Deux autres groupes québécois ont été invités par le bureau de l'exposition à participer aux festivités de cet événement international. Précisons que Céline a été invitée par le pavillon canadien. Nuance importante.

Lors du spectacle qu'elle a présentée dans la grande salle de l'exposition, Céline a interprété quelques extraits de son nouvel album, quelques chansons en français ainsi qu'un air de l'opéra *Carmen*. Céline parle également d'un ancêtre espagnol dans la généalogie de sa mère et jusque-là, tout va bien, l'opération charme réussit. Céline va même jusqu'à raconter qu'elle reviendra sûrement en Espagne chanter en espagnol, langue qu'elle apprendra, c'est juré.

Mais le journaliste du *Journal de Montréal*, Pierre Leroux, n'entend pas se farcir les clichés habituels de Céline et profite de cette veille de la fête du Canada pour la sonder sur une éventuelle séparation du Québec.

Céline n'hésite aucunement à donner ses couleurs :

« Évidemment, je suis contre toute forme de sépa-ration, je voyage beaucoup. Ce que je vois en Allemagne ou en Suisse (où il y a trois cultures qui vivent en harmonie tout en étant l'un des pays les plus riches du monde) me fait espérer que les gens vont s'entendre et me fait voir à quel point on a de la chance d'avoir deux cultures au Canada.»

À la suite de cette déclaration, Leroux mentionne le fait que «la p'tite Dion a grandi» et qu'il n'est pas question dans son cas de se réfugier derrière de faux-semblants, de fausses innocences et des paravents d'hypocrisie.

Céline enchaîne par la suite avec une belle conviction :

«C'est sûr que je ne connais pas beaucoup la politique... C'est sûr que cela me perturbe beaucoup... La seule façon de garder un pays fort et en santé, c'est le respect. Les gens ont peur, ils espèrent que ça (la séparation) n'arrivera pas. Et si ma participation à la fête de Séville peut faire quelque chose pour que ça aide, je serais contente, et si je peux faire autre chose, je le ferai», dit-elle en conférence de presse, au pavillon canadien à l'Expo 92.

«Autre chose» pourrait être une chanson enregistrée par elle et Brian Adams? «Rien n'est fait mais on s'en est parlé, révèle Céline. L'idée de la séparation nous paraît épouvantable à nous deux. Il se pourrait qu'on le fasse si c'est nécessaire.»

Cette déclaration a l'effet d'une bombe au Québec et Leroux rentre de Séville avec la satisfaction du devoir accompli. Il a ramassé un formidable scoop qui fera la manchette de son journal, le 1er juillet, fête du Canada.

Céline avait été piégée, fort habilement, il faut bien l'admettre. Il est évident, comme le mentionnait Leroux, qu'elle ne se cachait pas «derrière les paravents de l'hypocrisie» et qu'elle forçait l'admiration par sa franchise et son honnêteté. Mais Céline avait commis une bourde qu'on doit éviter à tout prix dans le monde du rêve, de l'harmonie, de la musique pour tous les goûts, tous les âges et toutes les tendances : elle avait formulé une prise de position politique.

Bien sûr que de nombreux artistes ont milité pour le retrait des troupes américaines lors de la guerre du Viêt-nam. Bien sûr que plusieurs de nos chansonniers ont ouvertement défendu la cause de l'indépendance politique du Québec. Mais les artistes américains dénonçaient une ingérence politique qui coûtait trop de vies humaines et les chansonniers québécois ne menaient pas la même carrière que Céline.

En observant les réactions très souvent négatives du public québécois à l'endroit de Céline, René devait sûrement penser à son idole Elvis Presley.

En conférence de presse à New York, au début des années 70, Elvis avait refusé de se laisser piéger par une journaliste qui lui demandait ce qu'il pensait de la guerre du Viêt-nam.

« Je ne suis qu'un amuseur public (*just an entertainer*), madame, et je ne veux pas faire de déclaration politique », avait-il dit sans sourire.

On ne vend pas un milliard de disques en s'aliénant une partie de la population. On ne demeure pas la plus grande star du Québec en choquant tout près de la moitié des Québécois qui ont voté en faveur de la souveraineté lors du dernier référendum.

Céline a pris conscience de la terrible gaffe qu'elle avait commise à Séville, durant les jours qui ont suivi cette fameuse rencontre de presse. À vrai dire, elle était complètement secouée par la réaction de certains médias et elle tentera de réparer les pots cassés lors d'une entrevue exclusive accordée à Suzanne Gauthier du même *Journal de Montréal*.

«C'est la dernière fois de ma vie que je parle de politique. Jamais plus je ne m'aventurerai sur ce terrain. Même ma mère m'a chicanée de l'avoir fait.

«Lorsque M. Leroux m'a demandé ma position sur la séparation du Québec, je lui ai répondu spontanément. Je n'étais pas préparée à ce genre de question, je n'avais pas envie de parler de ça mais je lui ai tout de même dit ce que je pensais.

«C'est certain que je suis contre la séparation. Je trouve que pour l'instant, on n'a rien à gagner en se séparant et s'il n'en tenait qu'à moi, il n'y aurait pas de frontières. Mais je suis pour le Québec et pour un monde meilleur. Je suis une Québécoise, fière de l'être et je me suis toujours présentée et affichée comme telle, peu importe où je me trouvais dans le monde. Je suis pour le respect de nos deux cultures.

«On a eu l'impression que je me portais à la défense du Canada. Ce qui n'est pas du tout le cas. Je ne suis pas une porte-parole du Canada. Nous avons même refusé de tourner un commercial pour le 125e anniversaire (du Canada). Je suis Québécoise et fière de l'être, que le Québec se sépare ou non.»

Ce qui a particulièrement blessé Céline, c'est la réaction de plusieurs Québécois outrés par ses propos, qui ont manifesté l'intention de jeter ses disques.

«Je ne veux pas que les gens jettent mes disques, demande Céline les larmes aux yeux. Je veux qu'ils les achètent et viennent me voir en spectacle. J'aime le monde et j'ai besoin qu'on me le rende.»

On a également affirmé que Céline Dion avait été «achetée» par le gouvernement canadien.

«Je ne suis pas "achetable". Et d'ailleurs, je n'ai pas vu le premier ministre canadien depuis le spectacle que j'ai présenté devant la Princesse Diana... Désormais je me contenterai de chanter et il n'est plus question d'enregistrer un duo avec Brian Adams à connotation politique. »

Mais il n'y a pas que la politique. Un autre événement vient perturber l'entourage de Céline Dion quand la famille de celle-ci, ainsi que les enfants de René Angélil, descendent de l'avion en provenance d'Espagne.

Des journalistes, qui attendaient depuis des heures à l'aéroport de Mirabel, se précipitent vers Céline et René et leur demandent directement :

« Alors c'est vrai ? Êtes-vous mariés ?

— Mais... qu'est-ce que c'est que cette histoire-là ? » répliquent en chœur Céline et René.

Les deux principaux intéressés ne laissent aucun doute en niant catégoriquement la rumeur.

« Mais qui donc a inventé une histoire pareille ? demande René.

— Vous êtes partis tous les deux avec des membres de votre famille et on a pensé que c'était pour célébrer votre mariage avec les vôtres, en toute intimité en Espagne, explique un journaliste.

— Ridicule ! » fait René qui n'entend pas à rire. Décidément, rien ne va comme il le souhaiterait dans le petit monde de Céline Dion. Il y a eu d'abord cette malheureuse déclaration à Séville et puis voilà que maintenant les douaniers lui font des misères, en exigeant qu'il déballe toutes les valises. René se remet à peine de son infarctus et éprouve d'énormes difficultés à manœuvrer des objets lourds. Et en plus, cette histoire de mariage. René avait espéré vivre une belle semaine de vacances en Espagne et voilà que les incidents fâcheux se multipliaient.

De plus, il fallait préparer en toute hâte la première tournée américaine de Céline. Elle devait débuter le 13 juillet à Los Angeles pour se poursuivre à Dallas, San Antonio, Houston, Miami, Atlanta, Washington, Nashville... une vingtaine de villes au total pendant une période d'un mois. Les Américains ne connaissent pas Céline en spectacle et René avait jugé prudent d'y aller, encore une fois, par étapes. C'est pourquoi il avait accepté que sa protégée fasse la première partie de la grande vedette américaine, Michael Bolton. Celui-ci attirait des foules considérables partout où il passait mais il faut bien dire que son auditoire était surtout constitué de jeunes femmes très sensibles à son charme, qu'on disait érotique.

« Je pense que j'aurais pleuré si j'avais entendu les gens réclamer Michael pendant ma partie du spectacle », confiait Céline.

En fait, ils n'ont jamais réclamé le chanteur sexy pendant que Céline chantait des extraits de son dernier album et des succès comme *Where does my heart beat now*. On lui a même accordé plusieurs ovations debout durant la tournée, ce qui se produit rarement en première partie de spectacle.

Un critique du *Miami Herald* affirme, après avoir vu la prestation de Céline :

« Lorsque cette chanteuse pourra disposer du matériel à la hauteur de son talent, elle deviendra une super vedette. »

De quoi vous faire redescendre les marches du grand escalier d'Hollywood. Les centaines de millions de spectateurs n'auront pas suffi, si j'ai bien compris. C'est maintenant sur le terrain que Céline doit se battre. Et puis, une autre bataille s'engage. Une dure bataille contre la peur.

Elle doit revenir au Québec le 14 août pour présenter son spectacle à Trois-Rivières dans le cadre des festivités du Grand Prix Player's de cette ville. Il s'agira du premier spectacle de Céline en sol québécois depuis un an.

« J'ai très hâte de me produire au Québec mais avec tout ce qui s'est passé, j'ai eu comme l'impression d'avoir perdu tout mon public. Je vais faire mon spectacle avec le même trac qu'à mes débuts. J'ai peur de voir la réaction du public de chez nous ».

Il faut croire que les gens n'ont pas tenu rigueur à Céline, puisque le spectacle a été accueilli avec beaucoup d'enthousiasme. Après une première partie assurée par Peabo Bryson, son partenaire dans *The Beauty and the Beast*, Céline a chanté ses derniers succès américains ainsi que des extraits de *Starmania* en hommage à Michel Berger, le compositeur de cet opéra-rock décédé peu de temps avant ce spectacle.

Céline poursuit sa série de spectacles au Québec et en Ontario, se produit au Parc des îles le 15 août, au Centre National des Arts à Ottawa les 17 et 18, à Québec les 21 et 22, à Toronto le 24 avec Ray Charles et à Chandler ainsi que Gatineau au début de septembre.

Partout, elle est accueillie comme « l'une des nôtres ». Céline a même tourné un clip pour le 350e anniversaire de la ville de Montréal. René Angélil tenait particulièrement à cette tournée québécoise. Surtout après cette malheureuse déclaration de Séville.

Pour sa part, Céline redoutait cette série de spectacles, mais René insistait et lui avait fait comprendre l'importance de renouer avec les siens. De faire face... à la musique.

L'effort de Céline n'a pas été vain puisqu'elle a pu constater l'affection d'un peuple qui en a fait sa princesse. Alors que la reconnaissance du public américain lui semble assurée, Céline parcourt la province et se comporte comme une enfant de la famille qui revient à la maison.

Si, à ce moment précis de sa carrière, elle avait négligé le Québec, sa déclaration de Séville aurait pris une plus grande ampleur et aurait été interprétée comme un désaveu des siens. Et c'est ce qu'il fallait éviter.

Mais au-delà de la stratégie de marketing, il y a ce lien privilégié qu'entretient Céline avec les Québécois. Céline appartient à un groupe très sélect de personnalités auxquelles ils s'identifient. Elle est aussi partagée sur ses liens avec le Québec et le Canada, elle est aussi hantée que la plupart de ses compatriotes par le rêve américain et elle doit apprivoiser la notion même de succès comme bon nombre des siens.

De plus, elle affirme toutes ses valeurs, ses ambiguïtés avec la même franchise que d'autres idoles, à d'autres époques, en d'autres domaines.

Mais Céline n'oublie pas le monde qui l'attend. D'abord l'Australie, le Japon où elle présente des spectacles en septembre, ainsi que la Suisse.

C'est dans ce dernier pays qu'aura lieu la convention internationale de la compagnie Sony. Céline y sera, en grande vedette cette fois avec ses musiciens. Il y a deux ans, elle avait interprété *Where does my heart beat now* lors d'une autre convention internationale de Sony qui avait eu lieu à Québec et qui lui avait permis d'amorcer sa carrière américaine.

Elle participe à la réouverture du Théâtre Capitole, à Québec, le 21 novembre 1992. Les journaux de la capitale québécoise parlent d'une « renaissance magistrale » alors qu'une centaine d'artistes dont Michel Sardou, Patrick Bruel, Alys Robi, Robert Charlebois et Céline Dion présentent un mémorable spectacle d'une durée de trois heures devant mille cinq cents personnes. Pour souligner les 90 ans d'existence du Capitole, on avait organisé un concours afin de déterminer quelle était la chanson du siècle. À une heure du matin, Céline met fin au suspense en interprétant avec toute son âme *Quand les hommes vivront d'amour*, une composition de Raymond Lévesque.

Céline devient par la suite la première artiste à présenter un spectacle en solo au Théâtre Capitole. L'événement a lieu les 23 et 26 novembre ainsi que les 1er, 2 et 3 décembre et on rajoutera même des supplémentaires en janvier 1993. Guy Cloutier a été à l'origine de la rénovation de cet édifice en y investissant personnellement 5 millions de dollars alors que le coût total de l'opération se chiffrait à 14 millions. D'autres intervenants, dont les différents paliers de gouvernement, ont participé au financement.

Il s'agit du projet le plus audacieux de la carrière de Guy Cloutier. L'investissement est énorme et l'imprésario, devenu producteur et homme d'affaires, constate que la rentabilité de son entreprise n'est pas évidente durant les premières années. Il a cependant redonné à la ville de Québec l'un des plus beaux morceaux de sa fierté. Le Théâtre Capitole est l'une des plus belles salles de spectacles du Québec. Il accueille depuis toujours les artistes de renom qui sont de passage dans la vieille capitale.

Céline, qui avait attiré plus de huit mille cinq cents personnes à l'Agora de Québec durant l'été, revient à l'automne présenter cette série de spectacles au Capitole par amitié pour Guy Cloutier et ses filles, Véronique et Stéphanie, ces dernières faisant déjà partie de l'entourage de Céline. René Angélil a bien été tenté d'investir dans le théâtre de son vieil ami, il a finalement préféré lui manifester son appui en libérant Céline afin qu'elle puisse se produire au Capitole lors des premiers jours de son ouverture. Celle-ci a présenté son spectacle devant des salles combles dans une atmosphère de fête.

Il faut dire que Céline est heureuse à cette époque, en particulier à l'automne 1992. Heureuse et déchirée à la fois par son bonheur. Elle est amoureuse et ne pourra plus cacher les sentiments qui l'unissent déjà à l'homme qu'elle a choisi pour la vie.

Cet homme, elle ne peut toujours pas le nommer.

« Oui, il y a quelqu'un dans ma vie, confie-t-elle à l'animateur Jean-Luc Mongrain, mais je ne peux pas le nommer. Je vis une passion avec un homme comme toutes les femmes de mon âge. »

Lors de la première émission *Tête à tête* animée par Lise Payette à l'automne 1992, elle confie qu'elle est amoureuse mais résiste, non sans larmes, à l'animatrice qui veut lui faire lâcher un nom.

On s'intéressera subitement à la vie privée de Céline à la fin de l'année 1992.

Agnès Gaudet suit l'évolution de la carrière de Céline Dion depuis ses débuts, elle est l'une des premières à aborder un sujet tabou jusque-là au sein du clan Dion. Le secret le mieux gardé de la famille et de l'organisation de Céline dirigée par René Angélil.

« Depuis quelques semaines, on a cru apercevoir une légère ouverture de la part de Céline au sujet de ses amours. Le mystère plane toujours mais on sait au moins maintenant que la chanteuse est "normale", écrit Mme Gaudet, qu'elle aime les soupers à la chandelle et les plaisirs d'être à deux. »

Lors d'une entrevue au *Dini Petty Show* sur les ondes de CFCF, Céline précise encore une fois qu'il y a bien peu de place dans sa vie pour établir une relation amoureuse « à moins que ce soit quelqu'un du métier pour qu'on puisse se voir ».

Agnès Gaudet ose finalement nommer celui à qui tout le monde pense.

« Soyons francs. On raconte que Céline est amoureuse de son gérant, René Angélil, depuis des années. Pourtant, jamais on n'a eu de preuves. Personne n'a osé parler, jamais on n'a réussi à les faire avouer. Leur différence d'âge pourrait évidemment être la clef du mystère ».

Devant le président des États-Unis

L'année 1992 s'achève alors que Céline apprend le 22 décembre qu'elle a été invitée à se produire à l'un des deux galas qui auront lieu dans le cadre de l'investiture de Bill Clinton à la présidence des États-Unis. Et c'est ainsi que l'année se termine là où elle avait commencé, sur les plus hautes marches du show-business américain.

Avant d'aller chanter toutefois pour le président des États-Unis et de vivre encore de fortes émotions, Céline éprouve le besoin de rentrer à la maison et de reprendre contact avec les siens pendant la période des fêtes.

« Je gâte mes petits neveux, mes nièces, mes sœurs et toute la gang. Mon gros cadeau de l'année, c'est d'être avec ma famille à Noël. On sera pas moins de soixante personnes autour de l'arbre. J'ai vingt-sept neveux et nièces et je suis marraine deux fois. On me demande souvent d'être marraine mais je ne peux pas prendre le contrat tout le temps même si j'aimerais ça. Les enfants, c'est tellement important dans ma vie. Je pense que je suis une maman-gâteau et que je pourrais tout leur donner. »

Le 19 janvier, après avoir offert quelques représentations supplémentaires au Capitole de Québec, Céline Dion se présente à un autre Capitole, celui de Washington où l'attendent le nouveau président et la jeunesse américaine.

Bill Clinton, qui est plus jeune que Mick Jagger des Rolling Stones, a ouvert les portes de la Maison-Blanche à la jeunesse américaine et à la musique rock, lors d'un gala spécial présenté à la veille de son entrée en fonction à titre de 42e président américain.

Les meilleurs musiciens et interprètes rock sont invités à la fête depuis Little Richard, Chuck Berry, de la première génération, jusqu'à Herbie Hancock, Michael Jackson, Fleetwood Mac et même Barbra Streisand. Céline chante *Love can move mountains* lors de la *Celebration for youth*. Cette prestation de cent quatre-vingt-treize secondes lui vaut les félicitations de la femme du président, Hillary Clinton, qui lui dit en coulisse : « Céline, you were fantastic ! » Pas de veine, le président avait quitté les lieux avant que Céline ne s'amène sur scène.

Mais cinquante millions de foyers américains ont pu voir et entendre la seule Canadienne invitée à ce gala de la jeunesse. Vêtue d'une robe sexy, débordante d'énergie sur scène, Céline était accompagnée par l'orchestre de George Duke et appuyée par ses propres choristes.

Cette performance de Céline a particulièrement réjoui les gens de la compagnie Disney, qui avaient tenu à sa présence au prestigieux gala. Il convient de souligner encore une fois l'importance de Disney qui, après lui avoir ouvert les portes de cette fameuse soirée des Oscars, l'amène au prestigieux gala présidentiel. Ce n'était pourtant pas évident pour certains organisateurs de ce gala qui ne voyaient pas d'un bon œil la présence d'une Canadienne dans un spectacle *All-American*. Disney a insisté et plus particulièrement Debbie Genovese, qui a été la principale responsable de la participation de Céline au grand événement.

De toute évidence, Disney et Céline vivent une lune de miel. On l'invite déjà à participer à une émission spéciale où elle partagera la vedette avec Michael Bolton et Pattie Labelle, le 16 février, sur les ondes du Canal Disney. Mieux encore, on veut lui consacrer une émission spéciale d'une heure qui sera tournée à Québec.

Et de nouveau, le tourbillon reprend alors que Céline doit participer au talk-show de Arsenio Hall le 21 janvier, avant de se présenter à l'American Music Awards le 25 du même mois.

À la 20ᵉ édition de cet événement, Céline est alors en nomination pour trois prix récompensant les ventes de l'industrie du disque et la mise en ondes de diverses productions.

Mariah Carey, en nomination pour six prix, remporte finalement celui accordé à la meilleure chanteuse pop-rock de l'année. Michael Bolton, avec qui Céline a partagé la scène lors de sa première tournée américaine, s'est imposé au titre de meilleur artiste dans la catégorie «musique contemporaine pour adultes». L'Albertaine K.D. Lang remporte le trophée accordé à la découverte de

l'année et Michael Jackson se voit honoré tout spécialement en recevant un prix pour l'ensemble de sa carrière
des mains d'Elizabeth Taylor. Céline est toujours éblouie
par tous ces personnages et se comporte ce soir-là en
véritable groupie. Elle veut voir toutes ses idoles,
remarque tout particulièrement la petite taille d'Elizabeth
Taylor, s'entretient avec Michael Jackson, qui lui remettra
un de ses chapeaux, et elle s'en retourne bredouille.

Mais ce n'est que partie remise puisqu'elle est en
nomination dans trois catégories pour les fameux
Grammys qui seront remis au Shrine Stadium de Los
Angeles, le 24 février.

Quelques heures avant l'événement, Céline se repose
dans sa chambre d'hôtel et confie aux journalistes qui ont
réussi à la joindre au téléphone :

« Franchement, je ne m'attends pas à gagner un
Grammy. Et ce n'est pas si grave : juste le fait d'être en
nomination, c'est un exploit, dit-elle. Les gens avec qui je
suis en compétition sont de haut calibre. »

En effet. Dans la catégorie « chanteuse pop de
l'année », rien de moins qu'Annie Lennox, Mariah Carey,
Vanessa William et K.D. Lang. Dans la catégorie « duo
groupe pop vocal de l'année », Céline et Peabo Bryson sont
en compétition avec Genesis, George Michael et Elton
John, Prince and The New Power Generation ainsi que
Patty Smith et Don Henley. Dans la catégorie « album de
l'année », on accorde toutes les chances à Eric Clapton.

Lors de cette cérémonie, Céline ne sera pas la seule
Québécoise sur scène puisque des artistes du Cirque du
Soleil présenteront un numéro d'acrobatie.

« Je suis contente de la présence de mes compatriotes,
confiait Céline à des journalistes canadiens et américains.
Il était temps que les Canadiens et Québécois recon-

naissent qu'ils ont du talent et acceptent de tenter leur chance à l'extérieur.

«Ce n'est pas parce que nous ne sommes pas satisfaits chez nous, mais nous voulons aller plus loin. La fierté, ça se communique. Moi, quand je vais en dehors de mon pays, je pars avec le bagage que les gens m'ont donné.»

Et c'est avec ce bagage que Céline devient ce soir-là la première Québécoise à remporter un Grammy pour «le duo ou groupe vocal pop de l'année» avec, évidemment, la chanson principale du film *The Beauty and the Beast*. «Un rêve qui se réalise», dit-elle. Un autre.

C'est la Canadienne K.D. Lang qui lui a «volé», écrit-on dans les journaux, le Grammy accordé à la chanteuse de l'année. Tel que prévu, Eric Clapton a été la vedette de la soirée, en remportant les meilleurs prix avec son album *Unplugged*.

«Je suis sous le choc, dit Céline en tenant son petit gramophone doré dans ses mains. Il faut que j'appelle ma mère...

«J'étais à Aruba avec ma famille et celle de René quand il m'a appris que j'étais en nomination pour un Grammy, poursuit Céline. Il me l'a annoncé avec des larmes aux yeux. C'était important pour moi et pour lui, d'être ici. Nous étions en vacances, au tout début de janvier et on ne parlait que des Grammys. Je suis native de la ville de Charlemagne au Québec et quand j'étais petite, je regardais la cérémonie des Grammys à la télévision et je disais à tout le monde qu'un jour, je serais là... Pour moi, être ici, c'est faire partie de la famille du show-business, c'est être acceptée, reconnue.»

Il faut préciser ici qu'un Grammy représente la meilleure carte de visite pour une artiste qui veut faire une longue et belle carrière aux États-Unis. C'est une consécration qui équivaut à un Oscar pour l'acteur ou l'actrice. Céline Dion ne sera plus jamais une inconnue aux États-Unis. Elle aura gravé son nom sur un Grammy tout comme les plus grands artistes de la musique aux États-Unis.

Au tour maintenant du Canada de rendre hommage à la chanteuse la plus populaire du pays.

C'est le dimanche 27 mars qu'on présente au O'keefe Center à Toronto le gala des Junos, l'équivalent anglais de l'ADISQ québécois. Avant même que la soirée ne débute, Céline est accueillie comme une reine. À Toronto, on la surnomme « Sweet Celeen »... le secret le mieux gardé du Québec. Elle a déjà remporté, à deux reprises, le Juno de l'interprète féminine de l'année et elle est en nomination dans sept catégories. Comme si cela ne suffisait pas, la chanteuse de Charlemagne qui ne savait pas s'exprimer en anglais, il n'y a pas si longtemps, anime le gala... en anglais, en plus d'interpréter deux chansons.

C'est beaucoup pour une jeune femme qui souffre d'une bien mauvaise grippe et qui a appris son texte, couchée dans un lit, accablée par une forte fièvre. Et pourtant, le soir venu, Céline remporte quatre Junos, récolte sans précédent dans l'histoire de cette soirée des Junos, retransmise par la télévision d'un océan à l'autre.

En plus d'être l'interprète de l'année pour une troisième année consécutive, d'avoir enregistré le 45 tours de l'année *Beauty and the Beast*, Céline remporte le prix du meilleur enregistrement « dance » avec *Love can move mountains* et celui du meilleur album d'expression française avec *Dion chante Plamondon*. K.D. Lang remporte trois Junos : d'abord pour le meilleur album de l'année, puis le compositeur de l'année et le producteur de l'année. Leonard Cohen, d'origine montrélaise, reçoit le prix du meilleur interprète masculin de l'année. Le Québec n'a jamais été autant choyé à la soirée des Junos alors que Julie Masse remporte le prix de l'interprète féminine la plus prometteuse.

Céline est tout simplement remarquable sur la scène du O'keefe Center. Sa simplicité, son naturel lui attirent la sympathie du public et l'hommage qu'elle rend, ce soir-là, à la chanteuse Ann Murray, inscrite au Temple de la Renommée après 25 ans de carrière, est fort touchant.

Lorsqu'elle reçoit son trophée pour la chanteuse de l'année, Céline n'oublie pas le Québec et la famille et dit en français : « Popa pis moman, j'vous aime au boutte ! » On n'a pas vraiment compris dans la salle du O'keefe Center à Toronto mais, au Québec, on a retrouvé la petite fille de Charlemagne qui ne veut jamais cesser de l'être tout à fait.

En somme, c'est le triomphe de Céline, en cette soirée des Junos. Peut-être un peu trop, selon certains critiques du Canada anglais.

« Trop, c'est trop. Elle est surexposée et on n'aurait pas dû lui faire animer le gala », opine Paul Kelly du mensuel *National Chart*.

Ce triomphe aux Junos est également celui de René Angélil.

« Un artiste qui veut faire carrière en dehors du Québec et de la France doit passer par là, dit-il. En 1987, la carrière de Céline a pris une nouvelle tournure quand elle a chanté *Just have a heart* à la soirée des Junos. J'avais fait traduire une chanson de l'album *Incognito*, originalement intitulée *Partout je te vois*. Le lendemain, je recevais des appels de toutes les compagnies de disques et c'est à ce moment qu'on a négocié gros avec CBS. »

Les fiançailles

Le 30 mars 1993, l'interprète la plus prometteuse de l'Amérique fait place pendant quelques jours à la femme... amoureuse. Si la chanteuse a célébré son vingt-quatrième anniversaire de naissance en montant les plus hautes marches de l'escalier du monde du spectacle à Hollywood, lors de la soirée de la remise des Oscars, la femme célèbre ses vingt-cinq ans en se fiançant, dans le plus grand secret, à l'homme qu'elle aime depuis tant d'années, René Angélil. Toutes les précautions ont été prises afin de ne pas ébruiter cette promesse d'union.

Céline, la femme, remporte en ce soir de fête l'une des plus grandes victoires de sa vie. À dix-neuf ans, elle savait déjà que René lui était destiné. Elle avait changé de look en pensant à lui d'abord, à son public par la suite. Elle avait voulu lui faire oublier l'enfant qu'il avait découverte pour lui proposer une femme plus sexy, aguichante et lan-goureuse.

Il semble que ce soit Céline qui ait pris l'initiative d'établir une nouvelle relation avec René alors qu'elle atteignait la vingtaine.

« Il m'a fallu presque un an avant d'accepter cette idée. J'ai dû lutter contre moi-même pendant tout ce temps avant d'admettre cette nouvelle relation », racontera plus tard René Angélil.

Céline n'a jamais hésité à aimer l'homme qu'elle avait choisi. Elle n'avait jamais été sérieusement attirée par un partenaire de son âge et considérait comme tout à fait normal son attirance pour un homme de vingt-six ans son aîné.

« Je n'ai pas eu d'adolescence et j'ai laissé une bonne partie de ma vie dans les avions et les salles de répétition :

il n'est pas question que je passe à côté de l'amour», confiait Céline à l'une de ses amies.

Elle n'a pas laissé passer l'amour et a réussi à convaincre René de vivre en couple au début de l'année 1990 et d'admettre leur union. Les membres de la famille Dion ainsi que ceux de la famille Angélil étaient évidemment au courant de la relation amoureuse qui se nouait entre Céline et René.

« Je me suis vite aperçue qu'elle était amoureuse de René, dira la mère de Céline. Il n'y avait rien à faire, c'était l'homme de sa vie. »

René, toujours hanté par l'image médiatique de Céline, craignait plus que tout au monde de dévoiler un secret qui pouvait détruire des années de travail. Il se voyait déjà traité de Pygmalion à la une de tous les journaux. Il voyait les médias fouiller dans sa vie privée et faire réapparaître toutes les femmes de sa vie. Il se souvenait qu'à une autre époque les artistes devaient cacher leur mariage pour sauvegarder leur popularité.

René avait accepté de vivre cette relation amoureuse avec Céline à la condition que jamais elle ne fût rendue publique. L'homme n'en démordait pas. Il fallait attendre. Quand Céline aurait vingt-cinq ans, la différence d'âge lui semblerait moins dramatique et elle serait sûrement plus acceptable aux yeux du grand public. Et puis, les années auront soudé Céline et René. Le rapport de force entre eux a considérablement changé. Le rapport père-fille n'aurait jamais pu tenir aussi longtemps. Avec le temps, la chanteuse et son imprésario sont devenus complices, aussi démesurés l'un que l'autre. Céline a toujours vécu sur une autre planète et, un bon jour, elle a découvert que cette planète n'était habitée que par un seul homme, qui parlait le même langage qu'elle. René était, depuis les débuts de leur rencontre, la seule personne qui pouvait lui permettre de retrouver son équilibre. Sans lui, Céline pensait qu'elle était une femme perdue, qui n'allait jamais réaliser ses rêves.

Le jour des fiançailles, René demande à Céline d'user de patience et d'attendre le meilleur moment pour faire connaître leur amour à la terre entière. Le temps d'achever le prochain album.

Jusque-là, Céline doit présenter une série de spectacles au Canada et aux États-Unis, portée par la reconnaissance internationale que lui ont value ses derniers prix.

On peut mesurer cette popularité par le rythme de la vente des billets pour les trois spectacles qu'elle doit présenter dans le nouveau Théâtre du Forum, à Montréal. Les seize mille cinq cents billets pour les spectacles des 2, 3 et 4 avril 1993 se sont envolés en moins de cinq heures, et on ajoute des représentations supplémentaires les 6 et 7 avril.

Avec ses cinq mille cinq cents places, le Forum peut recevoir des artistes d'envergure tout en créant une certaine intimité. Qui de mieux que Céline Dion pour briser... la glace du temple du hockey?

Elle revient donc sur les lieux mêmes où elle avait célébré ses dix ans de carrière, le 11 juin 1991. Les critiques, qui ont assisté au nouveau spectacle de Céline, ont constaté l'évolution de la chanteuse.

Mon confrère de *La Presse*, Alain Brunet, qui raconte Céline mieux que personne au Québec, commente la performance de la chanteuse en ces termes :

« Céline donne moins l'impression de réciter ses leçons et d'aligner ses influences vocales comme on fait une peinture à numéros.

« Ajoutons que la chanteuse a gagné en présence et en style, affichant une personnalité vocale plus nuancée.

Qu'on blaire ou non cette approche pop, on peut néanmoins affirmer que Céline n'a plus l'air d'une courtepointe d'évidences... Céline ne s'approprie pas toujours convenablement les classiques qu'elle interprète... L'artiste peut beurrer trop épais, voire exhiber ses indéniables potentialités vocales au détriment de l'esprit d'un texte ou d'un *mood* musical, mais soulignons au demeurant qu'elle a fait beaucoup de progrès à ce titre... mais elle génère une telle fierté dans le grand public québécois que toute considération esthétique sur son art peut être perçue comme de la mesquinerie. »

Brunet conclut en nous rassurant sur les bonnes intentions de Céline qui « cherche sincèrement à ouvrir ses horizons créatifs ».

Mort de Karine

Lors d'une représentation supplémentaire du spectacle de Céline Dion le 6 avril au Théâtre du Forum, on remarque près de la scène une adolescente, installée dans un fauteuil roulant avec un contenant d'oxygène sous le bras. L'adolescente de seize ans, qui est manifestement très affaiblie, assiste pour la dernière fois de sa vie à un spectacle de Céline Dion. Karine Ménard n'a plus beaucoup de force. Elle a insisté pour voir sa tante sur scène avant « de rejoindre un monde de lumière ».

La jeune fille est entourée de deux infirmières et du Dr Chazal Paradis pendant la représentation. Il n'y a pas de spectatrice plus attentive que la nièce de Céline qui vient chercher les dernières forces de survie, la dernière image de la gloire de Céline, qu'elle emportera au paradis.

Karine respire difficilement, souffre beaucoup trop et a finalement accepté sereinement la mort après une lutte qui dure depuis sa naissance. Peu de temps auparavant, elle avait perdu conscience subitement à l'hôpital et il avait fallu la réanimer. Elle avait raconté, après avoir retrouvé ses sens, qu'elle avait vu la lumière et qu'elle voulait rejoindre ce monde paisible et lumineux qui lui enlèverait ses souffrances.

Après une dernière représentation supplémentaire au Forum, Céline poursuit sa tournée au Canada et aux États-Unis, en demeurant en contact avec Liette, la mère de Karine. À la fin du mois d'avril, Céline éprouve un curieux pressentiment à Los Angeles et prend le premier avion pour Montréal. Elle se rend à l'hôpital Sainte-Justine, au chevet de Karine qui est au plus mal.

Le soir du 2 mai 1993, une infection bronchique chronique achève Karine qui s'éteint doucement dans les bras de Céline. Une longue bataille de seize ans prenait fin. Dans son cercueil, Karine semblait soulagée et ne laissait voir aucune trace des souffrances qu'elle avait subies pendant toute sa vie. Céline partageait ce soulagement, même si elle perdait l'être qui la ramenait constamment aux valeurs essentielles de la vie. Elle perdait sa plus grande source de motivation. Depuis les débuts de sa carrière en 1981, Céline avait été associée à la fibrose kystique à titre de marraine de l'Association québécoise. Depuis le début de l'année 1993, elle avait étendu son action dans tout le pays en devenant marraine de la Fondation canadienne de la fibrose kystique.

Céline y puisait sa force, ses énergies et une certaine rage de vivre et de survivre à toutes les épreuves de l'existence. Karine avait été une inspiration pour elle, par son honnêteté, par sa franchise et sa rigueur face aux choses de la vie. Karine n'acceptait jamais les compromis, les détours, les faux-semblants. Cette jeune fille éprouvait un besoin constant de vérité, d'authenticité et d'amour vrai parce qu'elle n'avait que peu de temps. Il lui a fallu vieillir très vite, s'assagir à l'âge des folies, donner rapidement un sens à sa vie et à sa mort, qu'elle savait imminente. Elle avait d'ailleurs tout lu sur l'évolution de la fibrose kystique et savait que tous ses organes vitaux allaient être rongés par cette maladie qui ressemble à un cancer.

Elle a accepté sa mort tardivement, quand elle eut compris que sa lutte était inutile. Il lui avait fallu autant de courage pour accepter la mort que pour la combattre. Céline a admiré sa petite nièce Karine tout au long de son interminable combat.

Au salon funéraire de Laval, où Karine est exposée, on retrouve la famille Dion au grand complet ainsi que bon nombre de journalistes qui attendent les commentaires de Céline et de Liette, la mère de Karine.

C'est Céline qui informe les gens des médias qu'il n'y aura aucun commentaire ni aucune photo permise au salon.

«Ma sœur Liette m'a fait part d'un testament que ma nièce Karine a laissé et dans lequel elle demande qu'aucun photographe ne soit présent au salon funéraire et qu'aucune entrevue ne soit donnée ce jour-là. Alors, je vous demande de m'excuser car je dois respecter la volonté de ma nièce. Je vous avoue que j'aimerais mieux vous parler de tout ça et que ça me libérerait, mais je dois m'incliner.»

À l'extérieur du salon, un service d'ordre très rigoureux veillait à ce qu'aucun photographe ne puisse avoir accès au salon. Le mercredi 5 mai, la famille Dion fait ses adieux à Karine lors d'une messe funéraire qui a lieu à la chapelle de l'hôpital Sainte-Justine. Karine Ménard sera incinérée.

Dès le lendemain, Céline fait savoir publiquement qu'elle n'abandonnera pas les enfants atteints de la fibrose kystique et qu'elle poursuivra ses activités à l'intérieur de l'association qui veille sur eux.

« The show must go on » toutefois. Et Céline reprend la route en direction du Nouveau-Brunswick afin de reprendre les spectacles qu'elle avait dû annuler lors du décès de sa nièce. Elle retourne ensuite dans les studios de Los Angeles où elle prépare un album particulièrement attendu. Elle n'a jamais mis autant de soins, de rigueur, d'acharnement à préparer un album. Au fil des ans, elle est devenue une perfectionniste qui peut recommencer vingt fois l'enregistrement d'une chanson. Très souvent, on l'a vue retenir ses musiciens jusqu'aux petites heures du matin afin d'obtenir le son, l'ambiance, l'homogénéité qu'elle recherchait.

En août on apprend qu'elle a enregistré *The color of my love*, une composition du producteur en titre de Céline, David Foster. Celui-ci avait composé cette chanson pour son épouse lors de son mariage. Jusque-là, il avait toujours refusé de la céder même à Whitney Houston ou à Nathalie Cole. Cette chanson lui appartenait et revêtait à ses yeux une signification spéciale. Elle était sa chanson sacrée. Et pourtant il l'a donnée à Céline comme s'il s'agissait d'un cadeau. On comprendra la raison de son geste, un peu plus tard, au courant de l'année. Pour l'instant, il dirige la production de cette chanson et Céline y est entourée de cinquante musiciens.

Pendant ce temps, un journal français annonce que Céline se serait fiancée. Un autre lui fait dire qu'elle se mariera l'année suivante. Sûrement des rumeurs qui circulent dans les foyers québécois.

En septembre, Céline revient à Québec, une ville qu'elle semble apprécier tout particulièrement, et elle remonte sur la scène du Théâtre Capitole afin de présenter deux spectacles les 7 et 8 septembre. Mais attention ! Cette fois, elle chantera pour les besoins d'un film que les Américains tourneront sur sa vie et sa carrière. C'est encore la compagnie Disney qui est à l'origine de ce projet et qui présentera ce documentaire d'un heure et demie, sur la vie de Céline, à travers le réseau Disney en février. Au Canada, on présentera une version d'une heure, le 5 décembre, sur le réseau CTV.

Céline a choisi elle-même la ville de Québec pour le site du tournage et personne ne s'en plaindra. Le réalisateur américain Tony Greco a rapidement repéré le chateau Frontenac, la Place Royale et le Petit Champlain pour y tourner les principales scènes. Céline chantera sept ou huit extraits de son prochain album et s'exprimera surtout en anglais. Une petite exception pour une chanson qu'on fera revivre, *Ce n'était qu'un rêve*, le tout premier enregistrement de la chanteuse. Le documentaire est produit par la compagnie Paragon de Toronto. Les deux mille cinq cents billets des deux spectacles de Céline se sont vendus en moins de deux heures. On parle d'un budget imposant pour le tournage du film et René Angélil informe les journalistes que c'est la première fois qu'un réseau américain achète une émission spéciale sur une chanteuse canadienne avant même sa réalisation. Pourquoi tant d'égards à l'endroit de la chanteuse québécoise ?

« Parce que Céline, c'est le futur ! » affirme Tony Greco, le réalisateur du film, lors d'une conférence de presse.

Le contrôle de l'information

En novembre, tous les médias sont mobilisés afin d'assister au lancement du nouvel album de Céline Dion. On ne peut plus douter maintenant de la place qu'elle occupe sur l'échiquier du show-business international. C'est une place de choix, à la toute première rangée, en compagnie des Whitney Houston, Mariah Carey, Nathalie Cole qui se disputent les Grammys, les Oscars et les couronnes de reines du marché dans leur pays ou à l'étranger.

Céline et René n'ont plus rien à quémander ou à mendier. Le couple est déjà royal au Québec et se comporte comme tel. Céline, la bonne reine, et celui qu'elle fera bientôt roi, imposent déjà leurs royales volontés.

Le lancement de l'album *The colour of my love* (on remarquera l'orthographe britannique du mot *colour* écrit *color* aux États-Unis) a lieu au Métropolis, le lundi 8 novembre 1993. On refusera l'accès à la moitié des deux mille personnes qui s'agglutinent aux portes de la plus célèbre discothèque du Québec. On autorisera deux stations de télévision à couvrir l'événement : Musique Plus et Télévision Quatre Saisons, expliquera René, plus tard. De plus, l'événement est diffusé en direct sur les ondes de quatre stations radiophoniques : CKMF, CITÉ Rock Détente, CKOI et CFGL.

«C'est comme un débat politique ou une soirée d'élection», observe un membre de la direction d'une station radiophonique.

Pendant la soirée, Céline interprète sept des quinze chansons de l'album. Lorsqu'elle interprète *Misled*, Céline est bien installée sur le capot d'une rutilante Bugatti. Rien de trop beau, rien d'impossible en cette soirée d'émotions et surtout de grande révélation.

C'est écrit, de la main de Céline, sur la pochette de l'album : «René, depuis plusieurs années je garde notre rêve merveilleux au plus profond de mon cœur, mais c'est devenu trop puissant pour rester en dedans de moi... donc après toutes ces années, permets-moi de dire la vérité, de montrer mes sentiments et de dévoiler comment je me sens, de le rendre complètement réel... René tu es "The colour of my love".»

Lorsqu'elle chante la chanson-titre de ce disque dédié à l'homme qu'elle aime, Céline se permet, pour la première fois de sa vie, devant les réflecteurs et les caméras, d'embrasser l'homme qu'elle aime, René Angélil. René pleure, Céline également, et on peut entendre un tonnerre d'applaudissements. Les flashes des caméras crépitent et ces photos feront le tour du monde.

Après la prestation de Céline, on accorde une période de questions de cinq minutes aux nombreux journalistes sur place. Pas plus de cinq minutes et pas plus de trente minutes pour les entrevues télévisées.

C'est finalement un journaliste anglophone qui ose la véritable question : «Pourquoi avoir choisi d'annoncer maintenant votre relation amoureuse?»

«Je n'ai plus quatorze ans, j'ai vingt-cinq ans, répond calmement Céline. Il y a un temps pour chaque chose et je ne pouvais plus garder ce secret plus longtemps. Ça n'a rien à voir avec une quelconque publicité. Je suis assez vieille maintenant pour avoir le droit d'être amoureuse. Il était à peu près temps qu'on l'annonce. Quand deux êtres humains s'aiment *au boutte*, c'est très pénible de ne pas pouvoir se promener main dans la main en public. J'aime un homme et un homme m'aime. C'est tout.»

Après cette trop courte séance de questions qui frustre bon nombre de journalistes, on met fin à la soirée *Céline Dion* qui s'est déroulée sans anicroches. Le spectacle a été parfait et on annonce, quelques jours plus tard, la vente de plus de cinq cent mille exemplaires de l'album *The colour of my love* dont six titres contiennent le mot «love». Décidément un album d'amour.

Il fut d'ailleurs beaucoup plus question d'amour que de musique et de réussites techniques durant le lancement. Et pourtant, de l'avis de plusieurs, il s'agit du meilleur album de Céline sur le plan technique. Il a été produit sensiblement par la même équipe qui a œuvré au précédent album, avec David Foster, Walter Afanasieff, Guy Roche et Aldo Nova.

Mais on a tout oublié pour assister aux premiers épanchements publics du couple de l'heure au Québec. Une histoire d'amour qui enflamme l'imagination du grand public.

Bon nombre de gens des médias font savoir qu'ils étaient au courant de cette relation : «C'était un secret de polichinelle», affirment plusieurs d'entre eux.

Curieusement, personne n'a osé publier l'information. Le secret de Céline a été protégé pendant des années par l'ensemble des médias du Québec. Comment peut-on expliquer une pareille discrétion?

De toute évidence par un contrôle incessant de l'information au sein de l'équipe que dirige de main de maître et de fer le tout-puissant imprésario René Angélil... dans un gant de velours évidemment.

Et on en verra toutes les manifestations dans les années qui vont suivre. Il suffit d'une mauvaise blague sur le compte de Céline ou d'un commentaire désobligeant de la part des animateurs André Arthur ou Pierre Pascau pour que René prenne le téléphone et parte en guerre contre tous ceux qui n'ont pas la foi. Non! Céline n'a pas rencontré le pape pour des fins publicitaires! Non! elle n'a pas dévoilé son amour pour mousser la vente de son disque. Non! elle n'a pas refusé un Félix en 1989... pour «voler» le show, le soir du gala, alors qu'on aurait pu s'entendre avant la fameuse soirée.

Le grand public, celui qui n'a pas à se battre constamment pour obtenir des entrevues exclusives ou des scoops de l'entourage de Céline, semble beaucoup plus critique que la plupart des journalistes.

Lors de l'émission radiophonique *Vedettes en direct*, les auditeurs se sont prononcés sur l'histoire d'amour de Céline et René. Précisons que cette émission quotidienne, animée par Serge Bélair, est la seule qui se consacre exclusivement au monde artistique parmi les diffuseurs du Québec.

Dans l'ensemble, les réactions sont plutôt négatives et ne manquent pas d'intérêt. Je vous en livre quelques-unes :

«Tout ce que fait Céline est en fonction de sa publicité et de ses bénéfices. Elle est programmée et on lui dit quoi faire. L'avez-vous vu dans un gala sans faire une *plug*? »

«Céline a pris la place d'Anne Renée qui avait tant fait pour cet homme. On ne bâtit pas son bonheur sur le malheur des autres. »

«Pauvre p'tite fille, elle s'est fait avoir. Elle ne pouvait tomber amoureuse de personne d'autre, il n'y avait que lui dans son entourage. Les jeunes femme marient les vieux normalement pour leur argent, mais c'est elle qui a l'argent. »

«J'envie un peu Céline. René est beau comme un Dieu. Je suis heureuse que les journaux aient respecté le secret de Céline et René. »

«Moi ce qui me chicote, c'est de savoir qui est si puissant pour faire taire une nouvelle comme celle-là. Céline ou René? Les journalistes ne se gênent pas pourtant avec les autres artistes.»

«Ils feront bien ce qu'il voudront, moi ce je j'aime, c'est d'entendre Céline chanter. Elle sera toujours la meilleure chanteuse.»

Qu'on soit d'accord ou pas avec cette union, l'histoire d'amour de Céline et René passionne la province en ce triste novembre et les journaux font leurs choux gras de tout ce qui entoure Céline et sa famille. On accorde même beaucoup d'espace à maman Dion qui lance, par la même occasion, ses fameux petits pâtés en association avec la compagnie torontoise Maple Leaf. En fait, l'entente avec Maple Leaf avait été conclue le 4 novembre mais... pourquoi ne pas profiter de cette soirée de lancement, alors que tous les membres de la famille sont réunis autour de Céline? Ces petits pâtés feront le régal des affamés mais aussi des humoristes qui s'en moqueront pendant longtemps. Ils ignorent sûrement qu'on aura vendu pour plus de deux millions de dollars de ces petits pâtés, huit mois seulement après les avoir mis sur le marché. Paul, le fils de Mme Dion, avait eu l'idée de commercialiser les pâtés que lui préparait sa mère.

—

Il n'est pas étonnant qu'on puisse vendre autant de pâtés lorsqu'on exerce un tel pouvoir sur les appareils médiatiques. Lorsqu'on jumelle la promotion d'un album à celle des pâtés, on peut faire avaler n'importe quoi à certains journalistes. Même cas lorsqu'il s'agit d'un autre album en 1983 et d'une première biographie de Céline.

Du bon marketing, diront certains, mais au détriment de l'information, diront les autres.

Depuis le début de la carrière de Céline Dion, René Angélil est parvenu à exercer un contrôle sur les médias, comme aucun imprésario d'artistes du Québec n'avait réussi à le faire avant lui.

Non seulement il a muselé toute la presse spécialisée sur ses rapports amoureux avec Céline pendant les années qui ont précédé ses fiançailles, mais il a également parfaitement tenu dans l'ombre Paul Lévesque, le premier imprésario de Céline. Il ne s'agit pas d'évaluer les mérites du travail de ce dernier mais tout simplement de le nommer, de le reconnaître. Ce que n'ont pas osé les médias.

Après la grande révélation amoureuse médiatisée lors du lancement de l'album *The colour of my love*, on verra un peu plus loin dans ce livre toute l'ampleur de l'emprise de René. Celui-ci parviendra à imposer l'exclusivité de la couverture de son mariage avec Céline à tous les organismes d'information de ce monde. Y compris Quebecor. C'est avec la maison d'édition Trustar qu'il négocie sur des bases commerciales, comme nous le verrons, l'exclusivité du reportage-photos de la cérémonie et de la réception. Pourtant, il s'agit d'un événement public qui a lieu dans une église et qui suscite l'intérêt bien au-delà de nos frontières.

À quelques jours de Noël, en décembre 1995, René obtient, pour Céline, la manchette des principaux quotidiens du Québec avec une histoire à dormir debout. Il fallait sûrement posséder une grande maîtrise de l'art de la persuasion pour rassembler autant de journalistes autour de Mme Jeannette Caron, perdue à l'aéroport La Guardia, à New York. Cette bonne dame de soixante-seize ans était devenue la vedette du jour. Elle expliquait qu'elle avait été prise en charge par Céline et René, ses «anges gardiens», lorsque l'avion qu'elle devait prendre avait été immobilisé par une tempête de neige. Mme Caron a raconté en détail toutes les attentions du couple Dion-Angélil : la limousine, la suite qui a été mise à sa disposition, les repas en compagnie du célèbre couple.

«Un conte de fées pour nous et pour elle, prétendait Céline. Nous sommes devenues des amies. J'espère qu'on se reverra.»

Pas de nouvel album à annoncer, une tournée européenne qui se poursuit, nous rappelle Céline, mais surtout une belle image de générosité, de candeur, d'amitié bien préparée par René à sa descente d'avion. Une carte de Noël pour les Québécois, à la une de tous les journaux. Le public se fait bon enfant, dans le cas de Céline, surtout à l'approche des fêtes, et le scénario de René ne fait de mal à personne. Surtout pas à Jeannette Caron qui n'a pas l'habitude des contes de fées.

C'est également ça, le contrôle de l'information : la promotion d'une image, dans ce cas-ci idéale. Tout le contraire de certains groupes rock qui grimacent, utilisent des expressions ordurières et se font provocateurs devant les caméras. Toujours pour correspondre à une image. Voilà la véritable obsession de René Angélil.

À ses débuts déjà, il était soucieux de son image. Il s'est fait discret avec la presse au moment de son premier mariage. L'image de l'homme marié était plutôt incompatible avec celle du Baronet, idole de nombreuses jeunes filles de l'époque. De la même façon, il s'effacera lors de son divorce avec Anne Renée. Cette préoccupation le hantera toujours et peut-être même davantage avec Céline. Après la déclaration controversée de sa protégée à

Séville, il redoublera d'efforts pour assurer une présence massive de l'artiste au Québec et contrer ainsi les effets négatifs d'un tel aveu.

Récemment encore, une photo de Céline, parue à la une du journal *La Presse*, n'allait pas lui échapper. (Céline était au golf, sans artifice, et manifestait sa joie après un coup roulé.) Mécontent de l'image de Céline sur ce cliché, il a téléphoné au journal pour se plaindre.

Il va sans dire qu'on n'égratigne pas impunément l'image de Céline. Avis également aux biographes aventureux! Étant donné le net contrôle de l'information, dont j'ai déjà parlé, on ne peut pas prétendre que le couple Dion-Angélil facilite les choses.

Nathalie Jean l'aura appris à ses dépens. Elle a écrit, en toute bonne foi et avec beaucoup de respect, une biographie de Céline Dion, pendant une bonne partie de l'année 1996. Avant d'entreprendre l'histoire de Céline, cette jeune auteure, née en 1972, avait déjà publié *La Vraie Histoire d'Émilie Bordeleau* après quatre ans de recherches.

Une histoire de Céline qu'on ne pourra jamais lire. René Angélil a estimé que son manuscrit n'était pas « conforme à l'image de Céline ». Il a donc remis à Nathalie Jean une somme ridicule de 10 000 $ et une somme additionnelle de 7 000 $ payée par les Éditions Libre Expression (propriété de Quebecor) en compensation pour la non-publication de la biographie de Céline Dion. Le paiement en guise de quittance complète et finale était assorti d'un engagement « envers René Angélil, Céline Dion et leurs ayant droit, à ne pas publier ou faire publier, reproduire, adapter ou commercialiser de toute manière, connue ou inconnue à ce jour, directement ou indirectement, l'Œuvre, une Œuvre similaire ou tout autre Œuvre ayant comme sujet la vie et/ou la carrière de Céline

Dion avant le 31 juillet 2000 et ce, sur tous les territoires du monde. » Cette entente, on le comprendra, doit demeurer confidentielle.

Accompagnée de son père, Nathalie Jean avait donc rencontré André Rousseau, vice-président de Quebecor, qui devait publier le livre le 16 novembre 1996 et Me Nathalie Goodwin, qui représentait René Angélil.

On lui aurait caché certains faits et minimisé l'impact que pourrait avoir le livre, en prétextant qu'à peine douze mille exemplaires de son ouvrage avaient été réservés alors que d'autres sources affirmaient quarante mille. On n'avait pas révélé non plus que l'Italie, la France et l'Espagne avaient demandé les droits de cette biographie.

Peu familière avec ce genre de négociations, intimidée par la réputation d'Angélil, Nathalie Jean a cédé sous la pression et elle a signé le contrat. Elle perdait ainsi des revenus qu'on peut estimer à plus de 150 000 $.

Nathalie Jean, qui collaborait à titre de pigiste au magazine *Le Lundi* avant d'entreprendre la biographie de Céline Dion, n'a plus signé d'articles dans ces pages par la suite.

Elle a raconté les circonstances entourant l'interdit de publication de son livre à un journaliste du magazine français *Voici*, peu de temps après avoir signé son entente, et elle a entrepris des études en communication, à l'université. Enceinte de jumeaux, Nathalie Jean s'est retirée du monde de l'édition pendant un certain temps, afin d'oublier l'amertume que laisse un ouvrage promis à demeurer sur les tablettes. Combien aura-t-on lu de biographies sur la vie et la carrière de Céline Dion en l'an 2000? Nathalie Jean sait fort bien que sa biographie ne suscitera plus le même intérêt à cette époque.

Il ne s'agit pas ici d'évaluer la qualité ou la pertinence de l'ouvrage de Nathalie Jean, mais tout simplement de reconnaître sa légitimité. On a manifestement abusé de son inexpérience et de sa candeur en achetant son silence et le retrait de son livre à un prix ridicule. C'est une exploitation qu'il faut dénoncer. C'est également un bâillonnement de la liberté d'expression, de la liberté de l'information, qui m'inquiète vivement à titre de travailleur de l'information.

L'entreprise de Nathalie Jean n'aura cependant pas été vaine, puisqu'elle a été pour moi la motivation première, ce qui m'a incité à écrire cette biographie non autorisée. Précisément non autorisée et non contrôlée. Parce qu'il est possible d'aimer et d'apprécier Céline Dion en toute liberté.

1994

L'année s'achève sur les pâtés, les tourtières du temps des fêtes en 1993 et sur le projet de mariage de Céline qui doit avoir lieu en 1994. On spécule déjà sur les dates. En été, en hiver? « Définitivement en été, annonce René, et moi aussi j'aimerais bien avoir un enfant. »

Au début de l'année 1994, encore une bonne nouvelle pour le clan Dion. C'est comme une tradition. L'an dernier, Céline était invitée par le président Clinton; cette année, elle apprend qu'un extrait de l'album *The colour of my love*, *The power of love*, occupe la première position du fameux magazine *Billboard*. C'est la première fois en trente ans qu'un artiste francophone occupe la tête du palmarès américain.

Comme les bonnes nouvelles n'arrivent jamais seules, voilà qu'on apprend, toujours en février, que Céline est invitée par la famille Jackson à un concert spécial au MGM Grand de Las Vegas.

Enregistré le 19 février, *The Jackson Family Honours* sera retransmis le 22 février au réseau NBC et sera vu dans trente pays. Les billets pour assister au concert coûteront entre 500 et 1000 $ et les profits de cet événement seront versés aux victimes du récent tremblement de terre à Los Angeles. Céline chantera une seule chanson pendant ce concert, *The power of love*, qui se vend au rythme de trois cents mille exemplaires par semaine aux États-Unis.

« Pour moi, cette invitation de la famille Jackson est encore plus importante que l'obtention du n° 1 au palmarès, estime René Angélil, parce que Céline pourra atteindre le monde entier d'un seul coup, huit jours après la sortie de son album sur le marché international. »

On avait effectivement lancé le dernier album de Céline, au Canada et aux États-Unis, en novembre dernier, mais on avait attendu le 14 février, jour de la Saint-Valentin, pour procéder au lancement mondial de l'album *The colour of my love*. Excellente stratégie qui permettra de tripler les ventes dans les mois qui vont suivre.

Et puis, Céline aime bien Michael Jackson. Elle aime sa musique, son originalité et sa douceur.

« La première fois que je l'ai rencontré, c'était après les derniers Grammys. La maison Sony avait organisé une réunion de tous ses artistes après la cérémonie et j'ai fraternisé un bon moment avec Michael Jackson. Le charisme de certaines vedettes est tellement fort qu'on ne sait plus comment réagir. Michael est d'une telle douceur qu'il en fait presque pitié. Il parle doucement, délicatement et semble intimidé quand il vous parle. Ce soir-là, il était accompagné de Brook Shields et il m'a remis le chapeau qu'il portait sur scène. »

L'émission rejoint des centaines de millions de spectateurs. Ils assistent aux retrouvailles de la famille Jackson qui a marqué l'histoire du show-business américain depuis l'époque des fameux Jackson Five jusqu'à la tournée *Victory*, présentée au stade olympique à Montréal.

Céline profite de l'impact de l'émission non seulement par rapport à la vente de son dernier disque mais également pour la vente des billets de sa première grande tournée américaine solo. Elle doit présenter son spectacle dans dix villes américaines en février 1994 et, avant même qu'elle n'entreprenne cette tournée à San Francisco, tous les billets sont déjà vendus.

Par la suite, c'est une tournée particulièrement éprouvante au Canada qui l'attend. Pas moins de trente-trois spectacles dans dix-huit villes de mars à mai, entrecoupée d'une tournée au Japon du 22 avril au 6 mai. À cette occasion, elle chantera avec l'orchestre symphonique de Tokyo, dirigé par David Foster.

À ce stade-ci de la carrière de Céline Dion, on peut parler de sa nouvelle célébrité. Après une tournée à guichets fermés aux États-Unis et les ventes du dernier album qui dépassent largement le million dans le monde, et cette tournée américaine, et les projets en Europe, et un prochain disque et... quoi encore! C'est la grande roue infernale du show-business qui tourne. Ce sont les demandes qui affluent de partout. Il y a la tension, la fatigue qui s'accumule mais aussi l'effervescence, l'ivresse d'une gloire internationale.

Et il faudra bien payer cette gloire. C'est comme une loi de la nature.

Dans la semaine du 7 mai 1994, c'est la tuile qu'on n'attendait pas qui vient éclabousser la réputation du couple Céline et René. Le journaliste Burt McFarlane écrit dans le tabloïd américain *Globe* que «Celine Dion had romance at 15, with a married man, 41» (Céline Dion a vécu à 15 ans une histoire d'amour avec un homme marié âgé de 41 ans». Il titre sur une autre page : «They moved together with her parents' blessing (ils sont demeurés ensemble avec la bénédiction de ses parents). Il cite également Anne Renée qui lui aurait confié que «Céline était une Lolita qui lui avait enlevé son mari». Anne Renée aurait demandé le divorce, selon McFarlane, alors que Céline était âgée de quinze ans. Il mentionne également les noms de Jean Lorrain, un ami du couple, ainsi que celui de Ben Kaye, en laissant sous-entendre qu'il s'agit de ses sources. Les deux affirment n'avoir jamais entendu parler de McFarlane et il est inconcevable que Ben Kaye, l'homme le plus dévoué de l'organisation Angélil, ait eu quelque rapport que ce soit avec l'auteur de cet article diffamant. Jean Lorrain est outré d'avoir été mêlé à cette affaire et la direction du journal *Échos-Vedettes* explique même à ses lecteurs qu'elle a fait parvenir au *Globe* une dizaine de photos, pensant qu'il s'agissait d'un autre de ces articles élogieux à propos de la chanteuse de Charlemagne parvenue au faîte de la gloire. Il est assez singulier de lire un article qui suggère un cas de détournement de mineure émaillé de photos des membres de la famille en période de réjouissance.

Le 27 mai 1994, le journal *Photo Police* reprend les propos de l'article de McFarlane et en fait une manchette à sensation, sous la signature de Jean-Marc Provost. On atteint ici un sommet dans l'art du montage et de l'extrapolation quand le journal fait dire à René Angélil : «Je n'ai pas couché ave Céline avant ses 18 ans», bien en évidence, en titre, et «Passible d'incitations à des contacts sexuels sur une mineure» au bas de la même page. «Une épée de

Damoclès au-dessus de la tête de René Angélil», en deuxième page, nous informe que la chanteuse pourrait toujours déposer une plainte contre son conjoint à tout moment, alléguant qu'elle «a été abusée par lui avant sa majorité».

Il n'en fallait pas plus pour que Céline Dion, René Angélil et Mme Thérèse Tanguay-Dion fassent parvenir un avis de poursuite, enregistré à la Cour supérieure de Montréal, contre les Éditions du Boisée inc. pour un montant de vingt millions de dollars. Il s'agit du plus gros montant jamais réclamé dans le cas d'une poursuite contre une maison de publications... au Québec.

On peut se demander pourquoi René Angélil n'a pas d'abord poursuivi les éditeurs du *Globe*, qui est tout de même à l'origine des révélations et des hypothèses émises par *Photo Police*.

René avait fait savoir à un quotidien montréalais «qu'il prenait ça avec un grain de sel et qu'il n'avait pas le temps de considérer quelque recours que ce soit contre le *Globe*. Mais il y a aussi le fait qu'il est très difficile de poursuivre ce genre de revues américaines auxquelles on n'accorde aucune crédibilité... tout en les achetant dans les supermarchés. Les lois américaines sont différentes de celles du Canada en matière de poursuite. Il n'y a pas, aux États-Unis, une charte des droits et libertés de la personne qui protège les réputations. René Angélil estime de plus que les lecteurs québécois ne croiront pas toutes les rumeurs qui proviennent des États-Unis mais s'inquiéteront davantage des allégations d'une publication montréalaise.

Photo Police informe ses lecteurs dans son édition du 29 juillet 1994 que ce journal «réfute et nie toutes les allégations en dommages contenues dans la poursuite et entend la contester devant les tribunaux».

Le 16 novembre 1994, nouvelle poursuite du clan Dion qui exige neuf millions de dollars pour Céline, six millions pour René Angélil, deux millions pour la demanderesse Thérèse Tanguay-Dion ainsi que la somme de un million à chacun des trois codemandeurs, à titre de dommages exemplaires en vertu de la Charte des droits et libertés de la personne.

Dans ce document, je relève dans les déclarations précitées que les demandeurs Céline et René font longuement état de leur réputation professionnelle internationale et de leur excellente réputation personnelle. Mme Dion fait état pour sa part du contrat qui la lie à la compagnie canadienne, « Les aliments Maple Leaf », et que « le succès de cette entreprise est intimement lié à l'image personnelle de la demanderesse Thérèse Tanguay-Dion en tant qu'épouse et mère de famille ».

Cette saga judiciaire se poursuivra jusqu'au 7 juillet 1997 alors que les deux parties choisissent la médiation pour régler le différend. La séance a lieu au palais de justice de Monréal et on parvient finalement à une entente. René et Céline obtiennent une rétractation totale de *Photo Police* et un don, dont le montant n'a pas été déterminé, à l'Association québécoise de la fibrose kystique.

Dans son édition du 22 août 1997, *Photo Police* fait ses excuses en première page du journal et on peut lire dans le texte rétractaire que « les propos et paroles et titres étaient faux, portaient à confusion et contenaient des informations erronées ».

L'auteur de l'article en question, Jean-Marc Provost, a été « promu » rédacteur en chef de *Photo Police* et n'a jamais voulu émettre de commentaires sur cette affaire par la suite.

Est-ce que Céline Dion est hantée par les sombres articles et les très mauvaises photos d'elle que font circuler tous les *Photo Police* et les *Globe* de la terre pendant l'été 1994? Peu probable. Un matin de juin, elle apprend en s'éveillant (jamais avant midi ou préférablement au milieu de l'après-midi) que les ventes de l'album dépassent les quatre millions, dont sept cent cinquante mille au Canada.

« Mais il faut garder les deux pieds sur terre », dit René Angélil, qui flotte pourtant dans les nuages. Chez Sony, on exulte et on révise les prévisions à la hausse. Maintenant, on sait que l'album *The colour of my love* atteindra plus de dix millions d'exemplaires vendus. Sony profite de cet engouement pour Céline en lançant sur le marché américain l'album français *Dion chante Plamondon*, qui trouve cent mille preneurs dans un premier temps.

L'Olympia

À l'automne 1994, Céline se prépare à affronter un nouveau défi, du côté de l'Europe cette fois. Elle n'est pas encore considérée comme l'une des superstars en France, mais qu'à cela ne tienne : Céline débarque à Paris durant le week-end du 24 septembre. Elle présentera trois spectacles au Théâtre de l'Olympia à compter du 27 septembre.

Céline raconte aux journalistes français qu'elle revenait sur la scène de l'Olympia après une absence de dix ans. À l'époque, elle avait présenté une dizaine de chansons en première partie d'un spectacle de l'humoriste Patrick Sébastien. Ses débuts étaient prometteurs mais on ne peut pas dire qu'elle a vraiment « éprouvé » les scènes de Paris.

«Il aurait fallu que je m'installe ici pendant trois mois ou six mois, disait Céline, mais on avait misé sur les États-Unis depuis 1988, où nous avons passé six mois par année, en moyenne. »

Et c'est justement parce qu'ils ont passé autant de temps aux Étas-Unis que les portes de Paris leur sont grandes ouvertes.

«Céline casse la baraque», écrit Louis-Bernard Robitaille dans *La Presse* du 28 septembre.

«Céline aurait pu remplir les deux plus grandes salles de Paris, le Zénith avec ses 6 000 places et le Bercy qui en fait le double. Elle s'est modestement contentée d'un triomphe absolu pour trois soirs à l'Olympia. »

Les gens dans la salle connaissent ses succès autant anglais que français et chantent avec elle pendant le spectacle. Depuis l'ouragan Michael Jackson qui a déferlé sur toute l'Europe à la fin des années 80, Paris est branchée sur la musique américaine et Céline en retire tous les avantages. D'autant plus qu'il s'agit d'une francophone qui vend des millions de disques aux États-Unis, près de quatre cent mille exemplaires du single *Ziggy* et quelques centaines de milliers d'albums *Des mots qui sonnent*. C'est ainsi qu'on a rebaptisé *Dion chante Plamondon* en France.

Le mariage

À la fin de l'été 1994, les admirateurs de Céline attendent toujours la date du mariage. Finalement, le bureau des relations publiques de Francine Chaloult (attachée de presse de Céline) annonce le 17 décembre comme date officielle du mariage catholique de Céline Dion et René Angélil, célébré à l'église Notre-Dame de Montréal.

Cette annonce irrite manifestement le curé de la paroisse Notre-Dame, Mgr Ivanhoé Poirier : il laisse entendre qu'il demandera des preuves sur le passé conjugal du couple, sans oser dire qu'il s'agit des deux mariages précédents de René Angélil.

Celui-ci avait épousé civilement Anne Renée Kirouac en 1973... mais avait, auparavant, épousé Denyse Duquette, à l'église en 1966. Il fallait donc procéder à une annulation de mariage.

Les rumeurs allaient bon train à l'automne 1994. Plusieurs laissaient entendre qu'Angélil avait littéralement acheté, avec une forte somme, son annulation de mariage à Rome. Qu'il avait joui de certains privilèges en raison de la notoriété du couple.

En fait, il n'en est rien.

René est un catholique maronite. Il a obtenu son annulation de mariage du diocèse Saint-Maron à Montréal, par l'intermédiaire du presbytère de l'église Saint-Sauveur, une église libanaise où la religion est maronite. Le maronite est un rite syrien catholique oriental. Les maronites étaient sous l'autorité d'un patriache jusqu'à ce qu'ils se rapprochent du pape au XIIe siècle. Leurs rites subirent alors l'influence latine. Aujourd'hui, on compte un million cinq cent mille maronites dans le monde, dont la majorité vit au Liban. Plusieurs émigrèrent en Amérique. En réalité, les maronites ont le même fondement que les catholiques romains, mais ils conservent une administration séparée de leur culte.

Il est plus facile chez les maronites d'obtenir une annulation de mariage, semble-t-il, et c'est également beaucoup moins coûteux. Les catholiques doivent débourser 1000 $

plus les frais d'environ 3 000 $ et attendre trois ans avant la réponse du tribunal commun d'appel. On reçoit plus de mille deux cents demandes d'annulation à l'église catholique de Montréal, alors que chez les maronites ou melchites, on traite une trentaine de demandes par année.

Voilà pourquoi on ne s'inquiétait pas des papiers à présenter à Mgr Poirier, à quelques semaines du mariage tant attendu. Celui-ci suggère des cours de préparation au mariage aux futurs époux. René préfère un autre type de préparatifs et se rend à Las Vegas subir le traditionnel enterrement de vie de garçon. Il est accompagné de ses plus vieux amis qui seront ses garçons d'honneur. Guy Cloutier, son cousin Paul Sara, son avocat Jacques Desmarais et Marc Verrault, un vieil ami, font partie du groupe.

La tradition québécoise veut qu'on fasse subir les pires sévices au futur marié ou qu'on lui fasse commettre des péchés... celui de la chair de préférence. Dans le cas de René, on l'a tout simplement fait boire. René, qui ne consomme habituellement pas d'alcool, n'a pas supporté les quelques verres de vin qu'on l'a forcé à ingurgiter. Rien de bien grave et beaucoup de plaisir au golf et dans les casinos, qu'on a préférés aux danseuses nues.

Céline, pour sa part, présentait un spectacle au profit de la fibrose kystique le 14 décembre. La veille de leur mariage, les futurs époux s'accordent tout de même une journée de silence et de recueillement chez les carmélites.

Pendant tout ce temps, l'entourage de Céline et René préparent la plus grande noce de l'histoire du Québec. Pour la circonstance, maman Dion ne peut plus prendre les choses en mains : « J'ai préparé les réceptions de noces de tous mes enfants. Cette fois-ci, c'est trop gros pour moi et je me contenterai de participer à la fête comme les autres », dit-elle aux journalistes qui l'interrogent. On parle d'un événement qui coûtera 500 000 $ au futur époux. La liste d'invitations comprend cinq cents invités et des rumeurs veulent que Jack Nicholson, Michael Bolton, Mariah Carey et même Michael Jackson seraient à Montréal pour assister à l'événement. L'ancienne attachée de presse de Céline, Mia Dumont, ainsi que Colombe Lacroix, l'épouse de l'homme de hockey Pierre Lacroix, s'occupent des préparatifs.

Pendant ce temps, René s'occupe des journalistes... et du contrôle médiatique de l'événement. Il négocie avec Claude Charron et sa compagnie Trustar, éditeur du magazine *7 jours*, une entente par laquelle il accorde l'exclusivité de la couverture de la cérémonie du mariage à l'intérieur de l'église, précisons-le, en retour d'une somme de 200 000 $.

Furieux, les représentants des éditions Quebecor, invoquant « le droit du public à l'information », déposent devant la Cour supérieure du Québec une demande en injonction pour permettre à leurs photographes l'accès à la basilique Notre-Dame.

Le matin même du jour du mariage, le 17 décembre 1994, la demande est rejetée par le juge Jean-Louis Léger, qui prétend que c'est à la Fabrique d'en décider. Celle-ci assure que c'est à la Cour que revient la décision. Et René peut prendre épouse en toute quiétude : il ne sera pas ennuyé par une horde de photographes.

Le président de la Fédération des journalistes, Alain Saulnier, proteste en affirmant que René Angélil a fait preuve d'abus.

« Le mariage de Monsieur Angélil et de Madame Dion est un événement éminemment public, dont on parle depuis des mois. Les journalistes ne sont pas des pions que l'on manipule dans une stratégie promotionnelle. Nous estimons que le droit du public à l'information a été méprisé dans cette affaire. »

Le procureur du groupe Quebecor, Marc-André Blanchard, va encore plus loin :

« Nous continuons de croire que l'église est un lieu public auquel les médias auraient dû normalement avoir accès. Je trouve par ailleurs extrêmement navrant que l'église ait toléré qu'on mercantilise une cérémonie religieuse comme c'est le cas pour ce mariage. »

René oublie toutes ces vaines discussions philosophiques des intellectuels de l'information lorsqu'il voit sa future épouse faire son entrée à 15 heures, à la basilique de l'église Notre-Dame. Céline n'a jamais été aussi belle. Elle voulait un mariage de rêve et c'est effectivement un rêve en blanc qui s'avance dans l'allée centrale, au bras de son père Adhémar. La robe qu'elle porte a été créée par Mirella Gentile de Montréal. Céline avait cherché longtemps chez les grandes couturières du monde avant de découvrir celle qu'elle cherchait : Mirella était là, dans sa cour, à Montréal. Sa traîne, que soutiennent ses sœurs, fait dix mètres de longueur. Le diadème qu'elle porte pèse plusieurs kilos. Fait à noter : afin qu'il tienne en place, on avait cousu le précieux diadème à la peau de Céline. Avant la cérémonie, on a dû éponger le sang sur le front de la mariée.

Le fils de René, Patrick, est installé tout près de son père, à titre de témoin du marié. Ses cinq garçons d'honneur sont placés derrière lui. Céline est tout près de son père et entourée de ses filles d'honneur, ses sœurs évidemment. Dans son allocution, le curé Poirier demande une pensée pour Karine, la nièce de la célèbre chanteuse, victime de la fibrose kystique. Quand le curé demande aux époux s'ils consentent à s'unir pour le meilleur et pour le pire, René affirme d'une voix forte qu'on entend partout dans la basilique : « Oui, je le veux ! »

Céline, pour sa part, écrasée par l'émotion ou le poids du diadème, est à peine audible lorsqu'elle accepte cette union à son tour : « Oui, je le veux ! »

Après la cérémonie, le couple rencontre, comme il était prévu, les représentants de la presse à l'hôtel Westin. Pas moins de deux cents journalistes provenant des grandes capitales du monde sont sur place. On remarque la présence des reporters et photographes de *Paris Match*, ceux du *National Enquire* des États-Unis, de *Télé-Loisirs* de France, l'équipe de tournage de *Entertainement Tonight*, l'agence de presse Reuter ainsi que les médias locaux.

C'est le désordre total pendant cette courte conférence de presse. Les journalistes qui ont raté la cérémonie veulent tout savoir en même temps.

« Je voulais une robe de fée, une robe de rêve. J'en paie le prix aujourd'hui parce qu'elle est très lourde à porter... Non ma traîne n'est pas couverte de diamants, nous n'en sommes pas rendus là, dit Céline. J'ai magasiné cette robe à New York et à Paris et finalement, c'est ici que je l'ai trouvée. »

René enchaîne : « Elle est plus belle que je ne l'aurais imaginé. Je n'avais jamais vu sa robe et à chaque fois que j'en parlais, on me faisait de gros yeux. »

Et quand René l'appelle pour la première fois « Madame Angélil », Céline s'amuse et fait mine de s'évanouir. Un peu plus tard, elle chante même quelques mesures de *Carmen*.

Quelqu'un demande si tous leurs rêves se sont réalisés et c'est René qui répond le premier :

«Notre seul autre rêve est d'avoir un enfant. »

Céline ajoute : «Je ne sais pas si je peux en avoir mais on va essayer. »

Et après le mariage?

«Nous partons ce soir vers notre demeure en Floride parce que ce n'est pas très loin et qu'il fait chaud», dit Céline avant que René ne remercie les médias.

Les invités se rendent à la salle de réception de l'hôtel Westin, avec l'horaire de la journée dans leur poche ainsi qu'un chèque de 3 000 $ de la part de René et Céline, négociable exclusivement aux tables de casino.

Finalement, aucune des vedettes attendues et espérées de Hollywood n'est venue. René et Céline célébreront, entourés de leur famille respective et de leurs amis, la plupart des personnalités du Québec. Depuis les fidèles de la première heure, les Michel Jasmin, René Simard, Guy Cloutier, Pierre Marcotte, les anciens Baronets, Jean Beaulne et Pierre Labelle jusqu'aux nouvelles connaissances; Mario Pelchat, Antony Kavanagh, Sonia Benezra, Donald Tarlton, le producteur David Foster ainsi que l'ex-premier ministre Brian Mulroney : ils étaient tous là.

Au lendemain de l'événement, tous les journaux du Québec accordent leur manchette au «mariage de l'année», à «la princesse qui a épousé son prince», au «mariage de rêve» et une bonne partie de la population vit encore sous le charme de ce conte de fées. Comme si le Québec s'était donné du sang royal pendant un bref moment de son existence. Comme si cette basilique avait été le lieu d'un couronnement.

Depuis le départ des deux tourtereaux migrateurs vers la Floride, les admirateurs et sujets du majestueux couple s'arrachent les souvenirs de cette cérémonie historique. Certains ont conservé les morceaux du tapis de la basilique, trop long, qu'on a coupé et lancé à la foule. Un cousin de la famille Dion a ramassé les serviettes, faire-part, menus et tout ce qu'on pouvait trouver sur les tables pour vendre le tout à l'encan. Mais c'est finalement Trustar, l'éditeur du magazine *7 jours*, qui a remporté le gros lot des souvenirs.

Claude J. Charron, le président-directeur général de Trustar, attend jusqu'au lundi pour mettre sur le marché quatre cent mille exemplaires d'un numéro spécial sur le mariage de Céline et René, avec photos exclusives de la cérémonie et de la réception. Deux jours plus tard, le 21 décembre, les exemplaires de l'album-souvenir sur papier glacé – 98 pages et 500 photos – sont vendus en... deux heures. On doit calmer les clients en colère qui n'ont pu se procurer le précieux document et on imprime en toute hâte deux cent mille autres exemplaires. Rapidement la publication spéciale (vendue au prix de 6,95 $) est épuisée dans plusieurs kiosques à journaux et l'éditeur parle de « pénurie de papier pouvant affecter la disponibilité des albums ».

Un rapide calcul a permis à des chroniqueurs de la section économie d'établir à six millions trois cent mille dollars les revenus bruts qu'encaisse Trustar en tenant compte également des revenus engendrés par la vente d'un calendrier, de l'édition spéciale sur papier-journal et des produits dérivés.

On présume qu'en plus des 200 000 $ versés par Trustar, le couple Dion-Angélil s'est réservé un pourcentage des ventes de cet album. Ce qui allège singulièrement les coûts de la noce qu'on évalue à 500 000 $. Encore là, il s'agit d'une évaluation globale qui ne tient pas compte des nombreux cadeaux offerts à la mariée.

En plus des dons des invités, qui ont rapporté 90 277 $ à l'Association de la fibrose kystique, il faut tenir compte également des belles intentions de fournisseurs de la région de Montréal qui n'auront pas été insensibles à la publicité entourant l'événement. Céline et René se sont payé un gâteau de mariage évalué à 10 000 $ mais le long tapis bleu à l'église, la quincaillerie électronique et sonore, le boléro de vison d'une valeur de 8 000 $ sont autant de cadeaux offerts par des entreprises de la région de Montréal. C'est le réputé designer Zuki qui a offert la fourrure à Céline, c'est Karpex qui a payé le tapis et c'est Boisneau et Bousquet qui a installé gratuitement le faux plancher devant l'église. En somme, le mariage n'a à peu près rien coûté au couple Dion-Angélil, qui a bénéficié par ailleurs d'une couverture médiatique internationale. Voilà ce qu'il est convenu d'appeler une bonne affaire.

Les vacances

Pour l'une des rares occasions de sa vie, Céline profite en ce début de l'année 1996, d'une période de vacances dont elle avait grand besoin : « J'ai vingt-six ans, disait-elle, et je n'ai plus envie de courir comme à mes quinze ans. J'ai besoin de repos et d'une vie tranquille pendant un certain temps. »

Et c'est ainsi que la nouvelle mariée s'offre le grand luxe, en ce qui la concerne, de vivre pendant quelques mois la vie quotidienne de toute femme mariée. C'est comme un jeu pour cette jeune femme qui n'a connu, depuis plusieurs années déjà, que les chambres d'hôtel, les décalages horaires, les escales trop rapides à Montréal ou à

Québec, avec tous ses effets personnels constamment rangés dans ses valises. À Palm Beach, dans sa propre maison en Floride, elle a tout le temps de s'installer, de se faire un chez-soi, d'essayer de nouvelles recettes, de repasser le linge de son nouveau mari et de jouer tant qu'elle peut à la ménagère. Pendant un certain temps, elle est heureuse, comblée mais la bougeotte la reprend rapidement.

Elle assiste aux American Awards et ne remporte rien. Rien non plus aux Grammys. On ne peut pas toujours gagner mais personne ne s'inquiète : la vente de son album *The colour of my love* atteint un chiffre de ventes inespéré. Plus de sept millions d'exemplaire vendus et les ventes progressent.

Pas de prix aux Victoires à Paris, l'équivalent des Grammys en France. « Mais ça viendra ! », affirme l'heureux époux René qui prépare déjà une offensive française.

L'entourage de Céline avait pensé réunir les compositions de plusieurs auteurs français pour le prochain album francophone de Céline. Il était question de Luc Plamondon et de Jean-Jacques Goldman que l'on qualifiait de « god » en France. Goldman y était l'auteur-compositeur le plus couru et le clan Dion, qui ne cherche que les meilleurs éléments de tous les pays pour atteindre toujours de plus hauts sommets, avait pensé à lui.

Goldman avait pour sa part pensé à cette « unicité » de voix qu'il recherchait depuis longtemps.

Il a écouté tous les disques de Céline et a lu tout ce qu'on écrivait sur elle pendant deux mois. Il voulait connaître ce personnage, ce phénomène qui pouvait se mouler à tous les styles de musique.

Quand il a rencontré Céline, ce n'est pas une ou deux chansons qu'il lui proposa mais un album taillé sur mesure pour elle. Un album qui lui permettrait de conjuguer définitivement avec la France. Jamais un auteur-compositeur, un producteur en plus, n'a été aussi proche de la véritable Céline Dion. C'est lui qui lui a proposé une voix et une couleur françaises.

«Oublie pendant un certain temps la chanson américaine, lui a dit Goldman. C'est pour le public français que nous allons travailler.»

Céline, avec l'humilité des grandes artistes, a accepté la leçon d'un maître. Elle a appris à «déchanter» selon sa propre expression.

Goldman lui a appris que les chanteuses à voix n'ont pas le même prestige en France. On les considère même comme plutôt vulgaires. La dernière chanteuse à voix fut Édith Piaf mais il s'agit d'une exception. Il fallait moduler, dramatiser, nuancer la voix de Céline et l'amener à se soumettre au texte.

Quand on procède au lancement de l'album *D'Eux*, le jour de son vingt-septième anniversaire, le 30 mars 1995, Céline dira que «c'est l'album de ma vie». René qui pense déjà au prochain album anglophone prétend qu'il sera difficile d'égaler la qualité du disque *D'Eux* et suggère qu'on traduise trois chansons de Goldman pour le prochain album de Céline.

Céline entreprendra une tournée dans les principales villes françaises à l'automne avant de présenter cinq spectacles devant six mille cinq cents personnes au Zénith. De plus, elle reviendra à Bercy le 4 décembre devant, cette fois-ci, quatorze mille spectateurs qui ont déjà réservé leurs sièges.

«C'est la consécration», lit-on dans tous les grands journaux français. L'euphorie s'achève abruptement le 24 octobre lorsque Céline s'arrête après la quatrième chanson de son spectacle. Elle titube, peut à peine chanter. Elle fond en larmes derrière les rideaux et revient sur scène s'expliquer devant le public. Elle termine tout de même son spectacle, avec l'aide de ses admirateurs, et s'effondre après sa dernière chanson. On annule la dernière représention au Zénith, reportée au 5 décembre, et on consulte un oto-rhino-laryngologiste, le docteur Abitole, qui prescrit un repos total de deux jours. « Il s'agit d'une légère infection mais qui ne touche pas les cordes vocales elles-mêmes. »

Céline est au milieu d'une gigantesque tournée européenne de cinq semaines et accuse une fatigue comme celle qui lui avait fait perdre la voix à Sherbrooke en 1989. « Mais pas aussi grave, note René Angélil. À ce moment-là, c'était l'aphonie totale et tout le monde a eu peur. Cette fois-ci, c'est probablement un virus qu'elle a attrapé pendant le spectacle. »

Céline cesse de parler pendant deux jours complets en se manifestant uniquement avec des gestes. Elle poursuit sa tournée européenne alors que le disque *D'Eux* a franchi le cap des deux millions d'exemplaires vendus.

Le 23 janvier, Céline est à Cannes, au 30e MIDEM (Marché international du disque et de l'édition musicale) et annonce la sortie de son prochain album anglophone intitulé *Falling into you*. Pendant ce temps, la compagnie Sony annonce, toujours à Cannes, qu'avec deux millions cinq cent mille exemplaires écoulés sur le marché, l'album *D'Eux* devient l'album francophone le plus vendu de tous les temps. Un album enregistré en une semaine seulement dans un petit studio en France.

Phil Spector

Quelques mois avant la sortie de l'album particulièrement attendu de Céline, on apprend au début de l'année 1996 que le producteur Phil Spector ne fera pas partie du projet. On savait que Spector avait été pressenti pour produire trois chansons inédites avec l'artiste québécoise, mais les choses ont bien mal tourné.

Le légendaire Phil Spector a créé un son nouveau dans les années 60, en érigeant derrière les «Ronettes» (*Be my bay)*, les «Cristals» (*He's a rebel)*, les «Righteous Brothers» (*You've lost that loving feeling*) un véritable «wall of sound». Spector a été le premier producteur vedette qui avait le look et l'âge de ses interprètes. Il n'avait absolument rien produit depuis 1980 lorsqu'on lui proposa de travailler avec «la voix la plus prometteuse au monde». Le producteur comptait encore beaucoup d'admirateurs dans le monde et on attendait avec énormément d'intérêt le résultat de cette association avec Céline Dion.

«Un mois avec Céline, ça vous va? lui avait demandé un représentant de Sony.

— Tout à fait. J'aurai même trop de temps», répondit Spector, très enthousiasmé.

Un mois plus tard, on apprend que Spector n'a pas terminé son travail ou ne veut pas le terminer. Une sombre histoire que tente d'étouffer Sony. Le producteur s'explique :

«Je me suis rapidement aperçu que l'entourage de Céline Dion était plus intéressé à contrôler le projet qu'à écrire une nouvelle page de l'histoire de la musique en l'élevant au stade suprême de son habileté artistique. En fait, tout ce qui intéresse les gens de Sony, c'est l'argent et on ne se gêne pas pour refiler à Céline les chansons rejetées par Whitney Houston et Mariah Carey. En ce qui me concerne, je ne veux même pas associer mon nom à ceux des autres producteurs de cet album.

« Je possède les enregistrements que j'ai réalisés avec Céline et je pourrais éventuellement les mettre sur le marché sous ma propre étiquette à l'intérieur d'un marché clandestin. »

« Il ne peut pas faire ça » disait René Angélil, qui sait très bien que, sur le plan légal, la compagnie Sony peut interdire ou saisir tous les disques pirates de Céline.

Les avis sont partagés sur Spector. Plusieurs le considèrent toujours comme génial. D'autres, bizarroïde ou complètement fou, hanté par sa gloire passée.

Rien de ce que pourra dire Phil Spector du dernier album de Céline n'empêchera des ventes fulgurantes après son lancement, le 11 mars 1996. Pas moins de trois millions d'exemplaires de *Falling into you* s'envoleront en quelques semaines. Un des titres de cet album, *Because you loved me* du film *Up close and personal*, encore produit par Disney, avait été lancé sur les ondes radiophoniques bien avant l'album. Ce qui n'a sûrement pas nui aux ventes.

Mais il y a beaucoup plus encore : un mouvement irréversible entraîne Céline Dion vers les sommets.

C'est une étoile qui nous file entre les mains durant l'année 1996. Un renouvellement de contrat avec Sony pour une valeur qu'on estime à cent millions de dollars américains pour l'année. Elle interprète *The power of the dream* aux Jeux d'Atlanta en juillet, devant trois milliards cinq cent millions de téléspectateurs. Elle prépare un calendrier de près de quatre cents spectacles dans le monde entier pour les années 1996-1997. Les journaux parlent d'une recette d'un milliard de dollars.

En 1997, deux Grammys pour Céline. Le meilleur album de l'année et l'album pop par excellence pour *Falling into you.*

Les ventes de cet album dépasseront les vingt millions et Céline se joindra finalement au club sélect des artistes qui ont vendu cinquante millions d'albums durant leur carrière. Et elle n'a pas encore atteint sa trentième année.

L'étoile nous échappe parce qu'elle n'appartient plus à personne, à aucun pays, et ne raconte plus que sa légende. Parfois elle nous revient, brille de tout son or au Centre Molson qu'elle inaugure. Papa, maman, les frères et sœurs de Céline, dans la salle, nous donnent l'illusion d'une soirée de famille comme dans le bon vieux temps. Mais ce n'est plus une famille, ce n'est plus un peuple qui se lève pour l'applaudir. C'est l'univers qui lui accorde une ovation debout. Et quand les feux de la rampe se seront éteints, l'étoile filera encore.

Un destin exceptionnel

Quel étrange destin! Cette enfant, née dans une ville dont la superficie est la plus petite de tout le Québec, voyage aujourd'hui à bord d'un jet privé dont la valeur est estimée à quatorze millions de dollars.

Cette adolescente, dont le rendement scolaire ne lui permettait pas d'accéder au niveau secondaire, a reçu les insignes de Chevalier des arts et des lettres, à Cannes en 1996. De plus, elle a marqué l'histoire en devenant la première artiste à dominer le palmarès français avec *D'Eux* et le palmarès américain avec *Falling into you.*

Cette enfant, qui portait du linge usagé ou rapiécé durant son enfance, exhibait un collier d'une valeur de 658 000 $ prêté par Chanel, lors de la soirée des Oscars, en mars 1997.

Cette enfant qui couchait dans un lit avec deux ou trois sœurs, faute d'espace, possède quatre résidences, dont l'une à Palm Beach est évaluée à trois millions et la principale, sur l'île Jupiter, dont la valeur est estimée à huit millions.

Cette adolescente, qui ne pouvait se payer une séance de cinéma, a gagné durant l'année 1996, selon la revue *Forbes*, soixante-cinq millions de dollars. Des proches estiment la fortune du couple Angélil-Dion à plus de cent cinquante millions. La revue américaine fait état d'un chiffres d'affaires de un milliard de dollars américains que génèrent toutes les entreprises impliquant Céline Dion.

Céline Dion a toutes les raisons du monde de croire au destin. Comme si le scénario de sa vie avait été écrit par la main de Walt Disney.

D'abord elle est la quatorzième enfant, dans une province où l'on croit qu'un cycle de sept rejetons d'une même mère produit un enfant qui possède un don. Certains sont guérisseurs, d'autres arrêtent le sang, d'autres sont voyants, extralucides. Dans le cas de Céline, on peut sûrement parler d'un don.

La pauvreté, qui accable beaucoup ceux qui la subissent, servira de tremplin à la future interprète. Elle lui servira toute sa vie en la rapprochant de ceux qui pourront s'identifier à elle et à sa famille. Cette misère lui permettra de mieux illustrer son conte de fées dont personne ne peut douter. C'est également ce grand dépouillement qui lui permettra de retrouver son équilibre, de ne jamais se perdre dans les vapeurs de la gloire.

Le destin a également voulu que Ginette Reno mette fin à son association avec René Angélil au bon moment. Au départ, c'est pour celle-ci qu'Eddy Marnay écrivait. C'est Ginette Reno qui devait entreprendre une carrière internationale en débutant par la France.

Céline a donc rencontré un homme frustré, désemparé en 1981. En tout autre temps, aurait-il accepté de se consacrer uniquement à une chanteuse de douze ans? On peut en douter, mais le destin veillait.

Céline arrive au milieu des années 80 alors que le Québec s'ouvre au monde et fait la preuve de son nouvel esprit d'entrepreneurship. Les décideurs, hommes d'affaires, technocrates ainsi que les artistes explorent tous les marchés de la planète. La chanteuse arrive donc sur le marché international à la même époque que le Cirque du Soleil, peu après Luc Plamondon, la compagnie Bombardier, le théâtre de Robert Lepage, l'expansion de Quebecor. On n'abandonne plus le Québec pour s'affirmer ailleurs, c'est le Québec qui s'affirme ailleurs.

Céline gagne en 1988 l'Eurovision, par un seul point, en représentant la Suisse avec une chanson qui n'a jamais fait fureur.

Et c'est avec ce seul point qu'elle a remporté une victoire remarquée par les gens de CBS-Sony... qui se réunissaient en congrès comme par hasard à Québec à ce moment-là. Encore le destin.

Céline négocie un contrat de disques au moment où CBS passe aux mains de la compagnie Sony, qui veut injecter du sang neuf dans cette entreprise. La chanteuse arrive au bon moment

On dit de Céline qu'elle est la chanteuse la plus travailleuse qui soit. Souvent on lui a demandé comment elle pouvait soutenir ce rythme qui étourdissait tous ceux qui l'approchaient. Elle ne se plaignait jamais, comme si cela lui était interdit. Elle a présenté des spectacles alors qu'elle était fiévreuse, souffrant de maux de dos ou de fatigue excessive. Elle a perdu la voix à deux reprises sur scène. En 1989, à Sherbrooke, et en 1995 au Zénith à Paris. Mais elle a annulé très peu de spectacles pendant une carrière qui a débuté très tôt dans sa vie.

Elle a tout donné pour vivre ce fameux rêve qui la hantait depuis l'enfance.

Elle a tout donné pour que ce destin exceptionnel soit.

Ce n'est pas tout à fait le hasard. C'est comme le destin arraché à bout de bras d'une terre de Charlemagne.

Et j'entends encore le train de midi qui passe dans la plus petite ville qui a mis au monde la plus grande voix du Québec.

Fin

Discographie

Albums 33 tours
et disques compacts

1981
La voix du Bon Dieu, Super Étoile
Céline Dion chante Noël, Super Étoile

1982
Tellement j'ai d'amour..., Saisons

1983
Les chemins de ma maison, Saisons
Chants et contes de Noël, Saisons

1984
Les plus grands succès, TBS
Mélanie, TBS

1985
Céline Dion en concert (premier album *live*), TBS
C'est pour toi, TBS

1986
Les chansons en Or, TBS

1987
Incognito, CBS (Sony Musique)

1990
Unison, CBS (Sony Musique)

1991
Dion chante Plamondon, Sony Musique

1992
Céline Dion, Sony Musique

1993
The colour of my love, Sony Musique

1994
Céline Dion à l'Olympia (deuxième album *live*), Sony Musique

1995
D'Eux, Sony Musique

1996
Falling into you, Sony Musique

1997
Let's talk about love, Sony Musique

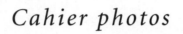
Cahier photos

René Angélil au temps des nouveaux «Baronets» : travaillant avec Pierre Labelle, au mois de décembre 1970.

Céline au début des années 80 nous présentant son premier vinyle. Un 45 tours qui allait tourner jusqu'en France.

Michel Jasmin reçoit Céline Dion. Ce cliché a été tiré lors de sa deuxième présence à l'émission de Jasmin.

Anne Renée et Jean-Pierre au sommet; à gauche, Céline tenant Anne-Marie dans ses bras. Au mois d'août 1983, les deux femmes partagent un moment de détente.

Céline, au défunt Parc Belmont, effectuant ses «sounds check» sous l'oreille attentive d'Anne Renée.

Peter Pringle, tout sourire, assiste au lancement de l'album *Mélanie* en 1984. Plus tard, il sera évincé de l'équipe TBS.

« J'espérais faire ça comme une grande fille... J'avais des trémolos dans la voix... Mes genoux s'entrechoquaient... racontait-elle après sa performance de septembre 1984. Chanter pour le pape, devant soixante-cinq mille jeunes réunis au stade olympique, ça n'arrive qu'une fois. »

Photo : *Allô-Vedettes*

Céline en compagnie de deux autres jeunes artistes : René et Nathalie Simard. Trois personnalités qui marqueront le show-business québécois... Les deux Simard étaient sous la tutelle de Guy Cloutier.

Guy Cloutier, Céline et René Angélil entourent Ginette Reno, une des grandes chanteuses que le Québec ait tenté d'exporter. Elle fut une des premières à faire vibrer Céline. Maman Dion devait bien aimer Ginette pour faire tourner ses albums dans la cuisine familiale.

De retour aux études, cette fois chez Berlitz, afin d'approfondir des langues non maîtrisées.

La chanteuse, vêtue de sa première robe de mariée. La seconde sera portée officiellement... près de dix ans plus tard.

« Silence... On chante », présenté dans le cadre de l'émission *Les Beaux Dimanches*, sur les ondes de Radio-Canada au mois d'août 1986.

Céline en spectacle, pas de repos, toujours en marche . Même au moment où l'on travaille son nouveau look, elle refait surface chaque fois que l'occasion se présente.

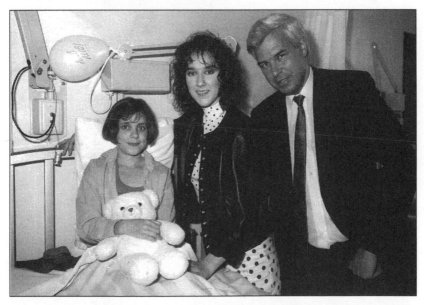

Pierre Lortie, qui préside la campagne de financement de l'Association québécoise de la fibrose kystique, en compagnie de Céline Dion, marraine de la campagne, et de Karine Ménard, nièce de Céline et elle-même atteinte de cette terrible maladie.

Août 1987, deux invitées de marque au mariage de René Simard et Marie-Josée Taillefer, Céline Dion et Ginette Reno.

Céline en Écosse... afin de tourner l'émission *Satellite* réalisée par J.J. Sheitoyan. C'est la firme Spectel Vidéo qui s'occupe alors de la production.

Sur scène avec Ghislaine. À l'époque, Ghislaine était choriste et secondait sa petite sœur sur les planches. Sa carrière de choriste se termina brutalement... elle fut congédiée par Vito Luprano.

Décembre 1989, Céline à l'ouverture officielle du premier restaurant Nickel's. Les costumes sont une conception de... Céline Dion.

Février 1993, un cliché qui prend beaucoup de sens. Céline et Pygmalion, toujours présent dans l'ombre.

Céline chante à Montréal, pour l'inauguration du nouveau Théâtre du Forum. Le temple du hockey propose maintenant une nouvelle configuration qui accentue favorablement la qualité sonore des spectacles qui y sont présentés.

L'imprésario à l'œuvre. Devant lui, il étale ses diffuseurs... Les médias sont toujours là.

Complicité ou dualité; en 1990, lors du lancement d'un album au Métropolis.

En plus de célébrer sa gloire, ses fans célèbrent également ses anniversaires de naissance.

Dans la famille, plusieurs ont tenté l'expérience de la chanson populaire. Sur la photographie, Claudette lance un autre album. On voit également Michel Saint-Clair (autre membre chantant de la famille Dion) et Céline Dion.

Première apparition importante sur un réseau américain. C'est au *Tonight Show,* en 1990. L'engrenage est parfait, on lance au même moment son premier album anglais : *Unison.*

En compagnie de Paul Burger, président de Sony Canada, Dave Glew, président d'Epic U.S., et Tommy Mottola, président de Sony Records.

Un nouveau succès. Avec Angélil et Luc Plamondon, auteur-compositeur québécois.

Céline dans le rôle d'Elisa Trudel. Elisa se fait l'interprète de tous les jeunes, victimes de violence. La série *Des fleurs sur la neige* veut les inciter à rompre le silence.

En avril 1992, c'est un retour triomphant. Elle vient de participer aux Oscars et lançait peu de temps auparavant son deuxième album anglophone.

1992, les deux plus grandes stars québécoises du moment (Roch Voisine et Céline Dion) officialisent l'ouverture du nouveau Capitole de Guy Cloutier. René Angélil et Paul « Ti-Paulo » Vincent, qui nous a quittés en cette année 1997, posent également en leur compagnie.

Photo : TVA

Le *Tête à tête* qui bouleversa une partie du Québec. Lors de cet entretien, Lise Payette nous offrit Céline sur un plateau d'argent. Quelques révélations chocs ont permis d'humaniser la grande chanteuse.

Photo : Allô-Vedettes

Avec une grande dame, Alys Robi. L'auteur, Jean Beaunoyer, compte à son actif la biographie des deux chanteuses. Chacune, à son époque, a grandement marqué la culture québécoise.

Maman Dion offrira maintenant ses petits pâtés à tous. Elle fera affaire sous son propre nom. On la voit ici au lancement, bénéficiant de la popularité de sa petite dernière, et appuyée par son mari, Adhémar Dion.

Pour sa collaboration à la chanson-titre du film *The Beauty and the Beast*, Céline recevra son premier Grammy au mois de mai 1993.

Avec Peabo Bryson, co-interprète de la chanson *The Beauty and the Beast*. Cette interprétation sera le catalyseur de sa percée mondiale.

De retour au Théâtre du Forum pour sa deuxième série de spectacles.
Céline triomphe encore.

Photo : *Allo-Vedettes*

Au gala de l'ADISQ, en 1994, Céline brillait par sa présence. Elle remporta un vingt-troisième Félix.

En ce mois de décembre 1994, Céline associe sa destinée à celle de son imprésario. Les nouveaux mariés ont été fêtés en grand. Un mariage royal pour la «p'tite fille de Charlemagne».

Pour terminer l'année 1994 en beauté, Céline et René passent le cap du million d'albums vendus.

Céline en larmes secourant la Jeanine perdue. Une autre occasion de faire la manchette.

La tournée des Nickel's afin de mousser une collecte de fonds au profit de l'Association québécoise de la fibrose kystique. Un dollar était versé pour chaque smoked meat vendu dans les vingt-deux restaurants de la chaîne.

Une voix puissante qui a su conquérir le monde.

Avec Oprah Winfrey, seule femme qui la précède au « Top 40 » des artistes les mieux rémunérés selon le magazine *Forbes*. Cette photographie est tirée de l'émission *The Oprah Winfrey Show* : un spécial sur Céline présenté à la télévision américaine, quelques jours avant son anniversaire. Pour cet événement promotionnel, elle était accompagnée de tous les membres de sa famille.

Céline et René : encore des prix. Un Félix et, bien épinglé, l'insigne de Chevalier des Arts et des Lettres reçu des mains du ministre de la Culture de la France.

Toute d'or vêtue lors de son dernier passage à Montréal, sur les planches du Centre Molson, au mois de mai 1997.

Ce cliché du photographe Bernard Brault fut repris par de nombreux médias et permit de découvrir Céline Dion sous un autre jour.

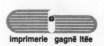

imprimerie gagné ltée

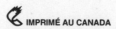